OSHO

MINDFULNESS
PARA QUEM NÃO TEM TEMPO

OSHO
MINDFULNESS
PARA QUEM NÃO TEM TEMPO

Práticas de meditação e atenção
plena para o cotidiano moderno

Tradução
Magda Lopes

))(Academia

Copyright © OSHO International Foundation, Switzerland. 2014
Copyright © Editora Planeta do Brasil, 2017
Todos os direitos reservados.
Título original: *Mindfulness in the modern world: how do make meditation part of everyday life?*

O material deste livro foi selecionado de várias palestras de Osho proferidas ao vivo para uma plateia. Todas as suas palestras foram publicadas na íntegra na forma de livros, e também estão disponíveis em gravações de áudio originais. As gravações e o arquivo de textos completos podem ser encontrados na biblioteca on-line OSHO, no endereço www.osho.com.

OSHO é uma marca registrada da OSHO International Foundation, www.osho.com/trademarks.

Preparação: Luiz Pereira
Revisão: Abodha e Valeria Braga Sanálios
Diagramação: Abreu's System
Capa: Compañía
Imagem de capa: Sven Hagolani / Getty Images

CIP-BRASIL. CATALOGAÇÃO NA FONTE
SINDICATO NACIONAL DOS EDITORES DE LIVROS, RJ

O616m

Osho
  Mindfulness para quem não tem tempo / Osho. – 1. ed. – São Paulo: Planeta, 2017.

  Tradução de: Mindfulness in the modern world
  ISBN 978-85-422-1047-7

  1. Meditações. 2. Técnicas de autoajuda. I. Título.

17-41602
CDD: 204.3
CDU: 2-583

2019
Todos os direitos desta edição reservados à
EDITORA PLANETA DO BRASIL LTDA.
Rua Bela Cintra, 986 – 4º andar – Consolação
01415-002 – São Paulo-SP
www.planetadelivros.com.br
faleconosco@editoraplaneta.com.br

Sumário

O que você encontrará nesta edição 9

Introdução 13

1. Muitas doenças, apenas um remédio 31
2. Esteja preparado para se surpreender 85
3. *Mindfulness* no mundo moderno 127
4. O observador nunca é parte da mente 191
5. Amargo no início, doce no fim 231

Epílogo 287

Apêndice: cinco técnicas para apoiar o processo de *mindfulness* 293

Não importa qual seja o nome utilizado – meditação, atenção plena, *mindfulness*, consciência. O importante é encontrarmos a testemunha que ficou perdida no amontoado de pensamentos. Uma vez encontrada, temos que nos concentrar cada vez mais nela e, muito lentamente, veremos que pequenos lampejos vão começar a aparecer. De repente a janela se abre – você é transportado para outro ser; certo dia outra porta se abre e uma visão lhe é revelada. Lentamente, muito lentamente, os milagres começam a cercá-lo. Mas toda a ciência consiste em remover as barreiras, e a maior delas é a mente.

Mindfulness é a palavra que Buda utiliza para meditação. Por *mindfulness* ele quer dizer que você deve sempre permanecer alerta, vigilante. Deve sempre permanecer presente. Nada deve ser feito em uma espécie de estado mental sonolento. Você não deve se mover como um sonâmbulo; deve se mover com uma consciência aguçada.

A mente é sua ausência. No momento em que você está presente, não há mente. Então, a ênfase absoluta de todos os budas de todos os séculos tem sido simplesmente a seguinte: venha para a consciência, torne-se uma presença, assim não haverá lugar para a mente e todos os seus ingredientes – ganância, raiva, ilusão, sonhos, alucinações, ambições, todo esse conjunto de coisas.

Um objetivo – a verdade – e um método. Qual é esse método? Eu o chamo de meditação. Meditação significa prontidão, conscientização, *mindfulness*. Então, o que quer que esteja fazendo, faça-o conscientemente, não o faça mecanicamente.

O que você encontrará nesta edição

1. Muitas doenças, apenas um remédio
- O que é meditação?
- Por que estou sempre correndo tanto? Há algo que eu não queira ver?
- Você poderia falar um pouco mais sobre o relaxamento? Estou consciente de uma tensão profunda cá dentro de mim e desconfio que a maior probabilidade seja eu jamais ter ficado totalmente relaxado. Quando o ouvi dizer que relaxar é um dos fenômenos mais complexos possíveis, vislumbrei uma bela tapeçaria em que os fios do relaxamento e do desprendimento estavam profundamente interligados com a confiança, e então o amor penetrou dentro dela, assim como a aceitação, juntamente com o fluxo, a união e o êxtase.
- Estou me tornando cada vez mais consciente das barreiras que construí dentro de mim com o passar dos anos, me impedindo de ser um ser humano alegre e aberto. Parece existir uma parede dentro de mim que vai ficando cada vez mais forte quanto mais eu me conscientizo dela, e não

consigo transpô-la. Preciso de mais coragem? Você poderia, por favor, me ajudar com seu entendimento?

2. Esteja pronto para se surpreender
- Como enxergar o que existe?
- Tenho mesmo que esquecer de mim para perder meu ego?
- Você poderia falar um pouco sobre o processo de testemunhar e o coração? Eles podem ser experienciados simultaneamente?
- Você nos disse que a mente se torna cada vez mais quieta se meditarmos regularmente. No ano passado, quando estava morando sozinho na Europa, meus pensamentos se tornaram cada vez mais fortes durante minhas meditações, a ponto de eu começar a ter medo de me sentar. Agora que estou novamente com você e sua comuna, este problema desapareceu. Mas fico ponderando: como alguém pode ser um *sannyasin* durante dez anos, meditar todos os dias, e ter uma mente cada vez mais ruidosa?

3. Mindfulness no mundo moderno
- Algumas pessoas são mais néscias que outras?
- Qual é a diferença entre introspecção e autolembrança?
- Você parece desempenhar dois papéis: um exterior, em que provoca e expõe a estrutura da nossa sociedade; e um mais íntimo, em que encoraja seus discípulos na direção do fundamental. Poderia comentar isso?
- Quando abandonamos a atitude de julgar as pessoas negativamente, isso significa que o reconhecimento do positivo nelas também tem que ser abandonado – todo o pacote tem que ficar para trás, não é?
- Como, exatamente, ficar sem fazer nada?

O que você encontrará nesta edição

4. O observador nunca é parte da mente
- Você pode falar sobre disciplina e meditação?
- Por que tenho medo de me aceitar como sou?
- Há alguma possibilidade de eu algum dia crescer?
- Você falar sobre as mesmas velhas coisas dia após dia e ainda assim produzir a cada sentença uma nova revelação é para mim o maior milagre da existência. Você se importaria de comentar isso?

5. Amargo no início, doce no fim
- A técnica da autorrecordação me parece mais fácil que a do testemunhar. Ambas conduzem ao mesmo objetivo?
- Embora o que você diz pareça ser a pura verdade, quando digo isso aos meus amigos que pertencem aos níveis mais instruídos da sociedade – médicos, professores, engenheiros e administradores na metrópole – eles acham que eu fui hipnotizado ou submetido a uma lavagem cerebral. Toda vez que aplico a lógica a isso, eles ficam perdidos. Mas por que não conseguem aceitá-lo se são incapazes de argumentar? Por que são tão contra você?
- Você tem dito que sem um mestre é quase impossível atingir a verdade. Mas como você, Buda, Jesus e muitos outros atingiram a verdade sem qualquer ajuda de um mestre?
- Como eu sei se minha energia sexual está transformada ou apenas reprimida?
- Por que tudo está indo tão bem?
- Existe outro caminho, sem a morte e a insegurança?
- Estar aberto e estar testemunhando são duas coisas diferentes. É isso mesmo ou esta é uma dualidade criada por minha mente?

- Sou seu discípulo há dois anos e meio, e durante todo este tempo ansiei por estar em sua presença. Agora o encontrei pela primeira vez, e tudo mudou. Quero fugir de você. Estou totalmente confuso. Por favor, comente isto.
- Escutei você falando sobre um místico do Sri Lanka pedindo a seus seguidores que se levantassem caso quisessem tomar um atalho rumo à iluminação. Quero que saiba que estou esperando pela chance de me levantar assim que ouvir você pedir – sabendo que minhas pernas muito provavelmente estarão tremendo, meu corpo transpirando e meu coração batendo como louco.

Epílogo
- Você nos diz continuamente para "estarmos vigilantes", "sermos uma testemunha", mas uma consciência testemunhante pode realmente cantar, dançar e saborear a vida? Uma testemunha é um mero espectador da vida e jamais um participante?

APÊNDICE: cinco técnicas para apoiar o processo de "mindfulness"
1. Mudar sua mente
2. Jogar fora o lixo
3. Estar presente
4. Comer e beber conscientemente
5. Simplesmente escutar

Introdução

Uma história zen:

O monge Zuigan costumava iniciar todos os dias dizendo em voz alta para si mesmo, "Mestre, o senhor está aí?". E ele respondia, "Sim, estou".
Então, dizia, "Tenha juízo".
E replicava, "Sim, senhor, farei isso".
E dizia, "Preste atenção, não deixe que o façam de tolo".
E ele respondia, "Oh, não, senhor. Não deixarei, não deixarei".

A meditação não pode ser uma coisa fragmentada; deve ser um esforço contínuo. O tempo todo você tem que estar atento, consciente e meditativo. Mas a mente pregou-lhe uma peça: você medita pela manhã e em seguida deixa de lado a meditação; ou ora no templo e depois esquece a oração. E então volta para este mundo completamente não meditativo, inconsciente, como se caminhasse em um sono hipnótico. Este esforço fragmentário não ajuda muito. Como você pode ficar meditativo durante uma hora quando esteve não meditativo por vinte e três horas do dia? É impossível. De repente, tornar-se meditativo por uma hora não é possível. Você pode simplesmente enganar a si mesmo.

A consciência é um contínuo; é como um rio, fluindo constantemente. Se você está meditativo, tem que se manter meditativo o dia todo, cada momento dele... pois só se mantendo o dia todo meditativo conseguirá o florescimento. Nada virá antes.

Esta história zen parece absurda, mas é muito significativa. O mestre, o monge, costumava falar consigo mesmo – é isto que a meditação significa, falar consigo mesmo –, ele costumava chamar o próprio nome. Dizia, "Você está aí?" E ele mesmo respondia, "Sim, senhor, estou aqui". Este é um esforço, um enorme esforço, para estar atento. Você pode usar isto, será muito útil. De repente, caminhando pela rua, pergunte a si mesmo: "Você está aí?" De repente o pensamento para e você tem que responder: "Sim, estou aqui". Isso lhe proporciona um foco, é quando o pensamento para e você fica meditativo, alerta.

Este "chamar a si mesmo" é uma técnica. Ao ir dormir, ao apagar a luz à noite, de repente você pergunta: "Você está aí?". E com a escuridão chega a atenção. Você se torna uma chama e dentro de si responde, "Sim, estou aqui".

E então o monge costumava dizer, "Tenha juízo!". Seja sincero, seja autêntico; não participe do jogo. Ele costumava dizer a si mesmo, "Tenha juízo!". E replicava, "Sim, vou fazer todo o esforço que puder".

Toda a nossa vida é uma brincadeira. Você pode vivê-la assim porque não tem consciência de como desperdiça tempo, como desperdiça energia; como, finalmente, desperdiça a vida – você não tem consciência. Ela escorre

Introdução

pelo ralo. Tudo corre água abaixo. Só quando a morte se aproxima você consegue se tornar consciente, alerta: "O que estive fazendo? O que fiz com a minha vida? Uma grande oportunidade foi perdida. O que eu estava fazendo brincando por aí?" Você não foi sensato. Nunca refletiu sobre o que estava fazendo.

A vida não existe apenas para ser transcorrida; é para você alcançar algum lugar profundo em seu interior. A vida não é superficial; não está nas bordas da circunferência, ela é o centro. E você ainda não atingiu o centro. Tenha juízo! Já desperdiçou tempo demais. Fique atento e veja o que está fazendo. E o que está fazendo? Buscando dinheiro? Isso é finalmente, fundamentalmente, inútil. É mais uma vez um jogo, o jogo do dinheiro. Se você tem mais do que os outros, sente-se bem; se os outros têm mais do que você, sente-se mal. É um jogo. Mas qual é o significado dele? O que você ganha com ele? Mesmo que você tenha todo o dinheiro do mundo, no momento da morte você vai morrer como um mendigo. Então, toda a riqueza do mundo não pode torná-lo rico. Os jogos não o tornam rico. Tenha juízo!

Alguém está buscando poder, prestígio, alguém está buscando sexo, e alguém está buscando alguma outra coisa. Tudo é um jogo. A menos que você toque o centro do seu ser, tudo é um jogo. Na superfície só o jogo existe, e na superfície não está o real; na superfície só existem ondas, e nessas ondas você só vai sofrer e ficar à deriva. Não ficará ancorado ao seu ser. Por isso o monge teve que dizer, "Tenha juízo!". Ele estava dizendo, "Pare de brincar. Chega – você já brincou demais, pare de ser tolo. Use a vida para ancorar, use a vida para adquirir raízes, use a vida como uma oportunidade de atingir o divino. Você está sentado fora do templo, sentado apenas nos degraus, brincando, e o fundamental está esperando bem atrás de você. Bata à porta e ela se abrirá para você". Mas as brincadeiras não lhe deixam tempo para isso.

"Ter juízo" significa lembrar-se do que está fazendo e por que o está fazendo. Mesmo que seja bem-sucedido, até onde você vai chegar? Este é o paradoxo – que quando uma pessoa é bem-sucedida nestes jogos tolos, pela primeira vez ela toma consciência de que tudo aquilo foi absurdo. Só aqueles que nunca são bem-sucedidos continuam com esses jogos; aqueles que têm sucesso de repente tomam consciência de que nada foi alcançado. Pergunte a um Alexandre, pergunte a um Napoleão, o que ganharam.

Relata-se que quando Alexandre estava para morrer, disse à sua corte, "Quando vocês carregarem meu corpo pelas ruas deixem minhas duas mãos pendidas. Não as cubram". Isto era raro – ninguém era carregado dessa maneira.

Os membros da corte não conseguiram entender, e então perguntaram, "O que quer dizer com isso? Este não é o costume habitual. Todo o corpo deve estar oculto... Por que quer que suas duas mãos fiquem pendidas?"

Alexandre replicou, "Quero que se saiba que estou morrendo com as mãos vazias. Todos devem ver isso, e ninguém deve tentar ser um Alexandre de novo. Eu ganhei muito e ainda assim não ganhei nada; meu reino é grande, mas ainda sou pobre".

Você morre como um mendigo, mesmo que seja um imperador; então a coisa toda parece um sonho. Assim como

Introdução

pela manhã o sonho é desfeito e todos os impérios desaparecem, todos os reinos desaparecem, a morte é um despertar. Aquilo que permanece na morte é real. Aquilo que desaparece foi um sonho. Este é o critério. E quando este monge costumava dizer "Tenha juízo!", queria dizer o seguinte: "Lembre-se da morte e não seja tolo".

Você se comporta de uma maneira que parece que não vai morrer nunca. Sua mente diz, "A morte sempre acontece com os outros, nunca comigo; é sempre um fenômeno que acontece com os outros, nunca comigo". Mesmo que veja um homem morrendo, você nunca pensa, "Eu estou morrendo nele. Sua morte é simbólica: o mesmo vai acontecer comigo". Se você conseguir ver que vai morrer, será capaz de jogar estes jogos com tanta seriedade, arriscando toda a sua vida por nada? O monge estava certo em dizer pela manhã, "Tenha juízo!". Sempre que recomeçar um jogo – com sua esposa, com seu marido, na loja, no mercado, na política – feche os olhos e diga a si mesmo, "Tenha juízo!".

E o monge costumava responder, "Sim, senhor, farei todo o esforço possível".

Outra coisa é o que ele costumava se lembrar de manhã. Por que de manhã? A manhã estabelece o padrão. O primeiro pensamento pela manhã torna-se a porta; por isso todas as religiões insistem em pelo menos duas orações. Dizem que se você puder ser devoto o dia todo, essa é a coisa certa; caso contrário, faça pelo menos duas orações – uma pela manhã e outra à noite. Pela manhã, quando está renovado, despertou do seu sono e sua consciência está de novo aflorando, o primeiro pensamento, a oração, a meditação, a lembrança, estabelecerão o padrão para o dia todo. Essa se tornará a porta... porque as coisas se movem em uma cadeia. Se você estiver zangado pela manhã, vai se sentir cada vez mais zangado o dia todo. A primeira raiva cria a cadeia, a segunda se segue facilmente, a terceira torna-se automática – e então você está dentro dela. Qualquer coisa que aconteça à sua volta gera raiva em você. Ser devoto pela manhã – ou estar alerta, falar consigo mesmo, estar atento – estabelece o padrão.

Também à noite, quando for dormir, o último pensamento torna-se o padrão para todo o sono. Se o último pensamento for meditativo, todo o sono vai se tornar meditação; se o último pensamento for sexo, todo o sono será perturbado por sonhos sexuais; se o último pensamento for dinheiro, toda a noite você estará no mercado comprando e vendendo. Um pensamento não é um acidente; ele cria uma cadeia, e então as coisas se seguem e coisas similares se seguem.

Pela manhã este monge costumava falar consigo mesmo porque os budistas não acreditam na oração, eles acreditam na meditação. A distinção tem que ser entendida. Eu mesmo não acredito na oração; minha ênfase também está na meditação. Há dois tipos de pessoas religiosas: um é o tipo que ora; o outro é o tipo que medita. Os budistas dizem que não há necessidade de orar, mas apenas estar vigilante, consciente, porque a vigilância lhe proporcionará o estado de espírito da prece. Também não há necessidade de rezar para um Deus. Como você pode rezar para um Deus que você não conhece? Sua oração vai tatear na escuridão. Você estará se dirigindo a alguém que não conhece;

Introdução

então como pode se dirigir a ele? Como seu direcionamento pode ser autêntico e real, como pode vir do coração? Trata-se apenas de uma crença, e no fundo existe a dúvida. No fundo você não tem certeza se Deus existe ou não; no fundo não tem certeza se esta oração é um monólogo ou um diálogo, se há alguém que a está escutando e vai lhe responder, ou se você está só, falando consigo mesmo. Esta incerteza vai destruir a coisa toda.

Buda enfatizou a meditação. Ele disse, "Não há necessidade do outro; reconheça que está sozinho". Pelo menos uma coisa é certa: *você* existe. Baseie sua vida em algo que é absolutamente certo... por que como você pode basear sua vida em algo que é incerto, duvidoso, que existe apenas como uma crença e não como um conhecimento? O que é certo na vida? Só uma coisa é certa, e isso é você. Todo o resto pode ser passível de dúvida.

Estou aqui falando com você; você pode não estar aqui, isso pode ser apenas um sonho. Você está aqui me ouvindo; eu posso não estar aqui, isso pode ser apenas um sonho... porque muitas vezes nos sonhos você me ouviu, e quando o sonho está acontecendo ele parece real. Como você pode distinguir se isto é ou não um sonho? Como pode distinguir entre o real e o sonho? Não há como. Em relação ao outro você nunca pode ter certeza; não há como ter certeza em relação ao outro. Só a respeito de si mesmo; a única certeza que está aí é *você*. Por quê? – porque até para duvidar de si mesmo, você tem que estar aí.

O pai da filosofia ocidental moderna, Descartes, partiu da dúvida; ele duvidava de tudo, porque estava em busca de algo que não pudesse ser passível de dúvida. Somente isso pode se tornar a base da vida real, da vida autêntica – aquilo que pode ser passível de dúvida. Aquilo em que se tem que acreditar não pode se tornar a base real. Esta base está afundando e você está construindo uma casa na areia. Então, ele duvidava de tudo. Pode-se também facilmente duvidar de Deus, pode-se duvidar do mundo, ele pode ser apenas um sonho; os outros... Descartes duvidava de tudo. Então, de repente tomou consciência de que não podia duvidar de si mesmo, porque isso é contraditório. Se você diz que duvida de si mesmo, isso significa que tem que acreditar que *você* está ali para haver a dúvida. Você pode dizer que é possível que esteja enganado sobre si mesmo, mas há alguém que tem que estar ali para ser passível de engano. O ser não pode ser passível de engano.

Mahavira não acreditava em Deus; acreditava apenas no ser, porque essa é a única certeza. Você pode se desenvolver a partir da certeza, mas não pode se desenvolver a partir da incerteza. Quando há certeza, há confiança; quando há incerteza pode haver crença, mas a crença está sempre ocultando a dúvida.

Muitas pessoas teístas vêm me procurar. Elas acreditam em Deus, mas sua crença é apenas superficial. Penetre um pouco nelas, pressione-as um pouco, sacuda-as um pouco – elas se enchem de dúvidas e ficam temerosas. Que tipo de religião é possível se você está repleto de dúvidas? Algo indubitável é necessário.

Tanto Mahavira quanto Buda enfatizavam a meditação. Eles negavam a oração. Diziam: Como você pode rezar? Você não conhece o divino e, portanto, não pode realmente acreditar. Você pode forçar uma crença, mas uma cren-

Introdução

ça forçada é uma crença falsa. Você pode argumentar e se convencer, mas isso não vai ajudar, porque seus argumentos, suas convicções, são sempre seus; e a mente continua vacilando. Por isso tanto Buda quanto Mahavira enfatizavam a meditação.

A meditação é uma técnica totalmente diferente. Não há necessidade de acreditar, não há necessidade de se mover na direção do outro. Aí você está só. Mas tem que despertar: é isso que o monge está fazendo. Ele não está chamando o nome de Ram, não está chamando o nome de Alá, está chamando seu próprio nome, e apenas a si mesmo, porque nada mais é certeza. Ele chama seu nome todo, "Você está aí?" E não espera que nenhum Deus responda. Ele próprio responde, "Sim, senhor, estou aqui".

Esta é a atitude budista, você está aqui sozinho. Se estiver adormecido, chame a si mesmo, você tem que responder. É um monólogo. Não espere que nenhum Deus lhe responda; não há ninguém ali para lhe responder. Suas perguntas ficarão perdidas no céu vazio, suas orações não serão ouvidas – não há ninguém ali para ouvi-las. Então, este monge parece tolo, mas na verdade todos aqueles que estão em oração podem ser mais tolos que este monge. Este monge está fazendo uma coisa mais certa: chamando a si mesmo e respondendo a si mesmo.

Você pode se tornar mais atento. Eu lhe digo: seu nome é o mantra. Não chame Ram, não chame Alá, chame seu próprio nome. Muitas vezes por dia, sempre que se sentir sonolento, sempre que achar que o jogo está tomando conta de você e você está se perdendo nele, chame o seu nome: "Você está aí?" – e responda a si mesmo. Não espere pela resposta de ninguém; não há ninguém aí para lhe responder. Responda: "Sim, estou aqui". E não responda verbalmente, sinta a resposta: "Estou aqui". E esteja *ali*, vigilante. Nessa vigilância os pensamentos são interrompidos, nessa vigilância a mente desaparece, ainda que por um momento. E quando a mente não está presente, existe a meditação; quando a mente para, a meditação passa a existir.

Lembre-se de que a meditação não é algo realizado pela mente; é a ausência da mente. Quando a mente cessa, a meditação acontece. Não é algo que está fora da mente, é algo que está além da mente. E quando você está atento, a mente não está. Então, podemos concluir que sua sonolência é sua mente, sua inconsciência é sua mente, seu sonambulismo é sua mente. Você se move como se estivesse embriagado, não sabendo quem você é, para onde está indo, não sabendo por que está indo.

E a terceira coisa que o monge diz é para se lembrar de não deixar que os outros o enganem. Os outros estão continuamente enganando-o. Não só você está se enganando, mas os outros também o estão enganando. Como os outros o estão enganando? Toda sociedade, cultura, civilização, é uma conspiração coletiva. Por isso nenhuma sociedade permite pessoas rebeldes; toda sociedade requer obediência, conformidade. Nenhuma sociedade permite pensamentos rebeldes. Por quê? – porque os pensamentos rebeldes permitem que as pessoas se tornem conscientes de que tudo é apenas um jogo, e quando as pessoas tomam consciência de que tudo é apenas um jogo elas se tornam perigosas, elas começam a ir além da sociedade.

Introdução

A sociedade existe como um estado hipnótico, e a multidão é um fator hipnotizador. Você nasce, mas quando nasce não é um hindu, um muçulmano ou um cristão; não pode ser, porque a consciência não pertence a nenhuma seita. A consciência pertence ao todo, não pode ser sectária. Uma criança simplesmente existe, inocente de toda ladainha dos hindus, dos budistas, dos jainistas. Uma criança é puro espelho. Mas imediatamente a sociedade começa a atuar sobre a criança – um molde tem que lhe ser dado. Uma criança nasce como uma liberdade, mas imediatamente a sociedade começa a matar sua liberdade. Ela tem que receber um molde, um padrão.

Se você nasceu em uma família hindu, seus pais vão começar a ensiná-lo a ser um hindu. Ao fazê-lo, estão criando um estado hipnótico. Ninguém é um hindu – mas esta criança é inocente, ela pode ser enganada. Esta criança é simples. Vai acreditar nos pais que lhe dizem que ela é um hindu – não só um hindu, mas um brâmane, não só um brâmane, mas um brâmane *deshastha*. Seitas dentro de seitas, como caixas chinesas – caixas dentro de caixas. E quanto mais ela se torna estreitada, mais se torna uma prisioneira. A caixa continua ficando cada vez menor. Quando ela nasceu, era como o céu. Depois se tornou um hindu, uma parte pequena do céu; depois se tornou um brâmane – uma caixa menor; depois se tornou um *deshastha* – uma caixa ainda menor. E assim por diante. A sociedade continua pressionando a criança em caixas ainda menores, e então ela terá que viver como um brâmane *deshastha*. Vai viver toda a vida dentro desta caixa, vai carregar esta caixa ao redor de si. Como um túmulo. Ela precisa sair destas caixas; só assim saberá o que é a real consciência.

Então a sociedade transmite conceitos; depois a sociedade transmite os preconceitos, depois a sociedade transmite teorias, filosofias, sistemas e religiões. E então a pessoa jamais será capaz de olhar diretamente; a sociedade sempre estará ali para interpretar. Você não está consciente quando diz que algo é bom – você está ali, olhando? Esta é a sua sensação, de que algo é bom, ou apenas uma interpretação da sociedade? Algo é ruim: você olhou dentro daquilo e chegou à conclusão de que aquilo é ruim, ou a sociedade simplesmente lhe ensinou que aquilo é ruim?

Veja! Um hindu olhando para um estrume de vaca, acha que esta é a coisa mais pura do mundo. Ninguém mais no mundo vai pensar em estrume de vaca como sendo a coisa mais pura do mundo – estrume de vaca é estrume, excremento –, mas um hindu acha que o estrume de vaca é a coisa mais pura do mundo. Ele vai comê-lo com entusiasmo. Ele o come! Ninguém no mundo pode acreditar como 800 milhões de hindus podem ser ludibriados assim, mas eles são. Quando a criança hindu é iniciada, dão-lhe *panchamrita* – uma combinação particular de cinco coisas. Nestas cinco coisas o estrume de vaca é uma delas e a urina da vaca é outra. É difícil – ninguém consegue acreditar que isto seja certo. Mas eles têm seus próprios preconceitos. Abandone seus preconceitos e olhe diretamente.

Mas nenhuma sociedade lhe permite olhar diretamente. Ela sempre chega e interpreta, e você é enganado por ela. Este monge costumava dizer a si mesmo pela manhã, "Não se deixe enganar pelos outros". E respondia, "Sim, senhor – sim, senhor, não me deixarei enganar pelos outros".

Isto tem que ser constantemente lembradom, porque os outros estão todos à sua volta enganando-o nas questões mais sutis. E, atualmente, os outros têm mais poder do que nunca. Mediante a propaganda, mediante o rádio, mediante os jornais, mediante a televisão, os outros o estão manipulando.

Nos Estados Unidos da América todo o mercado depende de como se pode enganar o consumidor, como se pode criar uma ideia na mente dos outros. Atualmente, uma garagem para dois carros é algo obrigatório se você quer ser feliz; nos Estados Unidos, uma garagem para dois carros é obrigatória. Ninguém pergunta, "Se você não está feliz com um carro, como pode ser feliz com dois carros?". Se há cinquenta por cento de felicidade com um carro, como você pode ser feliz com dois carros? Com um carro você está infeliz; com dois será duplamente infeliz, isso é tudo. A matemática é simples. Mas a publicidade, a propaganda, toda a sociedade existe para manipular os outros. A felicidade é algo como uma mercadoria no mercado – você vai lá e a compra, ela tem que ser comprada. Como a felicidade pode ser comprada? A felicidade não é uma mercadoria, não é uma coisa; é uma qualidade de vida, uma consequência de uma vida alerta. Você não pode comprá-la – não há como comprá-la.

Observe os jornais americanos e você verá aquilo que lhe está faltando: a felicidade pode ser comprada com dinheiro. Eles criam uma sensação de que está lhe faltando algo; então você começa a trabalhar para ter aquilo, então ganha dinheiro e o compra. Então você percebe que foi enganado. Mas esse sentimento não é muito profundo, porque antes de você perceber que foi enganado algumas novas artimanhas entraram em sua mente e agora o estão impulsionando. Você precisa ter uma casa na montanha, ou precisa ter uma casa de veraneio, ou precisa ter um iate – sempre há algo a ser adquirido. Só então você será feliz. Eles continuarão o impulsionando até sua morte. Até você morrer, estes anúncios, essa propaganda, continuarão o pressionando.

Este monge está certo. Isto deve fazer parte da sua atenção – que você não deve se deixar ser enganado pelos outros. Toda a sociedade se baseia na exploração, em explorar o outro. Todo mundo está explorando. E esta exploração não está apenas no mercado; está no templo, na igreja, na sinagoga. Está em toda parte... porque o sacerdote também é um negociante. Porque você precisa de paz, porque você pede paz, há pessoas que dizem, "Venha até nós, vamos lhe dar paz". Você pede felicidade, e há pessoas que estão prontas para lhe vender felicidade. Se pessoas como Maharishi Mahesh Yogi* foram bem-sucedidas no Ocidente, não tiveram sucesso no Oriente. Ninguém as escuta na Índia. Lá ninguém se incomoda com elas.

Mas a América escuta todo tipo de bobagem. Uma vez que você usa o canal de propaganda certo, uma vez que reúne o time de publicitários certo, seus problemas acabaram. Maharishi Mahesh Yogi fala como se o silêncio

---

* Guru indiano fundador da Meditação Transcendental. (N.T.)

interior pudesse ser adquirido imediatamente, como se dentro de uma semana uma pessoa pudesse encontrar a meditação; apenas sentando-se durante quinze minutos e repetindo um mantra você seria feliz para todo o sempre. E a mente americana, que vem sendo envenenada pela propaganda, fica imediatamente atraída e uma multidão se reúne. A multidão continua mudando, mas há sempre uma multidão, e parece que as coisas estão acontecendo. Até os templos e as igrejas se transformaram em lojas.

A meditação não pode ser comprada e ninguém pode dá-la a você. Você tem que atingi-la. Não é algo externo, é algo interno, um crescimento, e esse crescimento vem através da conscientização. Chame seu próprio nome – pela manhã, à noite, à tarde, quando se sentir sonolento, chame seu próprio nome. E não só o chame, responda seu chamado, faça-o em voz alta. Não tenha medo dos outros. Você já teve medo suficiente dos outros; eles já o assassinaram através do medo. Não tema. Mesmo no mercado, lembre-se. Chame seu próprio nome. "Você está aqui?". E responda, "Sim, senhor".

Deixe as pessoas rirem. Não se deixe enganar por elas. A única coisa a ser alcançada é o estado de atenção – não o respeito, não a respeitabilidade por parte das pessoas. Porque esse é um dos truques delas: torná-lo obediente mediante a respeitabilidade. Elas dizem, "Nós respeitamos você. Incline-se e seja obediente; não fique parado. Simplesmente siga a sociedade e a sociedade vai lhe retribuir". Este é um arranjo mútuo. Quanto mais morto você estiver, mais a sociedade lhe prestará respeito; quanto mais vivo estiver, mais a sociedade lhe criará problemas.

Por que Jesus teve que ser crucificado? – porque ele era um homem vivo. Ele deve ter alertado a si mesmo em sua infância: "Jesus, não se deixe enganar pelos outros". E ele não foi enganado, e por isso os outros tiveram que crucificá-lo, porque ele não participava do jogo. Sócrates teve que ser envenenado e morto; Mansur teve que ser assassinado. Estas são pessoas que escaparam da prisão, e qualquer coisa que você lhes diga não poderá convencê-las a voltar atrás. Elas não entrarão na prisão; elas conheceram a liberdade do céu aberto.

Lembre-se, seja consciente e alerta. Se você se mantiver alerta, se suas ações se tornarem cada vez mais conscientes, qualquer coisa que você faça não será feita de modo sonolento. Todo esforço da sociedade é no sentido de torná-lo automático, de transformá-lo em um autômato, de fazer de você um mecanismo perfeito, eficiente.

Quando você aprende a dirigir está atento, mas não eficiente, porque a atenção requer energia e você tem que estar atento a muitas coisas – às marchas do carro, às rodas, ao freio, ao acelerador, à embreagem. Há tantas coisas às quais tem que estar atento que não consegue ser eficiente, não pode andar rápido. Mas pouco a pouco, à medida que se torna eficiente, não precisa estar consciente. Pode dirigir cantarolando uma canção, pensando em silêncio ou resolvendo um problema e o carro andará sozinho. O corpo o assumirá automaticamente. Quando mais automático você se torna, mais eficiente.

A sociedade necessita de eficiência, e por isso o torna cada vez mais automático. Em tudo o que você faz, seja automático. A sociedade não está preocupada com a sua consciência; sua consciência seria um problema para a sociedade. Você é solicitado a ser mais eficiente, mais produtivo. As máquinas são mais produtivas do que você. A sociedade não quer que o homem seja um ser humano, ela necessita de você como um dispositivo mecânico, e por isso o torna mais eficiente e menos consciente. Isto é automatização. É como a sociedade o engana. Você se torna eficiente, mas sua alma está perdida.

Se você consegue me entender, todo o esforço das técnicas meditativas é desautomatizá-lo, torná-lo novamente alerta, torná-lo novamente um ser humano, não uma máquina. No início vai se tornar menos eficiente, mas não se incomode com isso. No início tudo vai se tornar uma confusão. Porque tudo se estabeleceu em você como um autômato; você não será capaz de fazer nada eficientemente. Vai sentir dificuldade porque ficou acostumado com a eficiência inconsciente. Para se tornar conscientemente eficiente será necessário um longo esforço. Mas aos poucos você se tornará consciente *e* eficiente.

Se existir no futuro alguma possibilidade de uma sociedade realmente humana, a primeira coisa, a coisa básica que terá que ser feita é a seguinte: não tornar as crianças automáticas. Mesmo que demore um pouco mais para torná-las eficientes, torne-as eficientes com consciência. Não as transforme em máquinas. Isso levará mais tempo, porque duas coisas têm que ser aprendidas: eficiência e consciência. Uma sociedade realmente humana vai lhe proporcionar consciência, ainda que com menos eficiência, mas a eficiência virá aos poucos. Então, quando você estiver alerta, vai conseguir ser eficiente e atento.

No início, a meditação é desautomatização. Então você vai começar a trabalhar com uma nova consciência – a eficiência permanece no corpo e a consciência permanece alerta. Você não se torna uma máquina, continua sendo um ser humano. Caso se torne uma máquina, é porque perdeu toda a humanidade.

Este monge está fazendo sua desautomatização. Desde muito cedo pela manhã ele chama a si mesmo, dizendo, "Fique atento!"; dizendo "Não engane a si mesmo!"; dizendo "Não se deixe enganar!". Estas três camadas de *mindfulness* têm que ser alcançadas.

1.
Muitas doenças, apenas um remédio

O que é meditação? É apenas pôr a mente de lado. Estar sem pensar durante um tempo é meditação. E, uma vez que aprende a fazê-lo por um momento que seja, você tem a chave. Então sempre que precisar, poderá se mover para dentro de si. É como inspirar e expirar: você sair para o mundo é a expiração; você entrar dentro de si é a inspiração. Meditação é inspiração.

Então, esqueça-se dos seus problemas, apenas se mova para a meditação. E, quanto mais profundo se mover, mais as coisas falsas irão desaparecer.

O que é meditação?

No meu entender, esta é a pergunta mais importante. A meditação é o próprio centro de todo o meu esforço. É o próprio útero do qual vai nascer uma nova religiosidade. Mas é muito difícil verbalizá-la: dizer algo sobre a meditação é uma contradição em termos.

É algo que você pode ter, que você pode ser, mas por sua própria natureza você não pode dizer o que é. Ainda assim, esforços têm que ser feitos para de alguma forma expressar seu significado. Mesmo que apenas um entendimento fragmentário e parcial surgir daí, será mais do que se pode esperar. Mesmo que o entendimento parcial da meditação possa se tornar uma semente. Grande parte depende de como você escuta. Se você apenas *ouve*, então nem sequer um fragmento pode lhe ser transmitido. Mas se você *escuta*... Tente entender a diferença entre os dois verbos.

A audição é um ato mecânico. Se você tem ouvidos, consegue ouvir. Se estiver ficando surdo, uma ajuda mecânica pode ajudá-lo a ouvir. Seus ouvidos não são nada mais do que um mecanismo para receber sons. Ouvir é muito simples: os animais ouvem, qualquer um que tenha ouvidos é capaz de ouvir – mas escutar é um estágio bem mais elevado.

Escutar significa que quando você está ouvindo está apenas ouvindo e mais nada – não há outros pensamentos na sua mente, não há nuvens passando em seu céu interior; assim, o que quer que esteja sendo dito o alcança diretamente. Não sofre a interferência da sua mente; não é interpretado por você, por seus preconceitos – não é enevoado por nada que, naquele exato momento, esteja se passando dentro de você, porque tudo isso são distorções.

Em geral não é difícil; você pode conseguir isso apenas ouvindo, porque as coisas que você está ouvindo são comuns. Se eu digo algo sobre a casa, a porta, a árvore, o pássaro, não há problema. Estes são objetos comuns; não há necessidade de escutar. Mas há uma necessidade de escutar quando estamos falando sobre algo como meditação, que não é de modo algum um objeto; é um estado subjetivo do ser. Só podemos indicá-lo; você tem que estar muito atento e alerta – então há a possibilidade de que algum significado chegue até você.

Mesmo que apenas um pequeno entendimento surja em você, é mais do que suficiente, porque o entendimento tem sua própria maneira de crescer. Se apenas um pouquinho de entendimento cair no lugar certo, no seu coração, ele começa a crescer espontaneamente.

Primeiro tente entender a palavra *meditação*. Esta não é a palavra certa para o estado sobre o qual qualquer buscador autêntico certamente está interessado. Por isso eu gostaria de lhe dizer algo sobre algumas palavras. Em sânscrito temos uma palavra especial para meditação; a palavra é *dhyana*. Em nenhuma outra língua existe uma palavra semelhante; essa palavra é intraduzível. É reconhecido há dois mil anos que esta palavra é intraduzível pela simples razão de que em nenhuma outra língua as pessoas tentaram ou experienciaram o estado que ela designa; por isso, essas línguas não têm essa palavra. Uma palavra só é necessária quando se tem algo a dizer, algo a designar.

Em inglês há três palavras. A primeira é *concentration* (concentração). Tenho visto muitos livros escritos por pessoas muito bem-intencionadas, mas não por pessoas que experienciaram a meditação. Elas continuam usando a palavra *concentração* para *dhyana* — mas *dhyana* não é concentração. Concentração simplesmente significa sua mente focada em um ponto; é um estado da mente. Em geral a mente está continuamente se movendo, mas, se ela se move continuamente, você não consegue trabalhar com ela sobre determinado tema. Por exemplo, na ciência a concentração é necessária; sem concentração não há possibilidade de ciência. Não surpreende que a ciência não tenha se desenvolvido no Oriente — eu vejo estas profundas conexões internas. A concentração nunca foi valorizada lá. Algo mais é necessário para a religião, não só a concentração.

Concentração é a mente focada em um ponto. Isso tem sua utilidade porque então você pode penetrar cada vez mais fundo em certo objeto. É isso que a ciência continua fazendo: descobrindo cada vez mais coisas sobre o mundo objetivo. Um homem com uma mente continuamente vagando não pode ser um cientista. Toda a arte do cientista é ser capaz de esquecer o mundo e colocar toda a sua consciência em uma única coisa. E, quando toda a consciência é despejada em uma coisa, é quase como a concentração dos raios solares vindo através de uma lente: então você pode criar fogo. Esses raios em si não podem criar fogo porque são difusos; eles estão se expandindo, movendo-se para longe um do outro. Seu movimento é exatamente o oposto da concentração. Concentração significa os raios chegando juntos e se encontrando em um ponto, e quando muitos raios se encontram em um ponto, eles têm energia suficiente para criar fogo.

A consciência tem a mesma qualidade: concentre-se nela e você conseguirá penetrar mais fundo nos mistérios dos objetos.

Isso me faz recordar Thomas Edison – um dos grandes cientistas da América. Ele estava trabalhando em algo de uma maneira tão concentrada, que quando sua esposa chegou com o café da manhã, ele nem a ouviu se aproximar. Ele sequer olhou para ela, não estava consciente de que ela estava ali, e ela sabia que aquele não era o momento certo para perturbá-lo: "É claro que o café vai esfriar, mas ele ficará realmente zangado se eu perturbá-lo – nunca se sabe onde ele está". Então ela simplesmente colocou a bandeja ao seu lado para que quando retornasse da sua jornada de concentração ele a visse e comesse seus desjejum. Mas o que aconteceu? Nesse meio-tempo, um amigo dele apareceu – e também viu Edison bastante concentrado. Olhou para o desjejum esfriando e pensou: "É melhor deixá-lo fazer seu trabalho. Vou comer; está esfriando". Ele terminou o desjejum e Edison nem sequer reparou que seu amigo estava ali e havia comido seu desjejum.

Quando retornou da sua concentração, olhou em torno, viu o amigo e viu os pratos vazios. Ele disse ao amigo: "Por favor, perdoe-me. Você chegou um pouco atrasado e eu já comi meu desjejum". Como os pratos estavam vazios, obviamente alguém havia comido o desjejum. E quem mais poderia tê-lo comido? O próprio Edison! O pobre amigo ficou constrangido. Estava pensando em lhe fazer uma surpresa, mas Edison lhe causou uma surpresa maior ao dizer, "Você chegou um pouquinho atrasado...".

A esposa assistiu toda a cena. Ela se aproximou e disse ao esposo: "Ele não chegou atrasado, você foi quem chegou atrasado! Ele comeu seu desjejum. Eu vi, mas de todo modo estava esfriando; pelo menos alguém o comeu. Você é um cientista e tanto! Eu não consigo entender como você administra a sua ciência". E acrescentou: "Você nem sequer sabe quem comeu seu desjejum e está lhe pedindo perdão!".

A concentração é sempre o direcionamento da sua consciência. Quanto mais direcionada ela se torna, mais poderosa ela é. É como uma espada que penetra em algum segredo da natureza; você tem que se tornar alheio a todo o resto. Mas isto não é meditação. Muitas pessoas têm interpretado mal – não só no Ocidente, mas também no Oriente. Elas acham que concentração é meditação. A concentração lhe dá enormes poderes, mas esses poderes são da mente.

Por exemplo, o rei de Varanasi, na Índia, sofreu uma intervenção cirúrgica em 1920 que gerou notícias no mundo todo. Ele se recusou a tomar qualquer anestesia. Ele disse: "Fiz um juramento de não tomar nada que me deixasse inconsciente, e por isso não posso ser anestesiado; mas vocês não precisam ficar preocupados". Era uma cirurgia para remover seu apêndice. Ora, tirar o apêndice de alguém sem lhe dar anestesia é algo realmente perigoso; pode-se matar a pessoa. É preciso cortar seu estômago, é preciso cortar seu apêndice e depois removê-lo. Isso demora uma hora, duas horas – e nunca se sabe em que condições está aquele apêndice.

Entretanto, ele também não era um homem comum; do contrário eles poderiam tê-lo obrigado a receber anestesia – mas ele era o rei de Varanasi. E disse aos médicos: "Não fiquem preocupados". Os melhores médicos disponíveis na Índia estavam ali; um especialista da Inglaterra estava ali. Todos foram consultados e ninguém estava pronto para fazer esta operação, mas a cirurgia tinha que ser feita; do contrário, a qualquer momento o apêndice poderia matar o homem. A situação era séria, e as duas alternativas pareciam ser sérias: se não fizessem a cirurgia ele poderia morrer; se fizessem a cirurgia sem anestesia... aquilo nunca havia sido feito, não havia precedentes.

Mas o rei disse: "Vocês não me entendem. Nunca houve nenhum precedente porque nunca operaram um homem como este que vão operar agora. Apenas me deem meu livro religioso, o *Shrimad Bhagavad Gita*. Vou lê-lo e depois de cinco minutos vocês poderão iniciar o seu trabalho. Uma vez que eu esteja envolvido no Gita vocês podem cortar qualquer parte do meu corpo e eu sequer estarei consciente disso; não existe questão de dor".

Quando ele insistiu... de todo modo ele ia morrer, portanto não havia mal em tentar. Talvez ele estivesse certo – ele era bem conhecido por suas práticas religiosas. Então, assim foi feito. Ele leu o Gita durante cinco minutos e fechou os olhos; o Gita caiu de suas mãos e eles fizeram a cirurgia, que demorou uma hora e meia. Foi realmente séria; mais algumas poucas horas e o apêndice poderia ter explodido e matado o homem. Eles removeram o apêndice com o homem completamente consciente, em silêncio – sem sequer um piscar de olhos. Ele estava em outro lugar.

Essa era a sua prática de toda uma vida: apenas ler durante cinco minutos, e então estava preparado. Ele conhecia o Gita de cor; podia repeti-lo sem o livro. Quando começava a entrar no Gita ele estava realmente no Gita. Sua mente estava lá – ela deixara totalmente o seu corpo.

Aquela cirurgia foi noticiada no mundo todo; foi uma operação rara. Mas o mesmo erro foi novamente cometido. Todo jornal entendeu que o rajá, o rei de Varanasi, era um homem de grande meditação.

Mas ele era um homem de grande concentração, não de meditação.

Ele também se encontrava na mesma confusão; também achava que havia atingido o estado meditativo. Mas não havia. Apenas sua mente estava tão concentrada, que tudo o mais saía do seu foco, ficava fora da sua consciência. Este não é um estado de consciência plena, é um estado de consciência focada — tão focada que se torna aguçada e o resto da existência desaparece.

Então, antes de eu responder sua pergunta, "O que é meditação?", você tem que entender o que ela não é. Em primeiro lugar, não é concentração. Em segundo lugar, não é contemplação.

A concentração é focada; a contemplação tem um campo mais amplo. Você está contemplando a beleza... Há milhares de coisas belas; você pode se mover de uma coisa bela para outra. Pode ter muitas experiências da beleza; pode se mover de uma experiência para outra. Mas permanece confinado ao assunto em questão. A contemplação é uma concentração mais ampla — não é aguçada, mas confinada a um assunto. Você estará se movendo, sua mente estará se movendo, mas a contemplação permanecerá dentro do assunto em questão.

A filosofia usa a contemplação como seu método; a ciência usa a concentração como seu método. Na contemplação, você também está se esquecendo de tudo, exceto do assunto em questão. O objeto é maior e você tem mais espaço para se mover. Na concentração não há espaço para se mover: você pode penetrar cada vez mais fundo, cada vez num espaço mais restrito, pode se tornar cada vez mais direcionado, mas não tem espaço para se mover ao redor. Por isso os cientistas são pessoas de mente estreita. Você ficará surpreso vendo-me dizer isto.

Imagina-se que os cientistas são pessoas de mente aberta. Não são. No que diz respeito ao tema deles, são pessoas totalmente de mente aberta: estão prontos para escutar qualquer coisa contrária à sua teoria e com absoluta imparcialidade. Mas com exceção desse tema particular, são mais preconceituosos, mais intolerantes que o homem normal, comum, pela simples razão de que nunca se incomodaram com nenhuma outra coisa: simplesmente aceitaram qualquer coisa em que a sociedade acredite.

Muitas pessoas religiosas alardeiam isso: "Olhe, ele é um grande cientista, ganhador de um prêmio Nobel", e isto e aquilo, "e ainda assim vem à igreja todos os dias". Esquecem-se completamente de que não é o cientista ganhador do prêmio Nobel que vai à igreja. Não é o cientista que vai à igreja; é o homem sem sua parte científica que vai à igreja. E esse homem, exceto por sua parte científica, é bem mais crédulo do que qualquer outro – porque todos são abertos, disponíveis, pensam sobre as coisas; compararam para ver qual religião é boa, às vezes leem também sobre outras religiões; e têm algum senso, que os cientistas não têm.

Para ser um cientista você tem que sacrificar algumas coisas – por exemplo, o senso comum. O senso comum é uma qualidade comum das pessoas comuns. Um cientista é uma pessoa incomum, ele tem um senso incomum. Com senso comum você não consegue descobrir a teoria da relatividade ou a lei da gravidade. Com senso comum você pode fazer todo o resto.

Por exemplo, Albert Einstein lidava com números tão grandes que apenas um deles tomaria toda a página – centenas de zeros se seguindo. Mas ficou tão envolvido com números grandes – o que é incomum, mas ele estava pensando apenas em estrelas, anos luz, milhões, bilhões, trilhões de estrelas, e as contando – que se tornou alheio às coisas pequenas.

Certo dia ele entrou em um ônibus e deu o dinheiro ao condutor. O condutor devolveu-lhe o troco. Einstein o conferiu e disse: "Está errado, você está me roubando. Dê-me o troco restante".

O condutor pegou o troco, contou-o de novo e disse: "Senhor, parece que o senhor não entende de números".

Einstein se recorda: "Quando ele me disse, 'Senhor, o senhor não entende de números', eu simplesmente recolhi o troco. E disse a mim mesmo: 'É melhor ficar calado. Se alguém mais ouvir que eu não entendo de números, e isso vindo de um condutor de ônibus...' O que tenho escrito durante toda a minha vida? Números e números – não sonho com nenhuma outra coisa. Nos meus sonhos não aparece nenhuma mulher, nenhum homem – apenas números. Eu penso em números, sonho com números, e este idiota me diz: 'O senhor não entende de números'".

Quando chegou em casa, disse à sua esposa: "Conte este troco. Quanto tem aí?" Ela contou e disse: "O troco está certo".

Ele disse: "Meu Deus! Isto significa que o condutor estava certo: talvez eu não entenda de números. Talvez só consiga lidar com números imensos; os números pequenos desapareceram completamente da minha mente".

Um cientista certamente perde o senso comum. O mesmo acontece com o filósofo. A contemplação é mais ampla, mas ainda está confinada a determinado assunto. Por exemplo, certa noite Sócrates estava pensando sobre algo

Muitas doenças, apenas um remédio

— nunca se sabia em que ele estava pensando —, de pé ao lado de uma árvore, e ficou tão absorvido em sua contemplação que se tornou totalmente alheio ao fato de que estava nevando; pela manhã foi encontrado quase congelado. Tinha neve até os joelhos e estava ali de pé com os olhos fechados. Estava quase no limiar da morte; até seu sangue parecia ter começado a congelar.

Foi levado para casa; foi massageado, deram-lhe álcool, e de algum modo ele recuperou seu senso comum. Perguntaram-lhe: "O que estava fazendo ali, de pé em pleno céu aberto?".

Ele disse: "Eu não tinha ideia de que estava de pé ou sentado, ou de onde estava. O tema era tão absorvente, que mergulhei totalmente nele. Não sei quando a neve começou a cair ou quando toda a noite passou. Eu teria morrido, mas não teria recuperado meus sentidos porque o tema era muito absorvente. Eu ainda não o havia esgotado; era toda uma teoria, e vocês me acordaram no meio. Agora não sei se conseguirei recuperar a teoria inacabada".

É como quando você está sonhando e alguém o acorda. Você acha que pode recuperar novamente o seu sonho apenas fechando os olhos e tentando dormir? É muito difícil retornar ao mesmo sonho.

A contemplação é uma espécie de sonho lógico. É uma coisa muito rara. Mas a filosofia depende da contemplação. A filosofia pode usar a concentração para propósitos específicos, para ajudar a contemplação. Se alguns de seus fragmentos menores necessitam de um esforço mais concentrado, então a concentração pode ser utilizada; não há problema. A filosofia é basicamente contemplação, mas de vez em quando pode usar a concentração como uma ferramenta, como um instrumento.

Mas a religião não pode usar a concentração; a religião também não pode usar a contemplação porque não está interessada em um objeto. Se o objeto está no mundo exterior ou dentro da sua mente – um pensamento, uma teoria, uma filosofia – não importa, trata-se de um objeto.

O interesse religioso é por aquele que se concentra, aquele que contempla.

Quem é essa pessoa?

Ora, você não pode se concentrar nela. Quem vai se concentrar nela? – você é ela. Não pode contemplá-la porque quem vai contemplá-la se você não pode se dividir em duas partes? Ou seja, colocar uma parte diante da sua mente e a outra parte começar a contemplar. Não há possibilidade de dividir sua consciência em duas partes. E, mesmo que houvesse alguma possibilidade – não há nenhuma, mas apenas em prol da discussão estou dizendo que se houvesse qualquer possibilidade de dividir sua consciência em duas –, então aquela que contempla a outra é você; a outra parte não é você.

O outro nunca é você. Ou, em outras palavras: o objeto nunca é você. Você é irredutivelmente o sujeito. Não há como transformá-lo em um objeto.

É exatamente como um espelho. O espelho pode refleti-lo, o espelho pode refletir qualquer coisa no mundo, mas você pode conseguir que este espelho reflita a si mesmo? Você não consegue colocar este espelho diante dele mesmo; no momento em que você colocá-lo em frente de si mesmo ele não está mais ali. O próprio espelho não pode se espelhar. A consciência é exatamente um espelho. Você pode utilizá-la como concentração para algum objeto. E pode usá-la como contemplação para algum assunto.

A palavra *meditação* também não é a palavra certa, mas como não há outra palavra temos que utilizá-la por enquanto, até que *dhyana* seja aceita pelas línguas ocidentais, como foi aceita pelos chineses, pelos japoneses – porque a situação era a mesma nesses países. Há dois mil anos, quando os monges budistas entraram na China, fizeram todo o esforço para encontrar alguma palavra que pudesse traduzir sua palavra *jhana*.

Gautama Buda jamais usou o sânscrito como sua língua; ele usava uma língua utilizada pelas pessoas comuns; sua língua era o pali. Sânscrito era a língua dos sacerdotes, dos brâmanes, e uma das questões básicas da revolução de Buda era que o sacerdócio fosse derrubado; não havia propósito para sua existência. O homem pode se conectar diretamente com a existência. Isso não precisa ser feito através de um agente. Na verdade, isso não pode ser realizado através de um mediador.

Você pode entender isso de uma maneira muito simples: você não pode amar sua namorada, seu namorado, através de um mediador. Não pode dizer a alguém "Vou lhe dar dez dólares – apenas vá e ame minha esposa em meu lugar". Um criado não pode fazer isso, ninguém pode fazê-lo em seu lugar; só você pode fazê-lo. O amor não pode ser dado em seu lugar por um criado – do contrário, as pessoas ricas não perderiam tempo com os escorregadios casos de amor. Elas têm muitos criados, bastante dinheiro, poderiam simplesmente enviar seus criados. Podiam encontrar os melhores criados, então por que eles próprios deviam se incomodar com isso? Mas há algumas coisas que você mesmo tem que fazer. Um criado não pode dormir por você, um criado não pode comer por você.

Como um sacerdote, que não é nada exceto um criado, vai fazer a mediação entre você e a existência, ou Deus, ou a natureza, ou a verdade? Numa mensagem do papa ao mundo isto foi considerado um pecado: tentar ter qualquer contato direto com Deus – um pecado! Você tem que contatar Deus através de um sacerdote católico apropriadamente iniciado; tudo deve seguir os canais apropriados. Há certa hierarquia, uma burocracia; você não pode simplesmente passar por cima do bispo, do papa*, do sacerdote. Se você simplesmente passar por cima deles, estará entrando diretamente na casa de Deus. E isto não é permitido; é pecado.

Fiquei realmente surpreso de que este papa tivesse o descaramento de chamar isto de pecado, dizer que o homem não tem o direito inato de estar em contato com a existência ou com a própria verdade; que para isso ele também necessita de um agente apropriado! E quem vai decidir qual é o agente apropriado? Há trezentas religiões e todas têm suas burocracias, seus canais próprios; e todas dizem que os duzentos e noventa e nove restantes são todos falsos! Mas o sacerdócio só pode existir caso ele se imponha como absolutamente necessário. Ele é absolutamente desnecessário, mas tem que se impor sobre você como algo inevitável.

Agora o papa polonês está fazendo um novo giro pelo mundo. Ontem vi sua foto em algum país católico. Ele es-

---

* Referência ao Papa João Paulo II. (N.T.)

tava beijando a terra. Os repórteres lhe perguntaram, "O que o senhor achou das boas-vindas?". Ele disse, "Calorosas, mas não extraordinárias".

Ora, este homem devia estar na expectativa; ele não estava satisfeito com a recepção calorosa; estava esperando uma recepção extraordinária. E quando ele diz "calorosa" você pode ter certeza absoluta de que deve ter sido amena – ele está tentando exagerá-la o máximo que pode. Do contrário, uma recepção calorosa é extraordinária – o que mais ele queria? Cachorros-quentes? Aí então ela seria arrebatadora? Uma recepção calorosa é suficiente. Mas eu sei qual é o problema; ela deve ter sido amena ou talvez até fria.

Este ano este homem vai convocar um sínodo – o senado católico – em que todos os bispos e cardeais de todo o mundo católico vão se reunir para decidir alguns assuntos urgentes. E você pode ter certeza de quais são esses assuntos urgentes: o controle da natalidade é pecado, o aborto é pecado; e este novo pecado, que nunca foi mencionado antes – fazer um esforço para estar em contato direto com Deus é um pecado.

Agora, a tese que ele propõe vai ser colocada diante do sínodo para obter sua aprovação; e então se tornará um apêndice, quase tão sagrado quanto a Bíblia. Se a tese for aceita por unanimidade pelo sínodo, então terá o mesmo status. E será aceita porque nenhum sacerdote dirá que ela está errada, nenhum cardeal dirá que ela está errada. Eles ficarão imensamente felizes por ele ter uma mente realmente original – nem Jesus foi tão atento!

Quando recebi a mensagem de que qualquer esforço para estabelecer contato direto com Deus é pecado, ponderei acerca do que Moisés estava fazendo. Foi um contato direto: não havia mediador, não havia ninguém presente. Não havia nenhuma testemunha visual quando Moisés se encontrou com Deus na sarça ardente. Segundo o papa polaco, ele estaria cometendo um grande pecado. Quem era o agente de Jesus? Alguma agência era necessária. Ele também estava tentando contatar Deus diretamente, rezando. E não estava pagando alguém para rezar por ele, ele próprio estava rezando. Ele não era um bispo, não era um cardeal, não era um papa; nem Moisés era um bispo, um cardeal ou um papa. Todos estes eram pecadores de acordo com o papa polaco. E o sínodo vai endossar a tese – posso dizer isso antes que ela seja assinada – porque no mundo todo o sacerdócio está em uma condição precária.

E a verdade é que é seu direito inato averiguar na existência, averiguar na vida, do que ela se trata.

A contemplação é teórica, você pode continuar infinitamente teorizando...Ela também acaba com seu bom-senso. Por exemplo, Immanuel Kant foi um dos maiores filósofos que o mundo produziu. Ele passou toda a sua vida em uma cidade, pela simples razão de que qualquer mudança perturbava sua contemplação – nova casa, novas pessoas... Tudo tinha que ser exatamente o mesmo para que ele estivesse completamente livre para contemplar.

Ele jamais se casou. Uma mulher chegou a se oferecer para casar com ele, mas ele disse: "Eu terei que pensar a respeito". Talvez essa será a única resposta deste tipo; normalmente, é o homem que propõe casamento. Ela deve ter esperado tempo demais e, quando descobriu que este homem não ia lhe propor casamento, ela tomou a iniciativa. E o que ele disse? – "Eu terei que pensar a respeito". Ele contemplou durante três anos todos os pontos favoráveis ao casamento, todos os pontos desfavoráveis ao casamento; e o problema era que eles eram todos equivalentes, equilibrando-se, anulando um ao outro.

Então, após três anos ele bateu na porta da casa da mulher para dizer: "É difícil para mim chegar a uma conclusão porque os dois lados são igualmente válidos, igualmente importantes, e não consigo fazer nada a menos que encontre uma alternativa mais lógica, mais científica, mais filosófica do que a outra. Então, por favor perdoe-me; e você pode se casar com outra pessoa".

O pai abriu a porta – Kant perguntou sobre a filha. O pai disse: "Você chegou tarde demais; ela se casou, agora tem até um filho. Você é um filósofo notável – aparece três anos mais tarde para lhe dar sua resposta!".

Kant disse: "De todo modo a resposta não era 'sim'; mas o senhor pode transmitir à sua filha minha incapacidade para encontrar a resposta. Eu me esforcei muito para encontrá-la, mas tenho que ser justo: não posso me enganar enfatizando apenas as razões favoráveis e descartando as desfavoráveis. Não posso enganar a mim mesmo".

Este homem costumava ir todos os dias, exatamente na mesma hora, dar aula na universidade. As pessoas costumavam acertar seus relógios ao vê-lo; e acertariam a hora com precisão – ele se movia como os ponteiros de um relógio. Seu criado não costumava chamá-lo dizendo: "Senhor, seu desjejum está pronto". Não, ele apenas dizia: "Senhor, são sete e trinta... Senhor, são doze e trinta". Era desnecessário dizer que estava na hora do almoço –

"são doze e trinta". Só o horário tinha de ser dito. Tudo era fixado. Ele estava tão absorvido em seu filosofar que se tornou dependente – quase um criado de seu próprio criado, porque o criado podia ameaçá-lo a qualquer momento, dizendo: "Vou embora". E o criado sabia que Kant não poderia deixar que ele se fosse. Durante alguns dias aconteceu isso, porque ele estava ameaçando partir. Kant, então, lhe disse: "Está bem, você pode ir. Está se achando importante demais. Você acha que não consigo viver sem você, que não consigo encontrar outro criado?"

O criado respondeu: "Tente".

Mas não funcionou com o outro criado porque ele não tinha ideia de que o horário tinha que ser anunciado. Ele dizia: "Senhor, o almoço está pronto" – e isso era o suficiente para perturbar Kant. Ele tinha que ser acordado pela manhã, às cinco horas, e as instruções ao criado foram, "Mesmo que eu bata em você, grite com você e lhe diga, 'Suma-se da minha frente, eu quero dormir!', você não deve desistir. Mesmo que tenha de me bater, bata-me, arranque-me da cama. Cinco significa cinco; se eu me atrasar a sair da cama você será responsabilizado. Você tem toda a liberdade de fazer o que quiser fazer. E às vezes não posso dizer nada, porque está muito frio e sinto vontade de ficar dormindo... mas essa é uma coisa momentânea e você não precisa se incomodar com isso. Tem que seguir o relógio e minhas ordens, e nesse momento em que estou dormindo não precisa levar em conta o que estou dizendo. Posso dizer: 'Vá embora! Vou levantar'. Não vá; você tem que me tirar da cama às cinco horas".

Muitas vezes eles costumavam brigar, e o criado costumava bater nele e obrigá-lo a sair da cama. Mas um criado novo não conseguiria fazer isso, bater no patrão, e a própria ordem parecia absurda. "Se o senhor quer dormir, durma; se quiser se levantar, levante. Posso acordá-lo às cinco, mas é muito estranho que tenhamos de travar esta luta." Então, nenhum criado permanecia. Kant teve que voltar a procurar o mesmo criado repetidas vezes e pedir-lhe: "Volte! Não morra antes de mim, do contrário eu terei que me suicidar". E toda vez que isso acontecia o criado pedia aumento do salário. E foi assim que a coisa continuou.

Certo dia Kant estava indo para a universidade, estava chovendo e um dos seus sapatos ficou preso na lama. Ele deixou o sapato ali porque se tentasse tirá-lo iria se atrasar alguns segundos e isso não podia acontecer. Entrou na classe com apenas um sapato. Os alunos olharam para ele; o que teria acontecido? Perguntaram-lhe: "O que aconteceu?". Ele disse: "Um sapato ficou preso na lama, mas eu não podia me atrasar; muitas pessoas acertam seus relógios pelo meu horário de chegada. Meu sapato não é tão importante. Quando voltar para casa eu o pego de volta, porque quem vai roubar apenas um pé de sapato?".

Ora, estas pessoas perderam seu senso comum; estão vivendo em um mundo diferente. E no que se refere ao seu mundo teórico, ele é um lógico fantástico; não se consegue encontrar nenhuma falha em sua lógica. Mas em sua vida... ele é simplesmente insano. Alguém comprou uma casa vizinha à dele e Kant ficou doente, muito doente. Os médicos não conseguiam descobrir qual era o seu problema porque não parecia haver nenhuma doença, mas Kant estava quase à beira da morte – por nenhuma razão.

Um de seus amigos disse: "Não há nenhum problema. Pelo que posso ver o que acontece é o seguinte: a casa ao lado foi comprada por uma família e eles plantaram árvores no quintal. E por isso a sua janela ficou encoberta. E ela fazia parte de sua perfeita programação, uma parte absolutamente importante da marcação de seus horários" – Kant sempre ficava de pé na janela na hora do crepúsculo e assistia ao por do sol. "Agora as árvores cresceram muito e encobriram a janela. Esta é a causa de sua doença, nada mais: sua tabela de horário foi perturbada, toda a sua vida está perturbada".

Kant se levantou e disse: "Eu também estava achando que algo estava errado. Por que estou doente? Os médicos dizem que não tenho nenhuma doença e ainda assim estou à beira da morte. Você está certo, são essas árvores: desde que essas árvores cresceram eu não vejo o pôr do sol. E eu estava sentindo falta de alguma coisa, mas não conseguia descobrir do que era". Os vizinhos foram procurados e se mostraram acessíveis. Se simplesmente por causa daquelas árvores o tão grande filósofo ia morrer... Eles cortaram as árvores e no dia seguinte Kant estava perfeitamente bem.

Seu horário tinha sido perturbado. Ficando perfeito ele estava absolutamente livre para contemplar o crepúsculo. Ele queria que a vida fosse quase robotizada para que sua mente ficasse absolutamente isenta das questões mundanas comuns.

Mas religião não é contemplação. Não é concentração. É meditação. Mas a meditação tem que ser entendida como *dhyana*, porque a palavra *meditação* mais uma vez oferece uma noção equivocada. Primeiro tente entender o que ela significa em sua própria língua, porque sempre que disser 'meditação', podem lhe perguntar: "Sobre o quê? Sobre o que você está meditando?". Tem que haver um objeto: a própria palavra faz uma referência a um objeto. "Estou meditando sobre a beleza, sobre a verdade, sobre Deus". Mas você não pode simplesmente dizer: "Estou meditando". A sentença fica incompleta em sua língua. Você tem que dizer sobre o quê – sobre o que você está meditando? E esse é o problema.

Dhyana significa "Estou em meditação" – nem mesmo meditando. Se você chegar ainda mais perto, então "Eu sou a meditação" – esse é o significado de *dhyana*. Então, quando, na China, eles não conseguiram encontrar nenhuma palavra, tomaram emprestada a palavra budista, *jhana*. Buda usava *jhana*; é uma transformação da língua poli para *dhyana*.

Buda usava a linguagem do povo para aplicar a sua revolução porque, dizia ele: "A religião tem que usar a linguagem normal, comum, para que o sacerdócio possa ser simplesmente descartado; ele não é necessário. As pessoas devem poder entender as escrituras, entender os sutras, entender o que estão fazendo. Não há necessidade de nenhum sacerdote".

O sacerdote é necessário porque usa uma linguagem diferente, que as pessoas comuns não conseguem usar. Ele continua impondo a ideia de que o sânscrito é a linguagem divina e nem todos têm permissão para lê-la. É uma linguagem especial, assim como a linguagem de um médico. Você já pensou nisso? Por que os médicos continuam prescrevendo em palavras latinas e gregas? Que tipo de tolice é esta? Eles não sabem grego, não sabem latim, mas suas medicações e os nomes de seus remédios são sempre em grego e latim. Este é o mesmo truque utilizado pelos sacerdotes.

Se eles escreverem na língua comum do povo, não podem lhe cobrar tanto quanto estão cobrando, porque você dirá: "Esta receita – você está me cobrando vinte dólares por esta receita?". E o químico, o farmacêutico, também não podem cobrar muito porque sabem que conseguem a mesma coisa no mercado por apenas um dólar, e você está cobrando cinquenta dólares. Mas em latim e grego você não sabe o que é. Se eles escreverem "cebola", você dirá: "Você está brincando?" Mas se estiver escrita em grego e latim, você não sabe o que é; só ele ou o farmacêutico sabem. E sua maneira de escrever também é importante. A receita tem que ser escrita de tal maneira que você não consiga ler o que é. Se conseguir ler, talvez possa consultar um dicionário e descobrir o que a palavra significa. Tem que estar completamente ilegível para que você não consiga descobrir o que é. Na verdade, na maioria das vezes o farmacêutico não sabe nada sobre o que é aquilo, mas ninguém quer demonstrar sua ignorância e então ele lhe dará qualquer coisa.

Certa vez aconteceu o seguinte: um homem recebeu uma carta de seu médico de família; era um convite para comparecer ao casamento de sua filha. Mas o médico escreveu à sua maneira, como habitualmente; o homem não conseguiu ler o que aquela carta dizia. Achou que a melhor maneira de saber seria a seguinte: "Posso procurar o farmacêutico, porque talvez seja algo importante, e se eu procurar o próprio médico ele vai pensar que eu sequer sei ler. É melhor ir até o farmacêutico". Foi até ele e lhe deu a carta. O farmacêutico simplesmente desapareceu com a carta e dez minutos depois voltou com dois frascos.

O homem disse: "O que é isso? Isso não é uma receita, é uma carta".

O farmacêutico disse, "Meu Deus! Era uma carta!?" Mas ele havia pensado: noiva e noivo... Ele imaginou que eram dois frascos. Então preparou algumas misturas e trouxe aqueles dois frascos.

Buda se rebelou contra o sânscrito e usou o pali. Em pali *dhyana* é *jhana*. *Jhana* chegou até a China e se tornou *chan*. Eles não tinham outra palavra. Então usaram essa palavra – mas em cada língua a pronúncia é passível de mudança; ela se tornou *chan*. Quando chegou ao Japão, tornou-se *zen*; mas é a mesma palavra, *dhyana*.

Estamos usando a palavra meditação no sentido de *dhyana*, e por isso não é algo sobre o qual você medita.

Nas línguas ocidentais meditação é algo entre concentração e contemplação. A concentração é direcionada; a contemplação tem uma área ampla, e a meditação é um fragmento dessa área. Quando você está contemplando determinado objeto há algumas coisas que necessitam mais atenção; então você medita. É isso que se entende normalmente como sendo meditação: a concentração e a contemplação são dois polos; exatamente no meio deles está a meditação. Mas não estamos usando a palavra com esse sentido; estamos lhe dando um significado totalmente novo. Vou lhe contar uma história que sempre adorei e que vai lhe explicar o que é meditação.

Três homens saíram para uma caminhada pela manhã. Viram um monge budista de pé na montanha, e não tendo nada a fazer começaram a discutir sobre o que aquele homem estava fazendo. Um deles disse: "Pelo que posso ver daqui, ele está aguardando alguém, esperando. Talvez um amigo tenha ficado para trás e ele o esteja esperando, aguardando por ele".

O segundo homem disse: "Olhando para ele não posso concordar com você, porque quando alguém está esperando por um amigo que ficou para trás, de vez em quando olha para trás, para ver se ele está vindo ou não e quanto tempo ele ainda terá que esperar. Mas este homem nunca olha para trás; está simplesmente ali de pé. Não creio que esteja esperando ninguém. Minha impressão é que estes monges budistas têm vacas". No Japão eles costumam ter uma vaca para o chá com leite da manhã; do contrário teriam de mendigar por uma xícara de chá pela manhã. E os monges zen tomam chá pelo menos cinco, seis vezes por dia: é quase uma coisa religiosa, porque o chá os mantém despertos, alertas, mais conscientes; então mantêm uma vaca no mosteiro.

O segundo homem disse: "Minha impressão é de que sua vaca está perdida em algum lugar, deve ter ido pastar e ele está apenas procurando a vaca".

O terceiro homem disse: "Não posso concordar, porque quando alguém procura uma vaca não precisa ficar parado como uma estátua. Tem que se mover, tem que olhar para um lado e para o outro. Esse homem não mexe sequer seu rosto de um lado para o outro. E o que dizer de sua expressão? Até seus olhos estão meio fechados".

Eles estavam chegando mais perto do homem e por isso podiam vê-lo com maior clareza. Então, o terceiro homem disse: "Não creio que vocês estejam certos; acho que ele está meditando. Mas como vamos decidir quem está certo?".

Eles concordaram: "Não há problema. Estamos nos aproximando dele, podemos lhe perguntar".

O primeiro homem perguntou ao monge: "O senhor está esperando um amigo que ficou para trás – está aguardando por ele?".

O monge budista abriu os olhos e disse: "Aguardando? Eu nunca aguardo nada. Aguardar alguma coisa é contra minha religião".

O homem disse: "Meu Deus! Esqueça o aguardando; apenas diga-me – o senhor está esperando alguma coisa?".

Ele disse: "Minha religião ensina que não podemos ter certeza nem mesmo do próximo segundo. Como posso esperar? Onde está o tempo para esperar? Não estou esperando nada".

O homem disse: "Esqueça o aguardando, o esperando – não conheço sua língua. Apenas diga-me, o senhor deixou algum amigo para trás?".

Ele disse: "De novo a mesma coisa. Não tenho nenhum amigo no mundo; não tenho nenhum inimigo no mundo – porque ambos vêm juntos. Não podemos escolher um e descartar o outro. Você não está vendo que sou um monge budista? Não tenho nenhum inimigo, não tenho nenhum amigo. E você, por favor, vá embora; não me perturbe".

O segundo homem pensou: "Agora há esperança para mim". E disse: "Eu já havia dito a ele que ele estava falando bobagem: 'Ele não está esperando, não está aguardando – ele é um monge budista; não tem amigos, não tem inimigos'. Minha impressão é de que sua vaca está perdida".

O monge disse: "Você é ainda mais estúpido que o primeiro homem. Minha vaca? Um monge budista não possui nada. E por que eu deveria procurar pela vaca de outra pessoa? Não possuo nenhuma vaca".

O homem pareceu realmente constrangido: o que fazer?

O terceiro homem pensou: "Agora, a única possibilidade é o que eu falei". Ele disse: "Posso ver que o senhor está meditando".

O monge disse: "Bobagem! A meditação não é uma atividade. Uma pessoa não medita, ela está em meditação. Para falar a verdade, e para que seus amigos não fiquem confusos, estou simplesmente fazendo nada. Estou aqui de pé, fazendo nada – isto é censurável?" Eles disseram: "Não, não é censurável, só não faz sentido para nós – ficar aqui de pé, fazendo nada".

"Mas", disse ele, "isto é que é meditação: sentar-se e fazer nada – nem com seu corpo nem com sua mente".

Quando você começa a fazer algo, ou entra em contemplação, ou entra em concentração, ou entra em ação – você se distancia do seu centro. Quando não está fazendo absolutamente nada – corporalmente, mentalmente, em nenhum nível – quando toda a atividade cessou e você simplesmente é, apenas existe, isso é meditação. Você não pode fazê-la, não pode praticá-la; só tem que entendê-la.

Quando você encontrar um tempo para simplesmente ser, abandone todo o fazer. Pensar é também um fazer, concentração é também um fazer, contemplação é também um fazer. Mesmo que por um único momento você não esteja fazendo nada e esteja apenas no seu centro, totalmente relaxado – isso é meditação. E quando conseguir a habilidade para isso pode permanecer nesse estado quanto tempo quiser; finalmente, pode permanecer nesse estado durante vinte e quatro horas por dia.

Quando você se tornar consciente da maneira como seu ser pode permanecer imperturbável, então lentamente poderá começar a fazer coisas, manter-se alerta para seu ser não ficar agitado. Essa é a segunda parte da meditação. Primeiro tem que aprender como apenas ser, depois aprender com pequenas ações: limpando o chão, tomando uma ducha, mas se mantendo centrado. Então você pode passar para coisas complicadas.

Por exemplo, estou falando com vocês, mas minha meditação não está perturbada. Posso continuar falando, mas em meu próprio centro não há sequer uma ondulação; há apenas silêncio, absoluto silêncio.

Portanto, a meditação não é contra a ação. Não significa que você tenha de fugir da vida. Simplesmente lhe ensina um novo modo de vida: você se torna o centro do ciclone. Sua vida continua, ela continua na verdade mais intensamente – com mais alegria, com mais clareza, mais visão, mais criatividade –, mas você está afastado, é apenas um observador nas colinas, está simplesmente vendo tudo o que está acontecendo à sua volta.

Você não é o agente, é o observador.

Esse é todo o segredo da meditação: você se torna o observador. O fazer continua em seu próprio nível, não há problema: cortando madeira, tirando água do poço. Você pode fazer todas as pequenas e grandes coisas; só uma coisa não é permitida – seu centro não deve ser perdido. Essa consciência, essa vigilância, deve permanecer absolutamente clara, imperturbada.

A meditação é um fenômeno muito simples.

A concentração é muito complicada porque você tem que impô-la a si mesmo; é cansativa. A contemplação é um pouco melhor porque você tem um pouco mais de espaço para se mover. Não está se movendo dentro de um buraco estreito que está se tornando cada vez mais estreito. A concentração tem uma visão de túnel. Você já olhou dentro de um túnel? De um lado, de onde você está olhando, ele é grande. Mas se o túnel tem três quilômetros de comprimento, o outro lado é apenas uma pequena luz redonda, nada mais: quanto mais comprido for o túnel, menor será sua outra extremidade. Quanto maior o cientista, mais comprido o túnel. Ele tem que focar, e a focalização é sempre uma coisa tensa.

A concentração não é natural para a mente. A mente é errante. Ela gosta de se mover de uma coisa para outra. Fica sempre excitada pelo novo. Na concentração a mente fica quase aprisionada.

Na Segunda Guerra Mundial, não sei por quê, começaram a chamar os lugares onde estavam mantendo os prisioneiros de "campos de concentração". Eles tinham seu próprio significado – estavam trazendo todos os tipos de prisioneiros e os concentrando ali. Mas a concentração é na verdade reunir todas as energias da sua mente e do seu corpo e colocá-las dentro de um buraco estreitante. É cansativa. A contemplação tem mais espaço para se movimentar, para se mover, mas ainda é um espaço limitado, não irrestrito.

A meditação, de acordo comigo e minha religião, tem todo o espaço, toda a existência disponível. Você é o observador, pode observar toda a cena. Não há esforço para se concentrar em nada, não há esforço para contemplar nada. Você não está fazendo todas essas coisas, está simplesmente ali observando, apenas consciente. Basta apenas pegar o jeito. Não é uma ciência, não é uma arte, não é uma habilidade; é apenas um jeito.

Assim, você tem apenas que continuar brincando com a ideia. Sentado em seu banheiro, simplesmente brinque com a ideia de que não está fazendo nada. E um dia ficará surpreso: só de brincar com a ideia, ela aconteceu – porque ela é sua natureza. O momento certo e.... Você nunca sabe quando chega o momento certo, a oportunidade certa; por isso continue brincando.

Alguém questionou Henry Ford, pois ele afirmou: "Meu sucesso vem do nada; apenas de captar a oportunidade certa no momento certo. As pessoas, ou pensam nas oportunidades que estão no futuro – não se pode agarrá-las –, ou pensam nas oportunidades que ficaram no passado. Quando elas vão deixando apenas poeira na estrada, então se conscientizam de que a oportunidade passou".

Alguém perguntou: "Mas se você não pensar em uma oportunidade no futuro e não pensar em uma oportunidade que já passou, como de repente pode agarrá-la quando ela aparece? Você tem que estar pronto!".

Henry Ford disse: "Não pronto – tem-se apenas que saltar. Nunca se sabe quando ela chega. Quando ela chega, é só saltar sobre ela".

O que Henry Ford disse tem um enorme significado. Ele disse: "Simplesmente continue saltando. Não espere; não se preocupe se uma oportunidade está ou não ali: continue saltando. Nunca se sabe quando ela chega. Quando ela chegar, salte sobre ela e se deixe levar". Se você continuar olhando para o futuro e pensando: Quando a oportunidade vai chegar?.... o futuro é imprevisível. Se você esperar, pensando, "Quando ela chegar, vou agarrá-la", no momento em que tomar consciência de que ela está ali, ela já se foi. O tempo é fugaz, muito rápido; só a poeira estará ali.

Em vez disso, esqueça-se das oportunidades, simplesmente aprenda a saltar, para quando elas chegarem... É isso o que digo a você: continue brincando com a ideia. Estou usando a palavra *brincar* porque não sou um homem sério e minha religião não é séria. Continue brincando – você tem tempo suficiente pra isso. A qualquer momento – deitado na cama, se o sono estiver demorando a chegar, brinque com a ideia. Por que se preocupar com o sono? – ele virá quando vier. Você não pode fazer nada para trazê-lo; isso não está em suas mãos – então, por que se preocupar com ele? Se algo não está em suas mãos, esqueça-se dele. Este momento está em suas mãos, por que não usá-lo? Deitado em sua cama, em uma noite fria, debaixo do seu cobertor, aquecido e confortável – simplesmente brinque com a ideia. Você não precisa se sentar na postura de lótus. Na minha meditação você não precisa se torturar de maneira nenhuma.

Se você gosta da postura de lótus, ótimo; pode se sentar nela. Mas os ocidentais vão para a Índia e demoram seis meses para aprender a postura de lótus, e eles se torturam demais. E acham que quando tiverem aprendido a postura de lótus ganharam algo. Toda a Índia senta-se na postura de lótus – ninguém ganhou nada. É apenas sua maneira natural de sentar. Em um país frio você precisa de uma cadeira na qual se sentar; você não pode se sentar no chão. Em um país quente, quem se preocupa com uma cadeira? As pessoas sentam-se em qualquer lugar.

Não é necessária nenhuma postura especial, nenhum horário especial. Há pessoas que acham que há horários especiais. Não, não para a meditação; qualquer horário é o horário certo – você só tem que estar relaxado e despreocupado. E se a meditação não acontecer, não importa; não fique triste. Porque não estou lhe dizendo que ela vai acontecer hoje ou amanhã, ou daqui a três ou seis meses. Não estou lhe dando nenhuma expectativa porque isso se tornaria uma tensão em sua mente. Pode acontecer qualquer dia, pode não acontecer: tudo depende de quão despreocupado você esteja.

Simplesmente comece a brincar – na banheira, quando não estiver fazendo nada, por que não brincar? Sentado debaixo do chuveiro, você não está fazendo nada; o chuveiro está cumprindo sua função. Você está simplesmente ali; durante esses poucos momentos fique despreocupado. Caminhando na estrada, a caminhada pode ser feita pelo corpo; você não é necessário, as pernas cumprem sua função. Em qualquer momento em que consiga se sentir relaxado, não tenso, brinque com a ideia da meditação da maneira como eu lhe expliquei. Fique apenas em silêncio, centrado em si mesmo, e um dia... E há apenas sete dias – não fique preocupado!

Então, na segunda-feira, na terça-feira, na quarta-feira, na quinta-feira, na sexta-feira, no sábado ou no domingo, finalmente – dentro de sete dias, algum dia ela vai acontecer. Apenas divirta-se com a ideia e brinque com ela quantas vezes puder. Se nada acontecer – não estou lhe prometendo nada – se nada acontecer, tudo bem, você se divertiu. Você brincou com a ideia, você lhe deu uma chance.

Continue dando-lhe uma chance. Henry Ford disse, "Continue saltando e quando a chance, a oportunidade chegar, salte sobre ela". Eu lhe digo o contrário. Continue dando uma chance à meditação, e quando chegar o momento certo e você estiver realmente relaxado e aberto, ela saltará sobre você.

E quando a meditação salta sobre você, ela nunca mais o abandona. Não há como. Assim, pense duas vezes antes de começar a brincar!

Por que estou sempre correndo tanto? Há algo que eu não queira ver?

Não é apenas você; quase todo mundo está correndo de si mesmo o mais rápido que pode. O problema é que você não pode fugir de si mesmo. Onde quer que vá, você será você.

O medo é de conhecer a si mesmo. Este é o maior medo no mundo. Porque como você tem sido tão imensamente condenado por todos pelas menores coisas – pelos menores erros, que são absolutamente humanos –, passou a ter medo de si mesmo. Você "sabe" que não tem valor. Essa ideia penetrou muito profundamente em seu inconsciente – que você não é merecedor, que é totalmente desprovido de valor. Naturalmente, a melhor maneira é se afastar de si mesmo. Todos estão fazendo isso de maneiras diferentes: alguém está correndo atrás de dinheiro, alguém está correndo atrás de poder, alguém está correndo atrás de respeitabilidade, alguém está correndo atrás de virtude, de santidade.

Mas se você aprofundar o olhar, eles, na verdade, não estão correndo *para* alguma coisa, estão fugindo *de* alguma coisa. Isso é apenas uma desculpa, que alguém está correndo loucamente atrás de dinheiro; ele está enganando a si mesmo e enganando o mundo todo. A realidade é que o dinheiro lhe dá uma boa desculpa para correr atrás dele, e esconde o fato de que ele está fugindo de si mesmo. Por isso, quando ele acumula dinheiro, chega a um ponto de enorme desespero e angústia. O que aconteceu? Esse era o seu objetivo; ele o alcançou – deveria ser o homem mais feliz do mundo. Mas as pessoas que são bem-sucedidas não são as pessoas mais felizes do mundo, elas são as mais infelizes. Qual é a sua angústia? Sua angústia é que todo o seu esforço fracassou. Agora não há atrás do que correr, e de repente elas estão tendo que se defrontar consigo mesmas. No pico mais alto do seu sucesso, elas não encontram ninguém exceto a si mesmas. Por estranho que pareça, este é o sujeito do qual elas estiveram fugindo.

Você não pode fugir de si mesmo.

Ao contrário, tem que se aproximar de si mesmo, aprofundar-se em seu ser, e abandonar todos os tons condenatórios que foram lançados sobre você por todos que você conheceu em sua vida. Os pais, o marido, a esposa, os vizinhos, os professores, os amigos, os inimigos, todos estão apontando para algo que está errado em você. De nenhuma fonte chega alguma apreciação.

A humanidade criou uma situação muito estranha para si mesma, em que ninguém está à vontade, ninguém consegue relaxar, porque no momento em que você relaxa tem que se defrontar consigo mesmo. O relaxamento torna-se quase um espelho, e você não quer ver seu rosto porque está por demais impressionado pelas opiniões condenatórias dos outros.

Nem os menores prazeres lhe foram permitidos por sua igreja, por seus sacerdotes, por sua religião, por sua cultura. Apenas a infelicidade é aceitável – nenhum prazer. Nesta situação, é muito natural você se sentir assim, quando de toda fonte, de toda direção só lhe chega condenação, a acusação de que é um pecador. Toda religião tem gritado há séculos que você nasceu em pecado, que seu destino é o sofrimento. Você tem sido condenado por tantas fontes sem exceção, que é muito natural qualquer indivíduo ficar impressionado por esta vasta conspiração. Todos estão aprisionados nela.

E se você tentar entender vai ficar muito surpreendido. Assim como os outros o condenaram, você está condenando os outros; é uma conspiração mútua. Assim como seus pais nunca aceitaram que você tem algum valor, você está fazendo o mesmo com seus filhos, sem sequer se conscientizar de que cada um é o que é; não pode ser diferente. Ele pode fingir ser outra coisa, pode ser um hipócrita, mas na verdade sempre permanecerá ele mesmo.

Sua fuga não é nada além de criar mais hipocrisia, mais máscaras, para que você possa se esconder completamente dos olhos de todos. Você pode ter sucesso em se esconder dos outros, mas como pode ter sucesso em se esconder de si mesmo? Você pode ir até a lua; vai se encontrar lá. Pode subir o Everest; pode estar só, mas está consigo mesmo. Talvez nessa solidão no Everest você se torne mais alerta e consciente de si mesmo.

Essa é uma das razões por que as pessoas também têm medo da solidão; elas querem uma multidão, querem sempre ter pessoas à sua volta, querem amigos. É muito difícil para as pessoas permanecerem silenciosas e em paz na solidão. A razão disso é que na solidão você é deixado consigo mesmo – e você aceitou as ideias estúpidas de que você é horrível, de que você é luxurioso, de que você é lascivo, de que você é ganancioso, de que você é violento; não há nada que possa ser apreciado em você.

Você me pergunta, "Por que estou sempre correndo tanto?" Porque tem medo de poder ser ultrapassado por você mesmo. E as implicações de correr tanto têm muitas dimensões. Este correr tanto de si mesmo criou uma loucura com relação à velocidade: todos querem atingir algum lugar na maior velocidade possível.

Isso aconteceu uma vez. Eu vinha de um lugar chamado Nagpur, de volta a Jabalpur. Estava viajando com o vice-reitor da Universidade de Nagpur e o carro quebrou na estrada. Nunca vi ninguém ficar tão infeliz. Eu lhe disse: "Não há pressa. Ninguém está esperando por você lá, e a conferência para a qual está indo só vai começar daqui a vinte e quatro horas. Jabalpur fica a apenas três horas daqui. Não há problema: ou vamos conseguir que o carro seja consertado, ou vamos pedir que outro carro de Jabalpur venha nos buscar, ou podemos pegar uma carona ou os ônibus que estão sempre passando por aqui. Não há problema... você não precisa ficar tão infeliz."

Ele ficou sentado no carro e eu fui procurar alguém. Era uma aldeia pequena, mas talvez fosse possível encontrar algum mecânico ou alguma ajuda, ou talvez o senhor mais endinheirado do local pudesse ter um carro. Quando voltei da aldeia, o homem estava quase em lágrimas. Eu lhe perguntei: "O que aconteceu?".

Ele disse: "Não consigo suportar ficar só. Isso me expõe demais, me deixa totalmente nu diante de mim mesmo. Deixa-me consciente de que desperdicei toda a minha vida – e não quero tomar conhecimento disso".

Eu disse: "Você não saber não vai ajudá-lo de maneira nenhuma. É melhor saber, e é melhor penetrar mais fundo dentro de você. Por isso você sente essa infelicidade essa solidão...".

A solidão deveria ser uma das maiores alegrias.

As pessoas estão correndo. Não importa para onde estejam indo; o que importa é se estão indo ou não em plena velocidade.

Você me pergunta: "Há algo que eu não queira ver?" Há muitas coisas. Fundamentalmente, é *você* que você não quer ver – e isto devido a um condicionamento errado.

Toda a minha abordagem da transformação interna é que você terá que abandonar seus condicionamentos. Qualquer coisa que os outros tenham dito sobre você, simplesmente descarte. Definitivamente, é bobagem. Eles não

Muitas doenças, apenas um remédio

conhecem sequer a si mesmos; o que podem dizer sobre você que seja verdadeiro? E as opiniões que você coletou dos outros... tente observar de quem você está coletando suas opiniões. Não é de um Gautama Buda, de um Jesus, de um Sócrates; é de pessoas que são tão ignorantes quanto você. Elas estão simplesmente transmitindo as opiniões que foram passadas para elas.

Há uma bela história. Não importa se é factual ou não; é bela em seu significado. Um dos maiores imperadores que a Índia conheceu foi o imperador mongol Akbar. Ele só pode ser comparado a um homem no Ocidente – Marco Aurélio. Os imperadores muito raramente são pessoas sábias, mas estes dois nomes são certamente exceções.

Um dia ele estava em sua corte conversando com seus cortesãos. Havia reunido as melhores pessoas do país: o melhor pintor, o melhor músico, o melhor filósofo, o melhor poeta. Tinha um pequeno comitê especial de nove membros que era conhecido como as nove joias da corte de Akbar.

O mais importante deles era um homem chamado Birbal. Imensamente inteligente e um homem de grande senso de humor, ele fez algo impróprio de ser feito diante do imperador. Todo imperador tem suas próprias regras – sua palavra é a lei –, e Birbal se pronunciou contrário a algo sobre o qual Akbar estava muito obstinado. Akbar imediatamente esbofeteou Birbal. Ele respeitava Birbal, que era o seu amigo mais íntimo, mas no que se referia às regras da corte, ele não podia perdoá-lo.

Mas o que importa na história é a resposta de Birbal. Ele não esperou um único momento; imediatamente esbofeteou o homem que estava de pé ao seu lado. O outro homem ficou chocado, e até mesmo Akbar ficou chocado. Ele costumava achar aquele homem muito sábio – "Ele está louco ou o quê? Eu o esbofeteei e ele esbofeteia o homem que está ao seu lado? Isto é estranho, absolutamente absurdo e ilógico".

O outro homem ficou parado, chocado, e Birbal disse: "Não fique aí parado como um tolo, passe isso adiante!". Então o homem esbofeteou o outro homem que estava ao seu lado – e então o jogo ficou claro: era preciso passar aquilo adiante.

À noite, quando Akbar foi dormir com sua esposa, esta o esbofeteou. "O que aconteceu?".

Ela disse: "Isso esteve circulando pela cidade inteira, e finalmente chegou até sua fonte original. Alguém me esbofeteou, e quando eu perguntei o que era aquilo, disseram-me que este foi o jogo que Akbar começou. Achei melhor terminá-lo para fechar o círculo."

No dia seguinte, a primeira coisa que Birbal perguntou foi: "Você recebeu ou não meu tapa de volta?".

Akbar disse: "Nunca pensei que isto iria acontecer!".

Birbal disse: "Eu estava absolutamente certo, porque, afinal, onde aquilo iria dar? Iria percorrer a cidade. Você não poderia escapar; certamente chegaria de volta até você".

Durante séculos tudo vai sendo transferido, passado de uma mão para outra, de uma geração para outra geração – e o jogo continua. Este é o jogo do qual você tem que escapar. A única maneira de escapar dele é redescobrir sua autoestima, atingir de novo a dignidade que você tinha quando era criança, quando ainda não estava contaminado, quando ainda não estava condicionado e envenenado pela sociedade e pelas pessoas à sua volta.

Seja criança de novo e não ficará correndo de si mesmo. Ficará correndo dentro de si mesmo — e essa é a maneira do meditador. O homem mundano corre de si mesmo e o buscador corre dentro de si mesmo para encontrar a fonte desta vida, a consciência. E quando ele descobre a fonte, descobriu não apenas sua fonte de vida, mas descobriu a fonte de vida do universo, de todo o cosmos. Uma enorme celebração cresce dentro dele. A vida se torna apenas uma canção, uma dança, momento a momento. A pessoa se torna absolutamente livre de todos os jargões que a sociedade despejou sobre ela. Ela simplesmente descarta todos os condicionamentos, todas as tradições, todo o passado.

Eu lhe digo que só há uma coisa à qual você tem de renunciar: o seu passado, nada mais. Se você conseguir renunciar ao passado estará absolutamente renovado, recém-nascido, e estar nesse frescor é uma bênção tão incrível, um tal êxtase, que você não pensa em se afastar dali nem por um único momento. O homem que conhece a si mesmo nunca tira férias. Mas a maioria das pessoas continua se comportando estupidamente...

> Um americano dirigia ao longo de uma pequena vereda rural na Irlanda quando ficou horrorizado ao ver um carregamento de feno saindo do campo e indo em direção à estreita estrada. Ele pisou no freio, mas não conseguiu parar a tempo, e terminou atravessando a cerca e entrando no campo, onde o carro explodiu em chamas.

"Credo!" – exclamou Paddy para seu amigo Samus, que dirigia a carroça de feno. "Alguns destes turistas são motoristas terríveis. Saímos na hora certa desse campo."

Um vizinho perguntou ao velho fazendeiro, que estava arando seus campos com um par de touros, por que ele não usava bois.
"Não quero usar bois", respondeu o fazendeiro, "quero usar touros."
"Bem," continuou o vizinho, "se você não quer usar bois, por que não usa cavalos?"
"Não quero usar cavalos!", retorquiu o fazendeiro, "quero usar touros!"
"Bem, talvez", tentou o vizinho, "você pudesse usar aquele novo trator que seu filho acabou de comprar."
"Também não quero usar tratores, quero usar touros", reafirmou o fazendeiro.
"Por que você só quer usar touros?", perguntou o vizinho, sentindo-se perdido.
"Porque," respondeu o velhote, "não quero que achem que a vida é só romance."

Esta é simplesmente a situação em que você nasceu, em que foi condicionado. Ninguém quer que você saiba que a vida é só romance. E esse é o meu crime – porque esse é todo o meu ensinamento, que a vida não é nada senão romance.

O casal recém-casado voou para Miami e fez seu *check-in* no hotel onde passariam a lua de mel. Durante dias ninguém os viu até a manhã do sexto dia, quando foram até o restaurante para tomar o café da manhã. Quando o garçom se aproximou da mesa deles, a noiva voltou-se para seu marido e perguntou, "Querido, você sabe do que eu gostaria?"

"Sim, eu sei," respondeu ele exaurido, "mas em algum momento temos que comer."

De vez em quando é bom tomar o café da manhã! Do contrário, a vida é um contínuo romance. E eu lhe ensino não somente o romance do corpo, que é muito comum; eu lhe ensino o romance do espírito, que é eterno, que começa mas nunca termina. Mas este só é possível se você começar a entrar dentro de si.

Entrar dentro de si é ir em direção a Deus.

Entrar dentro de si é todo o segredo de toda transformação alquímica do ser. Fugir disso é simplesmente perder um tempo incrivelmente valioso e uma vida que poderia ter sido uma grande canção, uma grande criatividade, um incrível festival de luzes. Quanto mais você se afasta de si, mais escura se torna sua vida, mais miserável, mais comandada pela ansiedade, mais ferida, condenada, rejeitada por você mesmo. E quanto mais se distancia de si, mais difícil se torna encontrar o caminho de volta para casa.

Você está se afastando de si mesmo há muitas, muitas vidas, mas caso se mova no caminho certo, meditativo, não irá muito longe. A meditação é o atalho de onde você está para onde deveria estar. E a meditação é um método tão simples que, qualquer um, até mesmo uma criança pequena, pode entrar nesse país das maravilhas.

Então, em vez de correr de si mesmo, corra para dentro de si. Aproxime-se mais de si mesmo para ter uma visão melhor. Ninguém mais pode ver sua realidade interior; só você pode ver esse esplendor e essa glória. Como ninguém mais consegue ver sua beleza interior, passam a condená-lo. Só você consegue afirmar sua bem-aventurança, só você pode afirmar finalmente sua iluminação. Mesmo assim, as pessoas ficarão desconfiadas. Elas desconfiaram de Sócrates, desconfiaram de Gautama Buda, desconfiaram de Jesus. Na verdade, essa desconfiança está enraizada na própria falta de consciência que elas têm de seu próprio ser interior.

Como elas podem acreditar em Gautama Buda, quando ele diz que nos silêncios interiores do coração está o êxtase fundamental? Elas não sabem nada do interior, nem mesmo o ABC. Não sabem nada sobre o êxtase. Podem ouvir um Gautama Buda apenas por causa da sua presença, dos seus olhos carismáticos, da sua vibração magnética, mas quando vão para casa começam a desconfiar, duvidar. E isto está acontecendo mesmo aqui. Recebo muitas cartas dizendo que "quando ouvimos você tudo parece absolutamente certo. Quando voltamos para casa as dúvidas começam a surgir; a mente começa a nos dizer que fomos hipnotizados".

Há milhões de pessoas que querem se aproximar de mim, mas têm medo, pela simples razão de que possam ser hipnotizadas. É algo bem mais profundo que a hipnose. Você não está sendo hipnotizado, está simplesmente sendo conduzido a uma visão diferente do seu próprio ser. Não é algo como mágica; você não está sendo enganado, está

sendo despertado. A palavra *hipnose* significa adormecimento, e todo o meu trabalho é no sentido de despertá-lo. Você já está adormecido e tem estado adormecido há muitas vidas.
Chegou a hora de despertar.
Você já desperdiçou muito tempo, energia e oportunidades valiosas. Mas ainda é a hora e o momento de despertar; para você a noite termina e se inicia o alvorecer.

> *Você poderia falar um pouco mais sobre o relaxamento? Estou consciente de uma tensão profunda aqui dentro de mim e desconfio que o mais provável é que eu jamais tenha ficado completamente relaxado. Quando ouvi você falar que relaxar é um dos fenômenos mais complexos possíveis, vislumbrei uma bela tapeçaria em que os fios do relaxamento e do desprendimento estavam profundamente interligados com a confiança, e então o amor penetrou dentro dela, junto com a aceitação, o ir com o fluxo, a união e o êxtase.*

O total relaxamento é ponto derradeiro. Esse é o momento em que uma pessoa se torna um Buda. Esse é o momento da realização, da iluminação, da consciência crística. Neste momento atual, você não consegue ficar totalmente relaxado. No seu âmago mais profundo persiste uma tensão.
Mas comece a relaxar. Parta da circunferência – é aí que estamos, e só podemos começar de onde estamos. Relaxe a circunferência do seu ser – relaxe seu corpo, relaxe seu comportamento, relaxe seus atos. Caminhe de maneira relaxada, coma de maneira relaxada, fale, escute de manei-

ra relaxada. Desacelere todo o processo. Não se precipite e não se apresse. Mova-se como se toda a eternidade lhe estivesse disponível – na verdade, ela está disponível. Estamos aqui desde o início e vamos estar aqui até o fim, se houver um início e houver um fim. Na verdade, não há início nem fim. Sempre estivemos aqui e sempre estaremos aqui. As formas continuam mudando, mas não a substância; os trajes continuam mudando, mas não a alma.

Tensão significa pressa, medo, dúvida. Tensão significa um constante esforço para se proteger, para estar protegido, para estar em segurança. Tensão significa se preparar agora para o amanhã, ou para a vida após a morte – você teme não ser capaz de encarar a realidade amanhã, então, esteja preparado. Tensão significa o passado que você realmente não viveu, mas só de algum modo contornou; ele está pendente, é uma ressaca, ele ainda o cerca.

Lembre-se de uma coisa fundamental sobre a vida: qualquer experiência que não tenha sido vivida, vai pairar à sua volta, vai insistir: "Termine-me! Viva-me! Complete-me!" Há uma qualidade intrínseca em toda experiência pendente e que queira ser terminada, completada. Uma vez completada, ela evapora; incompleta, ela persiste, o tortura, o persegue, atrai sua atenção. Ela diz: "O que você vai fazer em relação a mim? Ainda estou incompleta – complete-me!"

Todo o seu passado paira à sua volta com o que não foi completado – porque nada foi realmente vivido; tudo foi de algum modo contornado, parcialmente vivido, apenas mais ou menos vivido, de uma maneira amena. Não houve intensidade, não houve paixão. Você se moveu como um sonâmbulo. E então esse passado paira sobre você e o futuro cria medo. E entre o passado e o futuro está esmagado o seu presente, a única realidade.

Você terá que relaxar a partir da circunferência. O primeiro passo no relaxamento é o corpo. Lembre-se o máximo de vezes possível de olhar para dentro do seu corpo, verificar se está carregando alguma tensão em alguma parte do corpo – no pescoço, na cabeça, nas pernas. Relaxe essa parte do corpo conscientemente. Feche os olhos, vá até ela e a persuada, dizendo-lhe amorosamente: "Relaxe".

E você se surpreenderá, porque quando você aborda amorosamente qualquer parte do seu corpo ela o escuta, ela o segue – é o seu corpo. Com os olhos fechados, penetre em seu corpo dos pés à cabeça procurando qualquer lugar onde haja tensão. Depois converse com essa parte como conversa com um amigo; deixe que haja um diálogo entre você e seu corpo. Diga-lhe para relaxar e diga-lhe: "O medo não existe. Não tema. Estou aqui para cuidar de você – você pode relaxar". Lentamente, muito lentamente você vai aprender o jeito de fazer isso. Então o corpo se torna relaxado.

Depois dê outro passo, um pouco mais profundo; diga à sua mente para relaxar. E se o corpo escuta, a mente também escuta, mas você não pode começar com a mente – tem que começar do princípio. Não pode começar do meio. Muitas pessoas começam com a mente e fracassam; elas fracassam porque partem do lugar errado. Tudo deve ser feito na ordem certa.

Se você se tornar capaz de relaxar o corpo voluntariamente, então será capaz de ajudar sua mente a relaxar voluntariamente. A mente é um fenômeno mais complexo. Quando se tornar confiante de que o corpo o escuta, terá uma nova confiança em si mesmo. Atualmente nem mesmo a mente consegue ouvi-lo. Vai demorar um pouco mais de tempo com a mente, mas vai acontecer.

Quando a mente estiver relaxada, então comece a relaxar seu coração, o mundo dos seus sentimentos, das suas emoções – que é ainda mais complexo, mais sutil. Mas agora você estará se movendo com confiança, com maior confiança em si. Agora vai saber que isso é possível. Se é possível com o corpo e é possível com a mente, é possível também com o coração. E só então, quando você tiver passado por esses três passos, poderá dar o quarto. Agora poderá ir ao centro mais interior do seu ser, que está além do corpo, da mente e do coração; o verdadeiro centro da sua existência. E você conseguirá relaxá-lo também.

E esse relaxamento certamente traz a maior alegria possível, o êxtase, a aceitação. Você estará repleto de felicidade e júbilo. Sua vida terá a qualidade da dança.

Toda a existência está dançando, exceto o homem. Toda a existência está em um movimento muito relaxado; o movimento existe, certamente, mas é totalmente relaxado. As árvores estão crescendo, os pássaros estão gorjeando, os rios estão fluindo e as estrelas estão se movendo: tudo está acontecendo de uma maneira muito relaxada. Não há pressa, não há urgência, não há preocupação e não há desperdício. Exceto o homem. O homem caiu vítima da sua mente.

O homem pode ascender acima dos deuses e cair abaixo dos animais. O homem tem um grande espectro. Do mais inferior ao mais superior, o homem é uma escada.

Comece pelo corpo e depois, lentamente, muito lentamente vá mais fundo. E não comece por nenhuma outra coisa, a menos que tenha primeiro completado a primeira etapa. Se o seu corpo estiver tenso, não comece pela mente. Espere. Trabalhe no corpo. E até mesmo as pequenas coisas são de enorme ajuda.

Você caminha em um certo ritmo que se tornou habitual, automático. Agora tente andar mais devagar. Buda costumava dizer aos seus discípulos: "Andem bem devagar, deem cada passo muito conscientemente". Se você der cada passo muito conscientemente, conseguirá andar devagar. Se estiver correndo, apressado, você esquecerá de se lembrar. Por isso Buda caminha muito devagar.

Apenas tente andar muito lentamente e ficará surpreso – uma nova qualidade de consciência começa a acontecer no corpo. Coma devagar e você se surpreenderá – há um grande relaxamento. Faça tudo devagar, apenas para mudar o antigo padrão, apenas para sair dos velhos hábitos.

Primeiro o corpo tem que ficar totalmente relaxado, como o de uma criança pequena; só então comece com a mente. Mova-se cientificamente: primeiro o mais simples, depois o complexo, depois o mais complexo. E só então você conseguirá relaxar seu âmago mais profundo.

Você me diz: "Você poderia falar um pouco mais sobre o relaxamento? Estou consciente de uma tensão profunda aqui dentro de mim e desconfio que o mais provável é que eu jamais tenha ficado completamente relaxado". Essa é a situação de todo ser humano. É bom que você esteja consciente – milhões estão inconscientes disso. Se está consciente, você é abençoado, porque se está consciente então algo pode ser feito. Se não estiver consciente, nada será possível. A consciência é o início da transformação.

E você continua, "Quando você disse outro dia que relaxar é um dos fenômenos mais complexos possíveis, vislumbrei uma bela tapeçaria em que os fios do relaxamento e do desprendimento estavam profundamente interligados com a confiança e então o amor penetrou dentro dela, junto com a aceitação, o ir com o fluxo, a união e o êxtase". Sim, o relaxamento é um dos fenômenos mais complexos – muito rico, multidimensional. Todas estas coisas são parte dele: o desprendimento, a confiança, a entrega, o amor, a aceitação, o ir com o fluxo, a união com a existência, a ausência do ego, o êxtase. Tudo isso faz parte do relaxamento, e tudo isso começa a acontecer se você aprende os caminhos do relaxamento.

Suas chamadas religiões o tornaram muito tenso, porque criaram a culpa em você, criaram o medo em você. Meu esforço é no sentido de ajudá-lo a se livrar de toda culpa e de todo medo. Eu gostaria de lhe dizer que não há inferno nem céu. Portanto, não tenha medo do inferno e não cobice o céu. Tudo o que existe é este momento. Você pode transformar este momento em um inferno ou em um céu – isso certamente é possível – mas não há céu ou inferno em nenhum outro lugar. O inferno é quando você está totalmente tenso, e o céu é quando está totalmente relaxado. O relaxamento total é o paraíso.

Estou me tornando cada vez mais consciente das barreiras que construí dentro de mim com o passar dos anos, me impedindo de ser um ser humano alegre e aberto. Parece existir uma parede dentro de mim que vai ficando cada vez mais forte quanto mais me conscientizo dela, mas não consigo transpô-la. Será que preciso de mais coragem? Você poderia, por favor, me ajudar com seu entendimento?

É a mesma questão de novo. Respondi ao questionador anterior, mas também lhe respondi, embora você tenha formulado a pergunta de uma maneira diferente. Alguns pequenos detalhes são diferentes; afora isso, é o mesmo problema. Vou discutir detalhadamente essas pequenas diferenças.

Você disse: "Estou me tornando cada vez mais consciente das barreiras que construí dentro de mim com o passar dos anos, me impedindo de ser um ser humano alegre e aberto. Parece existir uma parede dentro de mim que vai ficando cada vez mais forte quanto mais me conscientizo dela, e não consigo transpô-la".

A primeira coisa a ser entendida é que a parede não está se tornando mais forte; é apenas sua consciência que está se tornando clara. Não há razão nenhuma para que a parede deva ficar mais forte quando você está se tornando mais consciente. É simplesmente como quando você acende a luz em sua casa escura e começa a ver as teias de aranha e as aranhas – não que elas tenham de repente começado a crescer porque você acendeu a luz. Elas sempre estiveram ali; acontece que você está se tornando consciente, alerta. Não pense que elas estão crescendo – sua luz não tem nada a ver com o crescimento delas. Sim, ela revela a presença delas. Sua consciência crescente está revelando a presença das paredes da sua prisão.

E você diz: "Estou cada vez mis consciente delas, mas não consigo transpô-las". Porque estas paredes não são paredes de verdade – elas não são feitas de tijolos ou pedras, são feitas apenas de pensamentos. Elas não podem obstruí-lo; você tem apenas que conhecer o segredo de como transpô-las. Se começar a lutar dentro de seus processos de pensamento, que constituem as paredes da prisão, então entrará em uma enorme confusão. Uma pessoa pode até enlouquecer.

É assim que as pessoas enlouquecem: elas são cercadas por tantos pensamentos e estão tentando arduamente sair da multidão, e continuam penetrando cada vez mais fundo na multidão, e então naturalmente ocorre um colapso. Seu sistema nervoso não consegue suportar tamanha pressão e tamanha tensão. Os pensamentos abriram a caixa de Pandora. Estava tudo oculto ali, mas eles estavam inocentemente inconscientes disso. Agora eles trouxeram uma consciência meditativa; de repente enxergam uma grande multidão tão densa, que quanto mais eles tentam, mais sentem sua impotência contra as paredes que estão lhes cercando.

Se você começar a lutar com elas vai ficar sem saída; mais cedo ou mais tarde vai ficar cansado, acorrentado, vai se ver escapando da sua sanidade. Mas se usar um método correto, em vez de um colapso, terá uma revelação. O método correto para lidar com tudo aquilo que você sente que o está cercando é ser apenas uma testemunha – não lutar, não julgar, não condenar. Somente permanecer em silêncio e parado, apenas testemunhando o que quer que esteja ali.

Muitas doenças, apenas um remédio

Este é quase um milagre. Não me deparei com nenhum outro milagre além do milagre da meditação, o milagre do testemunhar. Se você conseguir testemunhar, ficará surpreso ao ver que a parede forte está ficando mais fina, a multidão está se dispersando; lentamente, muito lentamente verá portas e aberturas através das quais você pode sair. Mas não há necessidade de sair. Permaneça onde está. Continue testemunhando. À medida que o seu testemunho se torna mais forte, a parede que o cerca se torna mais fraca. No dia em que seu testemunho for perfeito, você verá que não existe parede, nada o está cercando, todo o céu está disponível a você. Em vez de lutar com pensamentos, lute contra os condicionamentos errados, torne-se apenas uma simples testemunha.

Lutando você não consegue vencer. Sem lutar, a vitória é sua. A vitória só pertence àqueles que podem testemunhar.

Hymie Goldberg estava tendo problemas para fazer com que Becky, sua esposa, voltasse a fazer amor com ele. Então, certa noite, pouco antes de irem para a cama, ele lhe ofereceu um copo de água e duas aspirinas.

"Por que você está me dando isso?", perguntou Becky. "Não estou com dor de cabeça."

"Ótimo!", disse Hymie. "Então vamos começar."

Esta dor de cabeça era o problema. Todos os dias, quando o pobre Goldberg perguntava, a esposa alegava estar com uma grande dor de cabeça. Desta vez ele usou uma metodologia diferente. Becky não conseguiu entender que agora ele estava usando uma estratégia muito sábia, oferecendo-lhe aspirinas antes que ela dissesse que estava com dor de cabeça. Então, seja um pouquinho sábio...

Doutor Klein terminou de examinar seu paciente e então disse: "O senhor está com uma saúde perfeita, Sr. Levinsky. Seu coração, pulmões, pressão sanguínea, nível de colesterol, está tudo ótimo".
"Esplêndido", disse o Sr. Levinsky.
"Vejo o senhor no próximo ano", disse o Doutor Klein.
Eles apertaram as mãos, mas assim que o paciente saiu do consultório o Doutor Klein ouviu um ruído alto. Abriu a porta e ali, largado no chão, estava o Sr. Levinsky. A enfermeira gritou: "Doutor, ele simplesmente teve um colapso. Caiu como uma pedra".
O médico sentiu seu coração e disse: "Meu Deus, ele está morto!" E agarrou os braços do cadáver. "Rápido", disse o médico, "pegue os pés dele!"
"O quê?", gritou a enfermeira.
"Pelo amor de Deus", disse o médico, "vamos virá-lo. Temos que fazê-lo parecer que estava entrando!"

Seja um pouco inteligente. Diz-se que a inteligência não tem muita utilidade a menos que sejamos suficientemente inteligentes para saber como usá-la.
Outro dia fiz uma incrível descoberta. Diz-se que "todo idiota que encontramos no mundo é o produto final de milhões de anos de evolução". A inteligência é certamente rara, mas as pessoas que se reuniram à minha volta... o simples fato de terem tido a coragem de estar aqui é prova suficiente de sua inteligência. Agora é preciso pôr sua inteligência em ação.

Muitas doenças, apenas um remédio

"Meu Deus", suspirou Paddy, "eu tinha tudo o que um homem poderia querer – o amor de uma mulher maravilhosa, uma bela casa, muito dinheiro, roupas finas".

"O que aconteceu?", perguntou Seamus.

"O que aconteceu? Do nada, sem qualquer aviso, minha esposa entrou."

Fique alerta. Há perigos a cada passo. Quem decide ser um meditador tem que ser muito cauteloso. A afirmação de Lao Tsé é que um homem que medita caminha sempre como se estivesse atravessando um riacho congelado no inverno, com muito cuidado, muito alerta. A menos que você seja muito cauteloso e muito alerta, será difícil transcender a mente e seu funcionamento com seus milhões de anos de idade. Embora a estratégia seja simples, às vezes o simples parece ser o mais difícil – particularmente quando você não está totalmente acostumado com ele.

Para você, a meditação é apenas uma palavra. Ela não se tornou um sabor, não tem sido uma nutrição, não tem sido uma experiência para você; por isso posso entender sua dificuldade. Mas você também tem que entender a minha dificuldade: suas doenças podem ser muitas, mas eu só tenho um remédio, e minha dificuldade é continuar vendendo o mesmo remédio para diferentes pacientes, diferentes doenças. Não me importa qual seja a sua doença, porque sei que tenho apenas um remédio. Seja qual for a sua doença, vou discuti-la, mas finalmente você terá que aceitar o mesmo remédio. Ele nunca muda. Pelo que sei, nestes trinta e cinco anos ele nunca mudou. Tenho visto milhões de pessoas, ouvido milhões de perguntas, e mesmo antes de ouvir suas perguntas já sei a resposta. Não importa qual seja a sua pergunta; o que importa é como conduzir sua pergunta à minha resposta.

O professor de matemática voltou-se para o pequeno Ernie e disse: "Ernest, se seu pai pediu emprestado trezentos dólares e prometeu pagar quinze dólares por semana, quanto ele ainda deverá após dez semanas?"

"Trezentos dólares", respondeu Ernie rapidamente.

"Receio", disse o professor, "que você não tenha calculado direito."

"Receio", disse Ernie, "que o senhor não conheça meu pai."

2.
Esteja preparado para se surpreender

Quando a mente desaparece, os pensamentos desaparecem. Não que você tenha se tornado alheio; ao contrário, você se tornou *perfeitamente consciente*. Buda usa muitas vezes este termo, que corresponde ao que chamamos de mindfulness. Quando a mente desaparece e os pensamentos desaparecem, você se torna consciente. Você faz coisas – você se move, você trabalha, você come, você dorme, mas está sempre consciente. A mente não está ali, mas a *consciência* está. É o que se chama de mindfulness - a consciência, a consciência perfeita.

Como enxergar o que existe?

Não há "como enxergar o que existe" porque se você está usando um "como", você irá distorcê-lo. É aquilo que não necessita de nenhum método, nenhuma técnica, para ser visto – apenas silêncio, uma imobilidade transparente, nenhum pensamento na mente, nem mesmo o pensamento de um determinado método. Não há nenhuma estratégia, porque todas as estratégias são propensas a distorcer.

Na verdade, nenhuma mente é necessária para enxergar o que existe. Mente significa pensamentos. E se há um tráfego de pensamentos, você jamais será capaz de ver o que existe, você verá alguma outra coisa. Verá o que seus pensamentos lhe permitem ver.

Seus pensamentos impedem que muita coisa o alcance. Você ficará surpreso em saber o que os psicológicos pesquisadores vieram a conhecer: noventa e oito por cento da realidade são proibidos de entrar dentro de você; a mente só permite dois por cento. Então, o que quer que você veja é apenas dois por cento da realidade, e como a mente só permite a entrada de dois por cento da realidade – e no entanto lhe dá a sensação de que isto é o todo – você vive em um mundo falso. Você acha que a parte é o todo e vive em conformidade com isso – toda a sua vida se torna uma falsificação.

A mente é um juiz; ela só permite aquilo que se ajuste a ela, que a nutra, que a fortaleça. Não permite nada que se coloque contra ela. Por exemplo, você está me ouvindo – sua mente só vai permitir aquilo que ajuda a fortalecer suas opiniões, suas ideologias. Se você é um cristão, ouvirá uma coisa; e, se for um budista vai ouvir algo totalmente diferente. Se você chegou aqui com um preconceito, a favor ou contra, vai ouvir coisas diferentes. Eu estou dizendo a mesma coisa, mas um cristão vai interpretá-la à sua própria maneira e o comunista à sua própria maneira. Aquele que chega com uma determinada ideia de que eu estou errado vai encontrar todos os argumentos que corroboram seu preconceito. Cada preconceito tenta conseguir apoio para si. Portanto, se você acha que alguma metodologia é necessária para enxergar o que existe, então está começando desde o início de uma maneira errada.

Aquilo que existe já está ali. Fique em silêncio, desprovido de qualquer preconceito, desprovido de qualquer ideologia, ateísta, teísta, desprovido de qualquer conceito, desprovido de qualquer *a priori*. Simplesmente permaneça disponível, aberto, como uma criança que não sabe nada. Atue a partir do estado do não saber e será capaz de enxergar o que existe.

Deixe-me repetir: atue a partir do estado do não saber. Se souber, vai distorcê-lo – conhecimento é mente. O estado do não saber significa que você colocou a mente de lado; agora seus olhos estão sem poeira, seu espelho está limpo. Ele vai refletir! Vai refletir o que existe.

Esta é a maneira como uma pessoa encontra a realidade – e o encontro vai ser devastador. Não vai ajudar as ideias que você tem; vai destruir tudo o que você sempre pensou que estava certo. Vai surpreendê-lo. Vai lhe mostrar que até agora você viveu em um sonho, até agora viveu em suas próprias projeções, não permitiu que a realidade penetrasse em você; ao contrário, criou à sua volta um mundo composto de suas próprias ideias. Viveu dentro de uma cápsula sem nenhuma janela. É assim que as pessoas estão vivendo.

Um cristão não consegue conhecer a realidade, um hindu não consegue conhecer a realidade, um muçulmano não consegue conhecer a realidade. Só aquele que tem coragem suficiente para se livrar de todo este lixo é que consegue simplesmente ser, que consegue simplesmente ser inocente... Jesus disse a seus discípulos: "A menos que sejam como crianças pequenas não entrarão em meu reino de Deus". Ele está dizendo: atue a partir do estado do não saber.

Os Upanishads dizem: "Aqueles que declaram saber, tenham cuidado – eles não sabem nada. Aqueles que dizem não saber, renda-se a eles porque há uma possibilidade de alguma transformação ocorrer em torno deles, com eles, em comunhão com eles".

Sócrates, no máximo de sua sabedoria, disse, "Só sei uma coisa: que nada sei".

Atue a partir do estado do não saber, e isso lhe trará experiências imensas e extáticas, porque a pessoa desprovida de conhecimento é capaz de se maravilhar. A pessoa desprovida de conhecimento é capaz de se deslumbrar. Ela pode dançar vendo uma rosa florescer; ela pode cantar porque o céu está cheio de estrelas. Ela pode ficar em sintonia com a existência. Vendo um pôr do sol, ela pode experimentar um êxtase selvagem – porque ela não sabe nada! Para ela, a vida é um mistério. O conhecimento desmistifica a vida. Como ela não sabe nada, tudo – também o que é mais comum – se torna absolutamente extraordinário, luminoso, porque tudo é misterioso.

Tudo é misterioso! Seu conhecimento simplesmente oculta sua ignorância e destrói sua capacidade de ser mistificado. O conhecimento destrói o misticismo. Por isso os místicos de todas as épocas vêm dizendo uma única coisa: livre-se do conhecimento – todo conhecimento é lixo. Fique em um estado de não saber; atue a partir desse estado. Olhe para as árvores como uma criança, olhe para a lua como um poeta, olhe para o céu como um louco!

Não pergunte como enxergar o que existe, porque essa pergunta – "como?" – simplesmente significa que você quer alguma metodologia, algum conhecimento, alguma informação para que possa interpretar a realidade. Mas a realidade é impossível de ser interpretada. Você quer algo para poder explicar a si mesmo do que se trata, mas a realidade é inexplicável. Você gostaria de definir a realidade, mas ela é indefinível. Esteja preparado para se surpreender.

Esteja preparado para se surpreender

Ouvi a seguinte história:

Michelangelo estava pintando o teto da Capela Sistina. Estava ficando cansado de estar deitado sobre as costas e, girando o corpo, viu uma mulher italiana rezando na capela. O grande artista decidiu pregar-lhe uma pequena peça.
Sentou-se na beira do andaime e gritou: "Sou Jesus Cristo! Sou Jesus Cristo! Ouça-me e eu realizarei milagres!".
A senhora italiana olhou para cima, apertando seu rosário e respondeu-lhe: "Cale essa boca! Vou contar pra sua mãe!".

Pense em Michelângelo... a vida é assim! Traz surpresas a cada momento. Você continua as perdendo – continua as perdendo porque não consegue enxergar essas surpresas. Você é tão cheio de expectativas, tão cheio de respostas prontas, que continua interpretando as coisas de acordo com sua própria mente. Você passa entorpecido, morto, se arrastando, por um mundo maravilhoso. Este mundo não é nada senão milagres e mais milagres, e a cada momento eles estão acontecendo. E o mundo não é maravilhoso de uma maneira mesquinha – ele está extravasando milagres! Mas você tem que ser de novo uma criança pequena, tem que ser de novo inocente.
Não é uma questão de método, não é uma questão de como. É mais uma questão de entender o real processo de como a mente funciona. E quando você tiver entendido como a mente funciona, vai colocá-la de lado. Então não haverá barreira entre você e a realidade. E quando não houver barreira também não haverá separação – porque é a

barreira que separa. Quando não há barreira, você está unido à realidade. Nessa união, a realidade lhe revela seus segredos.

Tenho que me esquecer de mim mesmo para perder meu ego?

Não é uma questão de se esquecer de si mesmo; ao contrário, é uma questão de se lembrar de si mesmo. O que é o ego? O ego existe porque você se esqueceu de si mesmo, porque não se lembra de quem você é. E é muito difícil viver sem alguma ideia de quem você é. Não conhecendo a realidade do seu ser, você tem que criar um falso substituto.

O que é o ego? O ego é o falso substituto que você criou para o ser – não é o seu ser. Mas é muito difícil viver sem um centro, será quase impossível. Algum tipo de centro é necessário, é indispensável; do contrário, como você vai se manter unido? Vai começar a desmoronar. Mesmo que o centro seja falso, ele o ajuda. Mesmo um falso centro o mantém pelo menos de alguma forma unido. Você se esqueceu de si mesmo; por isso necessita do ego. Se você se lembrasse de si mesmo, não haveria necessidade do ego.

Você pergunta: "Tenho que me esquecer de mim mesmo para abandonar meu ego?".

O ego não é algo real, que você tenha que perder, ou que *possa* perder – em primeiro lugar, você não o possui! Ele é apenas uma ideia, uma sombra; não é algo existencial. É como o seu nome: quando você nasceu, não chegou com um nome. Então alguém – sua mãe, seu pai, sua família – começou a chamá-lo por um nome. Algum nome é necessário para que se possa chamá-lo; é um utilitário.

O nome da autora da pergunta é "Eva". É como o primeiro dos nomes dado a alguém. "Eva" foi criada porque o homem estava só, Adão estava só, e estava muito deprimido por causa da sua solidão... ele estava só em meio a toda a existência, e estava solitário. Pediu a Deus que lhe desse uma companhia, e Deus criou uma mulher. Deus perguntou a Adão: "Como você vai chamá-la? Que nome gostaria de lhe dar?" E Adão estava muito extático, pois dali em diante pelo menos haveria alguém com quem ele pudesse se relacionar, a quem poderia amar, com quem poderia falar, se comunicar, com quem houvesse uma possibilidade de se relacionar. Ele não estava mais só! Estava tão maravilhado que disse que iria chamar esta criatura de Eve, Eva, "Haavva".

"Por quê?", perguntou Deus.

E Adão disse: "Porque Eve, Eva ou Haavva significa vida – ela é minha vida. Sem ela eu estava quase morto".

Mas quando Eva foi criada, não havia nomes. Foi-lhe dado um nome porque Adão iria precisar dele. Às vezes ele teria que chamá-la: "Onde você está?". Às vezes o nome seria necessário. Mas um nome é uma coisa falsa, é apenas um rótulo. Damos nomes às pessoas apenas para torná-las úteis à comunidade, para se referir a elas, para chamá-las, para falarem umas com as outras. Mas os nomes não são reais! Você não precisa se livrar deles... e mesmo que se livre, nada real será descartado.

Você pode descartar o nome, e nada será descartado. Simplesmente uma ideia! E você não está mais ligado a ele. Exatamente da mesma maneira, o nome existe apenas para os outros chamá-lo. Mas você também necessita de algo para chamar a si mesmo – por isso existe o ego: "eu". Se você quer dizer algo sobre si mesmo, precisa de alguma palavra, e essa palavra é "eu". Os nomes são para os outros chamá-lo; o ego é para você chamar a si mesmo, para se referir a si mesmo. Também é falso, não existe. Mas você não precisa perdê-lo. Tudo o que é necessário é entendê-lo – por que este "eu" tornou-se tão importante, por que se tornou tão significativo, tão central, tão substancial. Uma sombra se tornou tão substancial, por quê? Porque você não conhece seu verdadeiro ser.

Quando Jesus diz "eu", ele não quer dizer o mesmo "eu". Quando ele diz "Eu sou o portão, eu sou a verdade, eu sou o caminho", seu "eu" não tem a conotação de nenhum ego. Quando Krishna diz para Arjuna, "Venha até meus pés, entregue-se a mim", este "mim" que ele diz não é o mesmo que o seu "mim".

Buda costumava dizer aos seus discípulos, "Seja uma luz para si mesmo". Um grande rei, Prasenjit, foi vê-lo. E viu muitos *sannyasins* se aproximando, se inclinando diante de Buda, e dizendo: "*Buddham sharnam gachchhami* – Eu vou aos pés de Buda. *Sangham sharnam gachchhami* – Eu vou aos pés da comunidade dos Budas. *Dhammam sharnam gachchhami* – Eu vou aos pés da lei fundamental, a lei fundamental que sustenta a existência, que corre como um fio e transforma a existência em uma grinalda".

Prasenjit era um homem de lógica, bem-educado, sofisticado. Ficou um pouco confuso. Perguntou a Buda: "Perdoe-me, senhor, mas o senhor diz às pessoas, 'Seja uma luz para si mesmo'. E então elas se entregam ao senhor, tocam seus pés, mas o senhor não as impede. Isto é ilógico, é contraditório. Se o senhor diz 'Seja uma luz para si mesmo', então não há necessidade de se entregarem a mais ninguém. Por que eles devem tocar seus pés?".

Buda riu e disse: "Não são meus pés, e eles não estão se entregando a mim porque não há ninguém dentro de mim como o ego, que pode reivindicar; sou apenas uma desculpa. Como eles ainda não são capazes de se entregar sem nenhuma desculpa, eu lhes permito que me usem como uma desculpa. Mas eles não estão se entregando a ninguém".

É exatamente esse o significado de um buda: alguém que não existe – no sentido de um ego, alguém que não existe.

No que se refere ao ser supremo, o ser fundamental, ele *existe* e você *não existe*. O ego é uma ideia falsa, mas é necessária porque o ser real é desconhecido.

Você não precisa se esquecer de si mesmo para perder o ego. Na verdade, foi assim que o ganhou. Você precisa se lembrar de si mesmo – não se esquecer, mas se lembrar. Você tem que se tornar mais consciente e alerta, você tem que acordar. Você tem que ver quem você é, não o que lhe tem sido dito: que você é uma mulher, que você é um homem, que você é um hindu, um cristão, branco ou negro – o que lhe tem sido dito. Você terá que penetrar dentro do seu ser até seu centro mais íntimo e ver quem você é. Nessa perfeita visão, nessa perfeita lembrança, o ego desaparece. Quando a luz chega, a escuridão desaparece. Quando o ser real é lembrado, o irreal não é mais necessário. Não que você tenha de descartá-lo; ele simplesmente não é encontrado.

Mas nós vivemos no ego, e de toda maneira possível continuamos encontrando novos apoios para ele. Em todo ato continuamos a nutri-lo: mesmo naquelas ações em que você não é o agente, você continua afirmando que as está realizando. As pessoas dizem: "Eu estou respirando". Olhe o absurdo disso. Se *você* está respirando, então jamais morrerá; a morte virá, ficará diante de você e você continuará respirando. Você poderia não colaborar com a morte; poderia dizer: "Eu não vou parar de respirar".

Você não está respirando; respirar não é sua atividade, não é sua ação – ela está acontecendo. Você não pode respirar. Se ela parar, ela para. Se a próxima respiração não vier, você não conseguirá fazer nada. A respiração é uma ocorrência, mas o homem a transformou em – ou pelo menos acredita que ela seja – uma ação.

Você diz: "Eu amo". Até mesmo a expressão "fazer amor" é um total absurdo. Você não pode amar; você não pode *não* amar. O amor é uma ocorrência, não uma ação. O que você pode fazer com relação ao amor? Ou ele acontece ou não acontece. Se você tentar, então ele será algo falso; então não será de maneira alguma amor. Então só será uma atuação.

Se lhe ordenarem amar uma mulher ou um homem, o que você vai fazer? Vai fazê-lo mediante gestos vazios; vai abraçar, vai beijar e vai atuar mediante todos os movimentos, mas sem nenhum amor. A coisa toda será mecânica! E é isso que está acontecendo, o que está acontecendo pelo mundo afora. A esposa tem que amar o marido, o marido tem que amar a esposa; é uma espécie de dever a ser cumprido. Torna-se uma performance, uma representação; por isso não é satisfatório, não traz nenhum contentamento, nenhum preenchimento.

Nesse sentido, o ego é muito astuto; ele continua encontrando apoios, suportes, novos pastos onde se alimentar. Se você fracassa, você responsabiliza as circunstâncias. Se é bem-sucedido, foi *você* o responsável pelo sucesso. Se você falha, foi o destino, estava escrito; se você falha foi a sociedade, essa sociedade feia. Se você falha, foi culpa das pessoas astuciosas, dos concorrentes astuciosos. Mas se foi bem-sucedido, *você* foi bem-sucedido.

Eis uma bela história sufi:

O mulá Nasrudin levou seus discípulos a uma exibição. Muitas coisas estavam acontecendo na exibição. Em um lugar, as pessoas estavam apostando muito dinheiro, tentando lançar flechas para atingir certo alvo. O mulá reuniu seus discípulos e disse: "Venham, vou lhes mostrar uma coisa".

Essa é a maneira sufi de ensinar os discípulos.

Ele pegou o arco e a flecha – uma grande multidão estava ali reunida: "Um mestre sufi com seus discípulos – algo está acontecendo!": As pessoas estavam observando muito silenciosas. Numa grande demonstração, o mulá atirou a flecha... e ela caiu muito perto, jamais alcançando o alvo. A multidão começou a rir. Nasrudin disse: "Parem! Não sejam tolos". Virou-se para seus discípulos e disse: "Olhem, é isto que acontece quando vocês vivem com um complexo de inferioridade. É assim que uma pessoa que sofre de complexo de inferioridade vai agir – ela nunca atinge o alvo; a flecha vai falhar. Seu coração inteiro não está presente na ação".

A multidão se calou: "Sim, há uma lição nisso".

A flecha seguinte... ela simplesmente caiu muito adiante, deixando o alvo para trás. Também foi um fracasso; a multidão começou a rir de novo e o mulá disse: "Calem-se! Vocês não entendem estes segredos". Voltou-se para seus discípulos e disse: "Olhem, é assim que se comporta um homem que se julga superior. Ele nunca vai atingir o alvo. A flecha corre tão rápida que vai ultrapassar o objetivo e não vai parar no objetivo. Ele está confiante demais. Está também desequilibrado".

A multidão tornou a fazer silêncio: "Sim, aqui há uma lição".

Nasrudin tentou pela terceira vez... e a flecha atingiu diretamente o alvo. Agora a multidão ficou em silêncio, esperando o que ele ia ensinar aos seus discípulos.

Ele foi até o proprietário e exigiu o dinheiro do prêmio. O proprietário perguntou: "Por quê?".

Ele disse: "Esta foi a minha! A primeira foi a flecha de um homem que sofre de um complexo de inferioridade; a segunda foi a flecha do homem que sofre de um complexo de superioridade – e esta foi a flecha do mulá Nasrudin. Onde está o dinheiro?"

É isto que continuamos fazendo. Em cada situação, observe. Quando você falha, é Deus, é o destino, é a sociedade, são as circunstâncias... mil e um nomes. Mas o fenômeno simples é que você não quer assumir a responsabilidade, porque isso machuca o ego. Mas quando é bem-sucedido, é sempre você – nunca é Deus, nunca é o destino, nunca as circunstâncias, nunca suas estratégias astutas, não. É simplesmente você, seus talentos, sua genialidade, sua inteligência. É sempre você quando você é bem-sucedido.

Observe o ego e não o alimente. Ele morre se você não alimentá-lo. Se parar de alimentá-lo, ele acaba morrendo de fome.

A Sra. Cochrane estava de pé ao lado do caixão de seu marido morto. Seu filho estava ao seu lado. Os enlutados, um a um, passavam por ali.

"Ele agora não está sentindo mais nenhuma dor", disse a Sra. Croy. "Do que ele morreu?"

"Pobre coitado", disse a Sra. Cochrane. "Ele morreu de gonorreia."

Outra mulher lançou um olhar no cadáver. "Ele está longe do corpo agora", disse ela. "Tem um sorriso de serenidade em seu rosto. Do que ele morreu?"

"Ele morreu de gonorreia!", disse a viúva.

De repente, o filho puxou sua mãe de lado. "Mamãe", disse ele, "isso é uma coisa horrível de dizer sobre o papai. Ele não morreu de gonorreia – ele morreu de diarreia!"

"Eu sei", disse a Sra. Cochrane, "mas eu prefiro que eles pensem que ele morreu como homem viril do que como o bosta que ele era!"

O ego está constantemente presente, em toda situação. Ele não perde nenhuma situação para se alimentar, para se fortalecer. Pare de alimentar o ego – essa é a primeira coisa a ser feita.

E o segundo ponto é tornar-se mais consciente. Caminhe, caminhe com consciência; escute, escute com total consciência – não em uma espécie de sono, não mais ou menos, não com indiferença. Fale, fale com consciência. O que quer que faça, deixe toda a sua vida ser colorida pela consciência. E lentamente, muito lentamente, essa consciência vai lhe proporcionar uma visão do seu verdadeiro ser.

Assim, este é um ataque duplo ao ego. Primeiro, não o alimente; segundo, torne-se mais consciente. Assim o ego desaparece devido à fome e o ser aparece, sendo consciente. E quando as nuvens do ego não mais existirem, o ser se mostrará como um sol. Esse ser não tem nada a ver com seu "eu". Ainda assim, a palavra será usada. Eu a uso, Jesus a usa, Buda a usa – ela tem que ser usada, mas agora tem um significado totalmente diferente. Nos lábios de um Buda, de um Krishna ou de um Cristo ela tem uma conotação totalmente diferente.

Quando o ser é transformado, tudo é transformado – até mesmo a linguagem que é proferida por um buda tem um significado totalmente diferente. Suas palavras não podem ter o mesmo significado. É impossível! Porque agora uma nova luz apareceu, e nessa nova luz tudo se torna novo.

Você vive na escuridão, você tropeça na escuridão, você tateia na escuridão. O homem de consciência vive na luz. Ele nunca tropeça, nunca tateia. Ele se move com graça, tem uma qualidade totalmente diferente de ser, de vida, de amor.

Faça duas coisas: primeiro, não alimente mais o ego – chega! – e, segundo, torne-se mais consciente. Este é um ataque duplo, vindo dos dois lados. Ele sempre dá certo; nunca falhou.

Esteja preparado para se surpreender

Você poderia falar um pouco sobre o testemunhar e o coração?
Eles podem ser experienciados simultaneamente?

O testemunhar e o coração são a mesma coisa. O testemunhar não vem da mente; a mente nunca pode ser uma testemunha. Quando você começa a testemunhar, a mente se torna o testemunhado, não a testemunha; ela é o observado, não o observador. Você vê seus sentimentos se movendo, seus desejos, suas fantasias, suas lembranças, seus sonhos – assim como vê as coisas se movendo na tela de um filme. Mas não está identificado com elas.

É essa não identificação que é entendida por testemunhar. Então, quem é a testemunha? A mente está sendo vista, então quem a vê? É o coração.

Então o coração e o testemunhar não são duas coisas. Se você testemunha, estará centrado no coração; se está centrado no coração, você se torna uma testemunha. Estes são dois processos para atingir o mesmo objetivo. O amante, o devoto, nunca pensa em testemunhar; ele simplesmente tenta atingir o coração, a fonte do seu ser. Uma vez que atingiu o coração, o testemunhar surge naturalmente.

O meditador nunca pensa no amor e no coração; ele começa testemunhando. Mas uma vez que o testemunhar aconteça, o coração se abre, porque não há outro lugar de onde testemunhar: o caminho do meditador e o caminho do devoto são diferentes, mas eles culminam em uma experiência. No ponto fundamental eles atingem o mesmo pico.

Você pode escolher o caminho, mas não pode escolher o objetivo – porque não há dois objetivos, há apenas um objetivo. É claro que se você seguiu o caminho do devoto, não falará em testemunhar quando tiver chegado – falará de amor. Caso tenha seguido o caminho da meditação não falará de amor quando tiver chegado – falará do testemunhar. A diferença é apenas de palavras, língua, expressão – mas aquilo que é exposto é uma única e mesma realidade.

> *Você nos disse que a mente se tornará cada vez mais quieta se meditarmos regularmente. No ano passado, quando eu estava morando sozinho na Europa, meus pensamentos se tornaram cada vez mais fortes durante minhas meditações, a ponto de eu começar a ter medo de me sentar. Agora que estou novamente com você e sua comunidade, este problema desapareceu. Mas fico ponderando: como alguém pode ser um* sannyasin *durante dez anos, meditar todos os dias, e ter uma mente cada vez mais ruidosa?*

A pergunta que você fez tem muitas implicações. Em primeiro lugar, a pessoa tem que entender que sua mente é muito antiga – doze anos não são nada em comparação com a história da mente; ela é a história de todo o universo desde o princípio.

Isto vem sendo estudado há muito tempo, e tão eficientemente que os cientistas dizem que ainda não foram capazes de criar um computador que possa competir com a mente humana. E a mente humana é colocada em um espaço pequeno, dentro do seu crânio; seus computadores são colocados em grandes aposentos. Um cientista calculou que precisaria de um espaço de quase 1,5 quilômetro quadrado para colocar um computador comparável à mente humana. A mente humana é um milagre.

Esteja preparado para se surpreender

Sentando-se comigo, você está se sentando com um milagre maior. Está se sentando com uma não mente. Naturalmente, o silêncio torna-se mais fácil; a meditação chega naturalmente, como uma brisa fresca. Quando você fica sozinho, sua mente é tudo o que você tem. A menos que sua meditação atinja tamanha profundidade que você tenha algo mais valioso que a mente, este problema vai continuar a acontecer.

Comigo você pode ter um vislumbre, apenas por um momento. E esse vislumbre cria o anseio de ter esse momento estendido até a eternidade. É tão pacífico, tão fresco, tão calmo, quem não gostaria dele? Mas quando você volta para o mundo, há apenas computadores caminhando à sua volta; você tem que se comunicar com computadores. Um fisiologista definiu o corpo humano como nada além de um mecanismo para facilitar o funcionamento da mente. Você acha que está carregando a mente. O fisiologista está dizendo justamente o oposto: é a mente que o está carregando; todo o seu corpo só está funcionando por causa da mente.

Então, no momento em que você entra no mundo – isto aqui não faz parte do mundo. Temos tentado criar pequenas ilhas onde não se requer a mente como um computador. Mas no mundo você vai necessitar da mente. E o problema vai continuar até você ter algo mais que a mente. Ter apenas um vislumbre do silêncio não é o suficiente.

Você necessita de um centramento, necessita de uma realização, necessita exatamente de iluminação – só então poderá permanecer no mundo, sem sua mente estar funcionando, a não ser quando queira usá-la.

A mente é um mecanismo incrivelmente valioso, um dos maiores milagres na biologia na evolução do homem. A mente é simplesmente inacreditável, a maneira como ela funciona... porque você não sabe nada a respeito dela, embora se trate da sua mente. Você não sabe como ela acumula milhões de lembranças.

Os cientistas calcularam que a mente de um único homem pode conter todas as bibliotecas do mundo. Ele pode memorizar tudo o que já foi escrito ao longo dos séculos. Essa é a capacidade da sua mente; você pode usá-la e pode não usá-la.

E você não sabe nada sobre as bibliotecas. Apenas a Biblioteca do Museu Britânico tem tanto livros, que, se você colocar um ao lado do outro, assim como os coloca na prateleira na biblioteca, esta fileira de livros dará três voltas no mundo todo. E essa é apenas uma biblioteca! Moscou talvez tenha uma biblioteca ainda maior, e todas as grandes universidades do mundo têm bibliotecas similares. Só a Índia tem cem universidades com enormes bibliotecas.

E a simples ideia de que uma única mente humana tem capacidade para memorizar tudo o que está escrito em todos os livros que existem no mundo todo... isso simplesmente nos desconcerta, parece inacreditável.

Você não sabe o que sua mente está fazendo por você. Sua mente está regulando tudo em seu corpo. Do contrário, como você acha que vivem setenta ou oitenta anos, ou mesmo cem anos – e há pessoas que até passaram dos cem; elas atingiram seu aniversário de cento e cinquenta anos e há algumas centenas de pessoas na União Soviética que passaram de cento e oitenta anos de idade.

Esteja preparado para se surpreender

Os cientistas dizem que não há razão para o corpo morrer por no mínimo trezentos anos. É apenas uma antiga hipnose, a auto-hipnose, que tornou prevalente a ideia de que você só tem setenta anos para viver. Isso penetra tão profundamente na sua consciência que aos setenta anos você começa a pensar que está afundando, que já partiu.

Seja como for, quando você se aposenta, aos sessenta anos, não há nada a fazer. A morte parece ser um alívio, não um perigo. Não fomos suficientemente capazes e suficientemente humanos para prover uma situação em que nossos idosos possam ter alguma dignidade, algum respeito próprio, algum orgulho. Não fomos capazes de encontrar dimensões em que eles possam contribuir para o mundo. E eles são experientes e certamente capazes de contribuir bastante – o suficiente para terem respeito próprio, o suficiente para não se sentirem como um fardo.

Quando George Bernard Shaw chegou aos setenta anos, começou a fazer viagens para pequenas cidades em torno de Londres. Seus amigos ficaram surpresos: "O que está fazendo? Você desapareceu durante dias? Na sua idade, você deveria repousar".

Ele disse: "Estou procurando o lugar para repousar nesta idade".

Eles perguntaram: "O que quer dizer com isso? Você tem uma bela casa, tem tudo de que precisa".

Ele disse: "Vocês não entenderam. Estou indo a todas estas pequenas cidades olhando seus cemitérios, suas lápides, em busca de um lugar onde muitas pessoas viveram pelo menos cem anos".

E finalmente ele encontrou uma pequena cidade onde havia uma lápide com a seguinte inscrição: "Este homem morreu na idade prematura de cento e vinte anos". Ele disse, "Esta é a cidade onde vale a pena viver, onde as pessoas acham que morrer aos cento e vinte anos é uma morte prematura". Ele foi viver naquela cidade e viveu além dos cem anos.

Talvez isso tenha algum significado... não apenas acidental. Ele era um homem de enorme sabedoria; e se os aldeões acreditavam nisso a atmosfera com certeza poderia mudar seu próprio condicionamento.

No Paquistão, uma parte da Caxemira pertencia à Índia; o Paquistão a ocupou durante quarenta anos. Talvez essa parte, devido ao seu isolamento, escondida atrás das montanhas, não tenha entrado em contato com pessoas que morrem aos setenta anos. São pessoas incultas; na verdade, não têm como contar que têm setenta anos. Então como morrer aos setenta? Eles não têm um calendário. Não sabem quando nasceram; não sabem quantos anos têm.

São as pessoas mais primitivas que foram encontradas vivendo atrás dos picos do Himalaia, em um vale – em um belo vale, autossuficiente – e jamais saíram dali. E, segundo os médicos, lá foram encontradas pessoas que têm duzentos anos de idade. E elas são jovens; estão trabalhando nos campos, nos jardins, nos orquidários... E quando você lhes pergunta sobre sua idade, elas dizem: "Não sabemos. Ninguém aqui sabe; aqui não há escola".

E agora o Paquistão está abrindo ali escolas e hospitais, e você pode ter certeza de que logo as pessoas vão começar a morrer exatamente aos setenta anos. Essas pessoas se esqueceram de morrer porque não se lembram quando nasceram e não sabem contar.

Os cientistas dizem que o corpo do homem tem a capacidade de viver pelo menos – esse é o mínimo – trezentos anos. Mas por que o homem não vive tanto? Talvez o homem não saiba como viver; talvez o homem não saiba como usar seu corpo, como usar sua mente.

Você tem que entender muito claramente duas coisas: primeiro, que a mente é um grande milagre.

A existência não foi capaz de criar nada mais elevado que a sua mente. Sua função é tão complexa que desconcerta os maiores cientistas. Ela administra todo o seu corpo e é um sistema absolutamente complexo. Quem determina que certa parte do seu sangue deve ir para o cérebro? Quem determina que apenas certa quantidade de oxigênio deve atingir o cérebro? Quem determina que parte do seu alimento deve se tornar ossos, deve se tornar sangue, deve se tornar pele? Quem determina que parte da sua pele deve se tornar unhas e que parte da sua pele deve se tornar olhos e que parte da sua pele deve se tornar orelhas?

Certamente você não está fazendo isso, e não vejo nenhum administrador por perto. Então, primeiro você tem que ser grato à mente. Esse é um primeiro passo para se ir além da mente, não como um inimigo, mas como um amigo. Escutando-me continuamente dizendo que você deve ir além da mente, você pode cair em um equívoco. Eu tenho um enorme respeito pela mente. Devemos muito à mente; não há como retribuir nossa gratidão.

Então, a primeira coisa é a seguinte: a meditação não é contra a mente, ela está além da mente. E estar além não é equivalente a ser contra.

Esse equívoco se dissemina à medida que mais pessoas falam sobre meditação, particularmente pessoas que não entendem a meditação – aquelas que leram a respeito dela, que ouviram falar nela, que conhecem suas técnicas... E as técnicas são simples; estão disponíveis em muitos escritos, você pode lê-los. E agora há livros sobre como fazer qualquer coisa – mecânica de carros, engenharia elétrica, qualquer coisa – você pede e o livreiro está pronto a lhe dar um livro sobre como fazer aquilo.

Meu povo na Europa esteve pensando em fazer um livro acompanhado de um *tape* de áudio. O livro proporcionará toda a base da meditação e o *tape* dará todas as instruções; então, a pessoa não necessitará ir a lugar nenhum. É só se sentar em seu quarto com seu gravador e tem um mestre! Gautama Buda não é mais necessário...

Um mestre jamais se tornará irrelevante por uma razão simples: quem irá ensiná-lo a amar a mente e ainda ir além dela? A amar seu corpo, a respeitar seu corpo? A ser grato à sua mente, ao seu funcionamento incrível, milagroso? Isso constrói uma grande amizade, uma ponte entre você e sua mente.

Com esta amizade se aprofundando, quando você estiver meditando, a mente não irá perturbá-lo porque sua meditação não é contra ela. É na verdade sua própria realização, seu máximo florescimento. Ir além dela não é uma atitude antagônica, mas uma benéfica evolução.

Então, esta deve ser a base de todos os meditadores: não ser um lutador. Se você lutar, poderá conseguir fazer a mente se aquietar por algum tempo, mas isto não é uma vitória. A mente vai retornar, você vai precisar dela. Você não pode viver sem ela; não pode existir no mundo sem ela.

Esteja preparado para se surpreender

E se você conseguir criar um relacionamento agradável com a mente, uma ponte afável, em vez de ser um empecilho à meditação, ela começa a se tornar uma ajuda. Ela protege o seu silêncio porque esse silêncio é também o tesouro dela, não apenas o seu. Torna-se um solo onde as rosas da meditação vão florir, e o solo ficará tão feliz como as rosas. Quando as rosas estiverem dançando ao sol, na chuva, no vento, o solo também se alegrará.

Minha abordagem é totalmente diferente da abordagem que tem sido adotada até agora. Há milhares de anos todas as religiões vêm ensinando algo contra o corpo, contra a mente. E exatamente hoje vim a saber que há até mesmo idiotas instruindo as pessoas contra a meditação. O parlamento de Israel aprovou uma lei declarando que a meditação privada ou pública é um ato criminoso. Inacreditável! E estes políticos desconhecem até mesmo o ABC da mente, que dirá sobre a meditação. Mas por que estão tão preocupados? Uma de suas preocupações sou eu, porque entre os meus *sannyasins* cinquenta por cento são judeus. Mais cedo ou mais tarde vou tomar conta de Israel, não há problema em relação a isso – antes que os palestinos tomem conta do país, eu tomarei.

Por que os políticos devem estar preocupados? E se estiverem preocupados, devem consultar pessoas que saibam o que é meditação. Torná-la um ato criminoso é uma coisa inacreditável; jamais em lugar algum... As religiões têm ensinado contra o corpo. Mas isso é tão ridículo – temos que viver no corpo, temos que nutrir o corpo; temos que mantê-lo saudável, é o nosso lar. As religiões têm falado contra a mente. Agora esta foi a última coisa – Israel realizou um trabalho pioneiro! O parlamento de Israel parece consistir realmente de idiotas de primeira classe.

Não creio que eles saibam alguma coisa sobre meditação, mas o medo... os judeus têm medo, os muçulmanos têm medo, os hindus têm medo, os jainistas têm medo – todos têm medo da meditação. Até aqueles que falam sobre meditação têm medo dela. Eles falam, porque se não falarem sobre meditação sua religião parecerá incompleta, mas são basicamente contra ela, porque um homem que se torna um meditador simplesmente se afasta de qualquer religião organizada. Ele não é mais um hindu, não é mais um judeu, não é mais um muçulmano. Não consegue continuar acreditando em todos os tipos de superstições e bobagens presentes em todas as religiões.

Os judeus acham que são o povo escolhido de Deus. Ora, nenhum meditador pode fazer isso. Pensar que, "só nós, os judeus, somos o povo escolhido de Deus, e toda a humanidade é de alguma maneira inferior a nós"... Mas não é só os judeus que têm cometido esse pecado. Eles sofreram muito por isso; ainda estão sofrendo. E vão continuar a sofrer, porque a própria ideia é tão estúpida, que cria antagonismo, particularmente em um mundo em que os nórdicos germânicos acham que eles são o povo escolhido; os hindus acham que são o povo escolhido porque seu livro sagrado é o mais antigo e a primeira escritura sagrada escrita por Deus. Eles não conseguem tolerar algumas ideias, como Moisés dizendo ao seu povo, "vocês são o povo escolhido de Deus; vocês têm um direito básico de ser superior a todos os outros". Quem consegue tolerar isso? Os hindus se acham superiores a todo mundo!

Esteja preparado para se surpreender

O judaísmo e o hinduísmo são as duas únicas religiões no mundo que não acreditam na conversão, por que como é possível converter pessoas inferiores a uma religião superior? E como não podem convertê-las, são absolutamente contra o cristianismo e o islamismo, que buscam continuamente convertidos.

Devido ao medo de que o número de muçulmanos e cristãos continue aumentando e o de judeus e hindus continue diminuindo, há pequenas tendências entre os judeus... e há um pequeno grupo de hindus chamados *Arya Samaj*, que introduziram a conversão. Mas isso continua sendo uma coisa muito pouco convincente. No fundo eles sabem o que estão fazendo: estão trazendo pessoas inferiores para o seu seio. Mas isso por pura necessidade; do contrário essas pessoas inferiores irão exceder em número – já excederam – as pessoas superiores.

Atualmente o cristianismo tem o maior número de fiéis no mundo; em segundo lugar vem o islamismo – ambas são religiões de convertidos.

O medo da meditação tem raízes. Na lei aprovada pelo parlamento de Israel isso ficou exposto, mas está em toda mente religiosa: se as pessoas começam a meditar, se começam a amar seus corpos, amar suas mentes, e, por amor, transcender pacificamente para um estado de não mente, não pertencerão a nenhuma ideologia estúpida.

E todas as ideologias estão tão repletas de coisas estúpidas que é quase impossível contar quantas são as superstições e qual é a variedade de superstições. Algum dia, quando a humanidade se tornar unida, vamos necessitar de grandes museus para reunir todas as superstições para nos lembrar de nossos antepassados. Assim como Darwin pensou nos macacos como seus antepassados, as próximas gerações do homem vão se lembrar de você e de seus antepassados na mesma categoria.

Eu gostaria que vocês se lembrassem de algumas superstições... apenas amostras, porque discutir todas elas seria demais.

Os jainistas acham que, a menos que os lóbulos de suas orelhas toquem seus ombros, você não pode se tornar iluminado. Não vejo que relaçao a iluminação pode ter com os lóbulos das orelhas, que são partes quase mortas do nosso corpo... você algum dia os notou? Pode fazer alguma coisa com os lóbulos de suas orelhas? Pode agitá-los? Eles estão apenas pendendo ali, sem fazer nada. Não podemos fazer nada com eles porque neles não existe sistema nervoso; eles são apenas pedaços de carne sem nervos, pura carne. E sem nervos não podemos levantá-los ou baixá-los, movimentá-los para lá e para cá.

Só encontrei uma pessoa que fizesse isso... e viajei muito pelo mundo afora. E, por estranho que pareça, foi quando ingressei na escola, era um colega meu da primeira série; agora ele é médico na mesma cidade. É o único homem que eu encontrei – alguma aberração! – que consegue fazer os lóbulos de suas orelhas se mexerem de um lado para o outro, para trás e para frente. Ele era um milagre; por alguma razão acidental os lóbulos de suas orelhas desenvolveram nervos dessa maneira. Assim como algumas pessoas nascem com seis dedos, algumas pessoas nascem com três olhos, algumas pessoas nascem com duas cabeças, todas aberrações – ele nasceu com orelhas com lóbulos realmente grandes. Eu o tenho observado para ver quando ele se tornará iluminado. Ele é apenas um pobre médico; não sabe nada sobre meditação, nada sobre iluminação. E como ele é um médico ayurveda, os pacientes não se consultam com ele. Só seus filhos continuam nascendo e ele continua cada vez mais pobre. Cada vez que o vi estava reduzido, mais magro, mais preocupado. Eu disse: "O que aconteceu? Você deveria estar iluminado!".

Mas ideias estúpidas... e não se trata de apenas uma religião, mas de todas as religiões. E elas não conseguem tolerar uma à outra.

Se a meditação se tornar mais prevalente, as pessoas vão se libertar de todos estes preconceitos; por isso nenhuma religião quer a meditação, embora possam falar sobre ela.

Para mim, nem Deus nem o céu nem o inferno nem os anjos são importantes – todos eles são apenas hipotéticos. Para mim, a meditação é a verdadeira alma da religião. Mas ela só pode ser atingida se você se mover corretamente. Um único passo em uma direção errada... e você está sempre se movendo no fio da navalha.

Inicie com o amor ao corpo, que é sua parte mais externa. Comece a amar sua mente – e se amar sua mente irá decorá-la, da mesma maneira que decora seu corpo. Você o mantém limpo, o mantém fresco; não quer que seu corpo cheire mal às outras pessoas; quer que seu corpo seja amado e respeitado pelos outros. Sua presença não deve ser simplesmente tolerada, mas bem-vinda.

Você tem que decorar sua mente com poesia, com música, com arte, com boa literatura. Seu problema é que sua mente está repleta apenas de trivialidades. Essas coisas de baixa qualidade vão penetrando na sua mente a ponto de você não conseguir amá-la. Não consegue pensar em nada que valha a pena.

Coloque-a mais em sintonia com os grandes poetas; coloque-a em sintonia com pessoas como Fiodor Dostoiévski, Leon Tolstói, Anton TcheKhov, Turgueniev, Rabindranath Tagore, Khalil Gibran, Mikhail Naimy; eleve-a aos mais altos patamares que a mente já alcançou. Assim você não será hostil a ela. Então exultará na mente; mesmo que a mente esteja presente em seu silêncio, ela terá poesia e música próprias, e transcender uma mente tão refinada é muito fácil. É um passo agradável rumo a picos mais elevados: a poesia se transforma em misticismo, a boa literatura se transforma em grandes *insights* na existência, a música se transforma em silêncio. E à medida que todas estas coisas começarem a se transformar em picos mais elevados, além da mente, você estará descobrindo novos mundos, novos universos aos quais ainda sequer demos nomes. Podemos falar em bem-aventurança, êxtase, iluminação, mas nenhuma palavra realmente os descreve. Está simplesmente além do poder da linguagem reduzi-los a explicações, a teorias, a filosofias. Eles estão simplesmente além... mas a mente se rejubila nessa transcendência.

É essa a minha contribuição especial a você. Com absoluta humildade quero lhe dizer que estou bem além até mesmo de Gautama Buda, pela simples razão de que ele ainda está lutando com a mente. Eu amei a minha mente, e através do amor a transcendi.

Este é um início totalmente novo. Naturalmente eu tenho que ser condenado; meu povo será condenado. Muitos virão a mim, mas não conseguirão caminhar comigo nem mesmo alguns passos, porque logo descobrirão que seus preconceitos os estão impedindo de seguir comigo.

Seus preconceitos são antigos, e naturalmente – eu posso entender – eles não acham que alguém possa ir além de Gautama Buda, assim como os contemporâneos de Gautama Buda não conseguiam acreditar que ele houvesse ido além dos vedas e além dos videntes dos Upanishads; assim como os contemporâneos de Lao Tsé e Chuang Tzu não podiam acreditar que eles tivessem ido bem além de Confúcio.

E, se por humildade eu não disser a verdade, estarei cometendo um crime contra a verdade. Não me importo com essa humildade; quero explicar-lhe exatamente qual é a situação. Minha abordagem da meditação é absolutamente nova, absolutamente fresca, porque depende do amor – não da luta, não da guerra. Deixei Mahavira vinte e cinco séculos atrás. Seu nome não era Mahavira – *mahavira* significa "o grande guerreiro". Seu nome era Vardhamana, mas as pessoas mudaram seu nome porque ele era um grande guerreiro. Um guerreiro contra quem? – contra seu corpo, contra sua mente. E eu não acho que alguém que seja contra seu corpo e contra sua mente seja capaz de ir além.

Só o amor é o caminho.

Torne sua mente a mais bela possível. Decore-a com flores. Fico realmente muito triste quando vejo que as pessoas não conhecem *O livro de Mirdad**, que nunca pene-

---

* Do autor libanês Mikhail Naimy, foi publicado em 1948 e faz parte da biblioteca da Rosacruz Áurea. Mostra com rara beleza e poesia o caminho para a ascensão do homem a Deus. (N.T.)

traram nas histórias absurdas de Chuang Tzu, que nunca se deram ao trabalho de entender as histórias absolutamente irracionais de Zen.

Não posso conceber como se pode viver com beleza sem conhecer os livros de Dostoiévski... Para mim, *Irmãos Karamazov* é mais importante do que qualquer Bíblia. Tem *insights* fantásticos aos quais nem de longe os da Bíblia podem ser comparados. Mas a Bíblia será lida – e quem vai se importar com os *Irmãos Karamazov*, em que Dostoiévski despejou toda a sua alma? Ou *Anna Karenina*, de Leon Tolstói, ou *Pais e Filhos*, de Turgueniev, ou *Ofertas de Música*, de Rabindranath Tagore? E estes são apenas alguns nomes; há milhares que atingiram o mais belo florescimento da mente.

Primeiro, deixe sua mente ser decorada. Só além deste jardim perfumado da mente você conseguirá seguir em silêncio, sem nenhuma luta; a mente será uma ajuda, não um impedimento. Eu descobri que ela não é um impedimento; por isso posso falar com absoluta autoridade: ela não é um impedimento. Você simplesmente não sabe como usá-la.

É maravilhoso que, quando você vem aqui, sinta-se meditativo. Pelo menos estes poucos intervalos, estes poucos dias, lentamente começarão a se tornar mais fortes, mais profundos. Um dia você partirá e estes momentos estarão com você até no mercado, e esse será um dia de grande júbilo. Mas isso exige tempo.

Tenho que dizer às pessoas que isso pode ocorrer instantaneamente – não que isso não seja verdadeiro. Pode ocorrer instantaneamente. Mas onde encontrar o gênio que possa entender instantaneamente? Quando digo que isso pode ocorrer instantaneamente, as pessoas simplesmente pensam: "Isto é impossível para nós". Se eu lhes disser que isso pode ocorrer no transcorrer de algumas vidas, elas pensam: "Isso parece perfeito", porque lhes dá tempo para que, enquanto não ocorrer, possam fazer todas as suas coisas tolas. É uma questão de algumas vidas; então, qual é a pressa? Primeiro cuide do seu namorado, da sua namorada; primeiro vá ver todos os tipos de ruínas em Roma, na Grécia, na Índia; primeiro faça todas as tolices que todos esperam que você faça. E no que se refere à iluminação, ela não vai acontecer agora, vai demorar muitas vidas; então, por que a pressa? Você pode continuar adiando.

Por isso as pessoas adoram todas essas religiões que falam sobre muitas vidas – não porque entendem a importância disso, mas porque querem usá-las como uma desculpa.

Isso pode acontecer neste exato momento, mas não vai acontecer. A razão disso não está na sua natureza; a razão está em você. Não vai acontecer porque você não quer que aconteça agora.

Pense por um momento: se eu fosse torná-lo iluminado neste exato momento, você começaria a pensar: "Mas eu não consultei meu marido. E quanto aos meus filhos? Tenho que casar minha filha. E acabei de começar meu namoro, meu Deus! E isto vai acontecer justamente agora? Ele não pode esperar? – deixe-me terminar minha lua de mel". Milhares de pensamentos vão surgir em sua mente:

"Meu Deus, acabei de fechar um novo negócio, investi tudo nele. Se ele tivesse dito isso antes eu não teria me envolvido em toda esta confusão". Todos, sem exceção...

Já lhes contei a história de um grande mestre cingalês que tinha milhões de discípulos e vivia lhes dizendo, por quase cinquenta anos, apenas uma coisa: meditem. O dia da sua morte chegou e ele anunciou: "Daqui a sete dias vou deixar meu corpo; então, avisem todos os meus discípulos, para que eles se reúnam aqui e eu possa vê-los mais uma vez, porque não vou voltar de novo".

Então, todos os discípulos se reuniram; foi um grande encontro. E, antes de morrer, o velho mestre disse: "Sempre lhes disse para meditar, mas vocês não me escutaram. Dou-lhes mais uma chance. Desta vez vocês não têm que fazer nada. Eu vou morrer, posso levá-los comigo. Alguém está pronto para vir comigo?".

Todos se entreolharam e diziam: "Você já está há bastante tempo com ele, *você* pode ir". Outras se olhavam e sussurraram: "Você pode ir. Todos os seus filhos estão casados, tudo está terminado, ninguém precisa de você...". Mas ninguém se levantava.

Ele disse: "É só se levantar e eu os levo comigo".

Houve um grande silêncio e as pessoas estavam de olhos baixos... como encarar este velho mestre? Era muito constrangedor. Mas ninguém se movia, porque ele podia entender mal qualquer movimento – ele podia ver que alguém estava se movendo e dizer: "Levante-se!".

Finalmente, um homem ergueu sua mão e disse: "Por favor, entenda isto: não estou me levantando, estou apenas erguendo minha mão para lhe fazer uma pergunta".

Esteja preparado para se surpreender

O mestre disse: "Há cinquenta anos venho respondendo suas perguntas e você continua me fazendo perguntas? Desta vez estou lhe dando a oportunidade de vir comigo!".

O homem disse: "Sinto muito. Algum dia eu irei. Só me diga o segredo de como chegar e encontrá-lo".

O mestre disse: "O que venho lhe dizendo há cinquenta anos?".

O homem disse, "Diga-me mais uma vez...".

É possível neste exato momento abandonar todos os seus preconceitos, limpar sua mente. Isso simplesmente necessita de determinação absoluta, fundamental confiança e um amor que não conheça limites.

Mas se isso não puder acontecer neste momento, não quero que ninguém fique triste e caia em um estado de desespero. Isso pode acontecer amanhã. Pode relaxar, não há pressa. Mas, por favor, entenda o processo claramente: ame o seu corpo – contra todas as religiões. Ame sua mente, refine sua mente – contra todas as religiões. Digo-lhe que a luta não é o caminho; o caminho é o amor. Ame o seu corpo, ame a sua mente, e esse próprio amor vai criar a energia, a atmosfera para transcender a mente, para criar o que chamo de meditação, ou o estado de não mente. Ele virá. Ele tem que vir. Ninguém tem que sair deste templo com as mãos vazias.

Mas você terá que entender uma coisa: que eu não represento nenhuma velha religião; não represento nenhum Gautama Buda, Mahavira, Maomé, Jesus ou Moisés – eu simplesmente represento a mim mesmo. E se você conseguir amar e confiar em um estranho que não pertence a nenhuma organização ortodoxa, então comigo a meditação irá acontecer... e logo sem mim também ela estará acontecendo. Vai demorar um tempinho. Vai demorar um tempinho porque ela necessita criar raízes.

Então, quando você encontrar tempo, venha. E, então, não fique preocupado com o que acontece lá fora; é apenas lixo. Como sua vida real, considere apenas o que acontecer aqui. Os momentos que você ficar comigo permanecerão com você mesmo após a sua morte, e os momentos que está desperdiçando no mundo simplesmente irão por água abaixo.

Mas não há necessidade de se preocupar. Se até mesmo poucos momentos de meditação começarem a se tornar sementes em você, começarem a crescer raízes em você, não estará muito longe o dia em que terá as primeiras flores da sua consciência crescendo dentro de você.

Eu o entendo; entendo você, sua confiança e seu amor. Muito poucas pessoas têm tanto amor e tanta confiança. Mas tire todo antagonismo com relação à mente. Há alguma corrente de lutas com a mente, talvez inconscientes. A mente, coitada, é apenas uma coisa bela...

Os modernos departamentos de polícia estão começando a usar computadores para ajudar a combater o crime. Certa noite, um homem telefonou para a polícia e disse: "Polícia, venha rápido! Há um ladrão lá embaixo e ele está colocando todas as nossas coisas de valor em um saco".

A voz do outro lado disse: "Fique calmo. Fique calmo, desligue o telefone, fique onde está e uma viatura da polícia logo estará... logo estará... logo estará..."

Esteja preparado para se surpreender

Um computador pode errar a qualquer momento. E a mente nada mais é que um computador, criado com muita perfeição pela natureza. Mas você não a tem valorizado.

O enorme computador ocupou todo o enorme aposento, minimizando completamente os dois matemáticos que estavam de pé diante dele. Uma folha de papel emergiu do computador e um matemático, depois de examiná-la solenemente, virou-se para o outro e disse: "Você entende que tenham sido necessários quatrocentos matemáticos e duzentos e cinquenta anos para cometerem um erro tão grande?"

Há muitas pessoas no mundo que estão se interessando pela meditação, mas noventa e nove por cento delas estão nas mãos erradas, e, se você lhes disser isso, irá magoá-las.

Hoje mesmo recebi uma carta. A carta diz: "Na outra noite você falou da meditação Vipassana de Goenka*. Censurou Goenka por ser um homem de negócios e especialista em Vipassana. Osho, experienciei a Vipassana aqui no seu *ashram* de Puna e também no Dhammpeeth de Goenka, em Igatpuri. Acho este seu comentário equivocado".

---

* Vipassana, que significa ver as coisas como realmente são, é uma das mais antigas técnicas de meditação da Índia. Foi redescoberta por Gautama Buda há mais de dois mil e quinhentos anos e ensinada por ele como um remédio universal para males universais, ou seja, uma arte de viver. Desde o tempo de Buda, a Vipassana vem sendo transmitida por uma ininterrupta cadeia de professores. Embora de origem indiana, o atual professor nesta cadeia, Sr. Goenka, nasceu e foi criado na Birmânia. Enquanto viveu lá, aprendeu Vipassana com seu professor, Ba Khin. Depois de ser treinado por ele durante catorze anos, o Sr. Goenka estabeleceu-se na Índia, iniciando os seus ensinamentos de Vipassana em 1969. (N.T.)

E esta carta veio de um homem, Anand Piyoosh, que acabou de se tornar um *sannyasin* dois dias atrás. Em outra carta anterior a esta, ele disse: "Devido à incerteza e indecisão da mente estudei o sannyas durante doze anos. Devido a esta minha inabilidade, sofri muito. Como posso me livrar disso permanentemente? – Anand Piyoosh".

Ele demorou doze anos para decidir assumir o sannyas e apenas doze horas para achar que estou errado no que disse sobre Goenka – não teve nenhuma indecisão a este respeito! Se Goenka estava certo, qual é a necessidade de vir aqui? Se Goenka pode lhe ensinar meditação, então porque está perdendo seu tempo aqui, perdendo o meu tempo e o tempo do meu povo? Se você tem tanto entendimento que pode simplesmente me dizer que estou errado, então este não é o seu lugar.

O que você entende por meditação?

A diferença entre a meditação de Goenka e a meditação que está sendo realizada aqui é imensa, e você vai demorar pelo menos doze vidas para entender a diferença! Goenka é apenas um técnico. Eu não sou um técnico. Jamais segui ninguém. Simplesmente fiz minha busca sozinho. Foi difícil, foi perigoso, mas continuei buscando o meu caminho sozinho, encontrando minhas próprias maneiras de atingir meu ser. Goenka é apenas um pobre seguidor de uma tradição de dois mil e quinhentos anos de Gautama Buda. Em dois mil e quinhentos anos apareceram cópias carbono de cópias carbono de cópias carbono de cópias carbono! Você quer me comparar com estas cópias carbono?

Esteja preparado para se surpreender

Se Goenka entendesse de meditação, teria vindo aqui. Sua meditação teria lhe mostrado que está existindo algo muito mais elevado que Gautama Buda. Igatpuri não é longe daqui... mas o covarde não tem coragem. E se você tem tanta certeza de que a minha declaração está errada, então não entende nada do que está acontecendo aqui.

Aqui todas as meditações estão apenas preparando o terreno, apenas arrancando as ervas daninhas, as raízes de grama, o crescimento selvagem, as pedras – apenas limpando o jardim para que eu possa plantar as sementes. As pessoas que estão ensinando meditação aqui, diferentes tipos de meditação, estão apenas preparando o terreno. Eu sou o jardineiro.

Goenka pode preparar o terreno, mas onde vai encontrar as roseiras? Ele não tem a experiência: não é iluminado ou acordado nem mesmo no sentido antigo de Gautama Buda. Vá até ele e pergunte – será que ele tem a coragem de afirmar ter a mesma consciência que Gautama Buda? E eu lhe digo que deixei Gautama Buda dois mil e quinhentos anos atrás.

Meus terapeutas, meu povo que está preparando meditações para vocês, estão apenas assentando as bases primárias. Estão apenas preparando o terreno. O toque fundamental e final eu tenho que dar.

Tenho minhas próprias maneiras de plantar as sementes em vocês: através das minhas palavras, através dos meus silêncios, através dos meus olhos, através dos meus gestos – apenas através do meu silêncio, apenas através da minha presença; ela tem um campo vivo de energia. E a menos que vocês tenham um ser vivo e desperto entre vocês, todas as suas terapias e todas as suas meditações são apenas exercícios inúteis; não vão ajudar muito.

A Piyoosh eu gostaria de dizer: volte para Goenka. Este não é o lugar para você. E você tem que ir agora. Estou cansado de idiotas de todos os tipos. Durante trinta anos sofri com idiotas e os tolerei, mas agora decidi que nenhum idiota será permitido aqui. Você demorou doze anos para encontrar o sannyas; não preciso sequer de doze segundos para removê-lo. Você não é mais um *sannyasin*. Devolva seus textos de sannyas, e você sabe perfeitamente onde está a porta. Vá embora ainda esta noite e nunca mais volte aqui. Vá para o inferno – com qualquer um, com Goenka, ou encontre algum outro idiota. Há muitos na Índia.

Eu existo apenas para aqueles que podem me entender e podem estar totalmente comigo. Um homem que não sabe nada sobre mim, que depois de apenas doze horas de seu sannyas começa a achar que o que estou dizendo é errado, certamente não terá permitida sua presença aqui. Um único peixe podre pode destruir todo o lago. Então, seja muito bondoso com todas estas pessoas e deixe este lugar para sempre.

Fico sempre surpreendido... se você achou que Goenka está certo, então por que está aqui? Quando alguém encontra algo que está ajudando seu crescimento, ele permanece ali. E se achou que Goenka está certo e ainda não ficou com ele, como vai ficar comigo, se acha que estou errado após apenas doze horas? Não, não perca seu tempo. Não estou interessado em reunir multidões nem pessoas retardadas. Vá até Goenka e diga-lhe tudo o que eu disse. E, se ele tiver coragem, traga-o aqui para eu poder lhe mostrar que, no que se refere à experiência, ele não sabe nada sobre meditação, não sabe nada sobre o que é iluminação. Tudo o que ele conhece é uma técnica deficiente. Mas um técnico é uma coisa totalmente diferente.

Um técnico pode trabalhar com eletricidade, mas isso não significa que ele seja Edison, que descobriu a eletricidade. Não pergunte ao pobre técnico sobre eletricidade – não lhe pergunte nada sobre o caráter intrínseco da eletricidade; não lhe pergunte em que ela consiste – ele não é um Edison. Mas pode desempenhar perfeitamente bem: você não precisa de nenhum Edison quando uma de suas lâmpadas apaga; qualquer idiota pode resolver isso. O mesmo ocorre com a meditação. Há técnicos e há pessoas desenvolvidas. A menos que você encontre um ser realizado, todos os seus esforços serão em vão.

> Três garotos franceses, com respectivamente seis, sete e oito anos de idade, estavam pulando pela rua.
>
> O de seis anos, que estava na frente, olhou através de uma janela aberta pela qual estava passando, parou e acenou empolgado para os outros: "Venham, venham depressa", disse ele. "Um homem e uma mulher estão brigando lá dentro".
>
> O de sete anos se aproximou, olhou lá dentro e disse, "Não, seu tolo, eles estão fazendo amor".
>
> O de oito anos chegou, olhou lá dentro e disse, "Sim, e com uma técnica péssima".

... Sinta esta paz, absorva este silêncio. E, quando absorvê-lo, ele se tornará mais profundo... começará a tocar seu coração.

Não há movimento, mas você vai perceber uma dança.

Não há palavras, mas você vai perceber uma canção.

É como se não houvesse ninguém, mas uma enorme unidade – todas as personalidades se foram – e apenas uma consciência, pulsando em sincronicidade uma com a outra.

Apenas para concluir este belo momento... sempre gosto de deixá-los rindo, cantando, dançando. Esta é apenas uma indicação de que no dia em que eu finalmente deixá-los, gostaria que vocês cantassem, dançassem e celebrassem. Na verdade, nenhum homem em toda a história recebeu tal celebração quando morreu como eu vou receber. Alguns só receberam celebração dos inimigos, porque quando alguém morre os inimigos celebram. Os amigos pranteiam. Eu sou a única pessoa... na minha morte meus amigos vão celebrar, meus inimigos vão celebrar. Na minha morte eles vão se unir em celebração. Nunca houve tal homem antes.

Uma senhora em Nova York recebeu um telefonema da escola onde seu filho Leroy frequentava. A professora queria vê-la o quanto antes para conversarem sobre o comportamento de seu filho.

"Seu filho, Leroy", começou a professora, "é uma influência perniciosa".

"Igualzinho ao pai dele", disse a senhora.

"Ele furta coisas das outras crianças", continuou a professora.

"Igualzinho ao pai dele", disse a mãe.

"Ele está sempre provocando brigas", continuou a professora.

"Igualzinho ao pai dele", replicou a mãe.

"Ele persegue as meninas e as faz chorar", disse a professora.

"Igualzinho ao pai dele", disse a senhora, "e, Senhor, estou contente por nunca ter me casado com aquele homem!".

3.
Mindfulness no mundo moderno

Tradicionalmente há cento e oito métodos de meditação. Eu passei por todos esses métodos – não apenas lendo sobre eles; experimentei todos eles. Minha busca visava descobrir qual era o núcleo essencial de todos aqueles cento e oito métodos, porque certamente há algo essencial. Minha experiência é que o essencial de todas as meditações é a arte de testemunhar. E então criei meus próprios métodos, porque encontrei o núcleo essencial.

Aqueles cento e oito métodos se tornaram, de certa maneira, ultrapassados. Foram criados por mestres diferentes para diferentes tipos de pessoas, para transformar mentes diferentes. A mente contemporânea ainda não existia; a mente contemporânea necessita de novos métodos. Os métodos só vão diferenciar no não essencial. O núcleo essencial, a verdadeira alma do método, vai ser o mesmo.

Algumas pessoas são mais néscias que outras?

A mente é estúpida. A menos que você vá além da mente, você não vai além da estupidez; a mente, como tal, é estúpida.

Há dois tipos de mentes: mente consciente e mente não consciente. Ambas são estúpidas. A mente consciente é considerada inteligente. Mas não é. A mente menos consciente é considerada estúpida, mas ambas são estúpidas.

Em sua estupidez você pode saber muita coisa – pode reunir muitas informações; pode levar com você toneladas de escritos; pode treinar sua mente, condicionar sua mente; pode memorizar, pode quase se tornar uma Enciclopédia Britânica – mas isso não faz nenhuma diferença em sua estupidez. Na verdade, você pode se deparar com um homem que não tem mais nenhuma mente, mas a estupidez dele, a estupidez dos que não têm nenhuma informação, que são simplesmente ignorantes, não é maior do que a sua. Saber mais não é ser conhecedor, e saber menos não é ser estúpido.

A estupidez é uma espécie de sono, uma inconsciência profunda. Você continua fazendo coisas não sabendo por quê. Continua se envolvendo em mil e uma situações sem saber por quê. Você passa pela vida adormecido. Essa sonolência é estupidez. Estar identificado com a mente é estupidez. Se você se lembrar, se você se tornar consciente e perder a identificação com a mente, se você não for mais mente, se sentir uma transcendência à mente; a inteligência aparece. A inteligência é uma espécie de despertar. Dormindo, você é estúpido. Acordado, a estupidez desaparece: pela primeira vez a inteligência aparece.

É possível saber muito sem conhecer a si mesmo; então é tudo estupidez. O reverso também é possível: conhecer a si mesmo – sem conhecer mais nada. Mas, para conhecer a si mesmo basta ser inteligente; e um homem que se conhece vai se comportar de maneira inteligente em qualquer situação. Ele vai responder de maneira inteligente. Sua resposta não será uma reação; ele não agirá tendo por base o passado. Vai agir no presente; vai estar aqui e agora.

A mente estúpida sempre age baseada no passado. A inteligência não precisa estar ligada ao passado. A inteligência está sempre no presente: eu lhe faço uma pergunta – quem responde é sua inteligência, não sua memória. Então você não é estúpido. Mas se apenas a memória a responde, não a inteligência – então você não considera a pergunta. Na verdade, não se importa com a pergunta; simplesmente carrega uma resposta pronta.

Foi relatado sobre o mulá Nasrudin que o imperador ia visitar sua aldeia. Os habitantes de lá estavam muito temerosos de enfrentar o imperador, e então todos pediram a Nasrudin: "Por favor, represente-nos. Somos pessoas tolas, ignorantes. Você é o único sábio daqui; então, por favor, encarregue-se da situação porque não conhecemos as maneiras da corte e o imperador está vindo aqui pela primeira vez".

Nasrudin disse: "É claro. Já vi muitos imperadores e já visitei muitas cortes. Não fiquem preocupados".

Mas as pessoas da corte estavam preocupadas com a aldeia, e por isso foram, para preparar a situação. Quando perguntaram quem ia representá-los, os aldeões disseram: "O mulá Nasrudin vai nos representar. Ele é nosso líder, nosso guia, nosso filósofo".

E então elas treinaram Nasrudin, dizendo: "Você não precisa ficar muito preocupado. O rei só vai lhe fazer três perguntas. A primeira pergunta será sobre sua idade. Quantos anos você tem?".

Nasrudin disse: "setenta".

"Então lembre-se disso. Não fique muito deslumbrado pelo imperador e pela corte. Quando ele lhe perguntar qual a sua idade, diga, 'Setenta' – nem uma palavra a mais ou a menos; do contrário, pode se ver em dificuldades. Depois ele vai lhe perguntar há quantos anos vem servindo na mesquita da aldeia, há quanto tempo é um professor de religião ali. Então, diga-lhe exatamente o número de anos. Há quanto tempo você serve ali?".

Ele disse: "Há trinta anos".

As perguntas eram deste tipo. Então o imperador chegou. As pessoas que haviam treinado Nasrudin haviam treinado também o imperador, dizendo: "As pessoas desta aldeia são muito simples, e seu líder parece um pouco néscio; então, por favor, seja bondoso e não lhes pergunte nada além destas perguntas...".

Mas o rei se esqueceu. E então, antes de perguntar "Quantos anos você tem?", ele perguntou: "Há quanto tempo é o guia espiritual desta aldeia?".

Nasrudin tinha as respostas prontas. Ele disse: "Setenta anos".

O rei pareceu um pouco confuso porque o homem não parecia ter mais do que setenta anos, e então seria um professor religioso desde o seu nascimento? O rei continuou: "Estou surpreso. Então, quantos anos você tem?".

Nasrudin disse: "trinta anos". Porque esta era a resposta preparada: a primeira que ele tinha a dizer foi "setenta anos"; então, agora tinha que dizer "trinta anos".

O rei disse: "Você está louco?".

Nasrudin disse, "Senhor, nós dois estamos loucos – à nossa própria maneira! O senhor está me fazendo as perguntas erradas – e eu tenho que lhe dar as respostas certas! Este é o problema. Eu não posso mudá-las, porque essas pessoas estão aqui, aquelas que me treinaram. Estão olhando para mim. Não posso mudar, e o senhor está fazendo as perguntas erradas. Nós dois estamos loucos à nossa própria maneira. Sou obrigado a responder a resposta certa — essa é a minha loucura. Se não houvessem respostas prontas, eu lhe teria respondido corretamente, mas agora está ocorrendo um problema. E o senhor está fazendo uma pergunta errada, em uma sequência errada."

Isso é o que acontece com a mente estúpida. Continuamente observe a si mesmo: o mulá Nasrudin é parte de você. Sempre que responder a uma pergunta com uma resposta pronta, você está agindo de maneira estúpida. A situação pode ter mudado, a referência pode ter mudado, o contexto pode ter mudado — e você está agindo no passado.

Aja a partir do presente. Aja sem preparação. Aja a partir da consciência do presente; não aja baseado no passado. Assim você não será estúpido.

Agora você consegue entender por que eu digo que a mente é estúpida: porque ela é apenas passado. A mente é o passado acumulado, tudo o que você conheceu no passado. A vida está continuamente mudando. A mente permanece a mesma — ela carrega memórias mortas, informações mortas. O contexto muda a cada momento. A pergunta muda a cada momento, o imperador muda a cada momento — e você carrega respostas prontas. Estará sempre em apuros. Um homem estúpido está sempre em apuros, ele sofre. Por nada. Apenas por esta razão: ele também está pronto demais, preparado demais.

A todo momento permaneça despreparado. Então permanecerá inocente. Então não estará carregando nada. Quando você tem uma resposta pronta, não escuta a pergunta exatamente como ela é. Antes de ter escutado a pergunta, a resposta já está pronta na mente para sair; a resposta já está entre você e a pergunta. Antes de ter olhado em volta e observado a situação, você já está reagindo.

A mente é o passado, a mente é a memória – por isso a mente é estúpida, todas as mentes o são. Você pode ser um aldeão, não saber muita coisa sobre o mundo. Pode ser um professor da Universidade de Pune, sabendo muita coisa. Isso não faz nenhuma diferença. Na verdade, às vezes acontece de os aldeões serem mais inteligentes – porque não sabem nada. Eles têm que confiar na inteligência. Não podem confiar em informações, pois não têm nenhuma. Se você estiver alerta, poderá ver a qualidade da inocência em um aldeão. Ele é como uma criança.

As crianças são mais inteligentes que os adultos, mais inteligentes que os idosos. Por isso as crianças conseguem aprender com tanta facilidade. Elas são mais inteligentes. A mente ainda não está ali. Elas são desprovidas de mentes. Não carregam consigo nenhum passado; elas não têm nenhum. Estão se movendo, se maravilhando, ficando surpresas diante de tudo. Sempre olham para a situação. Na verdade, elas não têm nada mais a olhar – não têm nenhuma resposta pronta. Às vezes as crianças respondem de uma maneira muito bela e viva, enquanto as pessoas idosas não conseguem fazê-lo. Os idosos sempre têm a mente ali, para responder por eles. Eles têm um criado, um mecanismo, um biocomputador; e confiam nele. Quanto mais velho você se torna, mais néscio se torna.

É claro que as pessoas idosas acham que se tornaram muito sábias porque conhecem muitas respostas. Se isto for sabedoria, então os computadores serão as pessoas mais sábias. Então não haverá necessidade de você pensar sobre Buda, Jesus e Zaratustra. Os computadores serão mais sábios porque saberão mais. Eles poderão saber tudo; podem ser alimentados com todas as informações. E vão funcionar melhor porque são mecanismos.

Não, a sabedoria não está absolutamente interessada no conhecimento. Está ligada à consciência, à inteligência, ao entendimento. Fique mais alerta. Assim você não estará nas garras da mente. Então poderá usar a mente sempre que necessário, mas não será usado pela mente. Então a mente não será mais o mestre – você será o mestre e a mente o criado. Sempre que precisar do criado você o chama, mas não é governado, não é manipulado, pela mente.

A situação habitual da mente é como se o carro estivesse manipulando o motorista. O carro diz: "Vá por este caminho", e o motorista tem que segui-lo. Às vezes acontece de os freios falharem, o volante não estar funcionando direito, você queria ir para o sul e o carro se move para o norte. O mecanismo falhou; há um acidente. Mas esse acidente tornou-se normal com a mente humana. Você continuamente quer ir a algum lugar e a mente quer ir a outro. Você queria ir ao templo e a mente estava pensando em ir ao teatro, e você se vê no teatro. Talvez tenha saído de casa para ir ao templo rezar... mas está sentado em um teatro – porque o carro queria ir por aquele caminho e você não conseguiu alterá-lo.

A inteligência é um domínio – o domínio de todos os mecanismos dentro de você. O corpo é um mecanismo, a mente é um mecanismo: você se torna o mestre. Ninguém o está manipulando; a mente simplesmente recebe suas ordens. Isto é inteligência.

Então, se você pergunta, "Há algumas pessoas mais estúpidas do que outras?" – isso depende. Em minha opinião, as pessoas são estúpidas informadas e estúpidas não informadas. Estas são as duas categorias comuns, porque a terceira categoria é tão singular que não se pode torná-la uma categoria. Às vezes, raramente, aparece um Buda: um Buda é inteligente. Mas parece rebelde porque não lhe dá respostas precisas, respostas prontas. Ele se afasta da superautoestrada; ele tem seu próprio caminho. Ele faz seu próprio caminho. A inteligência sempre segue a si mesma. Não segue ninguém. A inteligência cria seu próprio caminho. Só as pessoas estúpidas seguem.

Se você está aqui comigo pode estar aqui de duas maneiras. Pode estar aqui comigo de uma maneira inteligente: e então vai aprender comigo, mas não vai me seguir. Vai seguir sua própria inteligência. Mas se você for estúpido não se incomodará em aprender: simplesmente vai me seguir. Isso parece simples, menos arriscado, menos perigoso, mais seguro, mais garantido, porque você sempre pode lançar a responsabilidade sobre mim; mas se optar por uma maneira mais segura, escolheu a morte. Não escolheu a vida. A vida é perigosa e arriscada. A inteligência sempre escolhe a vida – a qualquer custo, seja qual for o risco – porque essa é a única maneira de estar vivo.

A inteligência é uma qualidade da consciência. As pessoas inteligentes não são estúpidas.

Qual é a diferença entre introspecção e autolembrança?

Uma enorme diferença. Introspecção é pensar sobre si mesmo. Autolembrança não é pensar: é se tornar consciente de si mesmo. A diferença é sutil, mas muito grande.

A psicologia ocidental insiste na introspecção, e a psicologia oriental insiste na autolembrança. Quando você realiza uma introspecção, o que faz? Por exemplo, você está zangado: começa a pensar sobre a raiva – como ela é causada. Começa a analisar por que ela é causada. Começa a julgar se ela é boa ou ruim. Começa a racionalizar que ficou zangado porque a situação o requeria. Você remói a raiva, analisa a raiva, mas o foco da atenção é a raiva, não o ser. Toda a sua consciência está concentrada na raiva – você a está observando, analisando, associando, pensando sobre ela, tentando imaginar como evitá-la, como se livrar dela, como não senti-la de novo. Este é um processo de pensamento. Você vai julgá-la "ruim" porque ela é destrutiva. Vai jurar que jamais cometerá o mesmo erro novamente. Vai tentar controlar essa raiva através da vontade. Por isso a psicologia ocidental tornou-se analítica... análise, dissecção.

A ênfase oriental não está na raiva. A ênfase oriental está no ser. Estar consciente quando estiver com raiva, ficar muito consciente... Não pensar, porque o pensamento é uma coisa adormecida. Você pode pensar quando está sonolento; para isso a consciência não é necessária. Na verdade, você pensa continuamente sem estar de maneira alguma consciente. O pensamento continua sem parar. Mesmo quando você adormece à noite o pensamento continua, a mente continua sua conversa interna. É uma coisa mecânica.

A psicologia oriental diz: "Permaneça consciente. Não tente analisar a raiva, não há necessidade disso. Apenas a observe, mas a observe com consciência. Não comece a pensar". Na verdade, se começar a pensar, o pensamento vai se tornar uma barreira à observação da raiva. Então o pensamento irá vesti-la. O pensamento será como uma nuvem a envolvendo; a clareza será perdida. Não pense em nada. Fique em um estado de não pensamento e observe.

Quando não há sequer uma onda de pensamento entre você e a raiva, a raiva é encarada, defrontada. Não a disseque. Não se incomode em ir até sua fonte, porque a fonte está no passado. Não a julgue, porque no momento em que você julga o pensamento se inicia. Não faça nenhum juramento de que "Não vou fazer isso", porque esse juramento o conduzirá ao futuro. Na consciência você permanece com o sentimento da raiva – exatamente no aqui e agora. Você não está interessado em mudá-la, não está interessado em pensar sobre ela: está interessado em olhá-la diretamente, face a face, de imediato. Isso é autolembrança.

E esta é a beleza dela: se você conseguir observar a raiva, ela desaparece. E não só desaparece neste momento: seu próprio desaparecimento devido à sua observação profunda lhe dá a certeza de que não há necessidade de usar a vontade, não há necessidade de tomar nenhuma decisão para o futuro, e não há necessidade de ir à fonte original de onde ela vem. Isso é desnecessário. Agora você desvendou o mistério: olhe para a raiva e a raiva desaparecerá. E este olhar está sempre disponível. Sempre que a raiva se apresentar você pode olhar para ela; e então este olhar vai se tornar mais profundo.

Este olhar tem três estágios. Primeiro, quando a raiva já aconteceu e foi embora. Você praticamente olha seu rabo desaparecendo – o elefante desapareceu, só seu rabo está ali – porque quando a raiva estava ali, na verdade, você estava tão profundamente envolvido nela, que não podia estar consciente. Quando a raiva quase desapareceu, noventa e nove por cento dela – apenas um por cento, a última parte a ir embora, desaparecendo no horizonte distante –, então você se torna consciente: este é o primeiro estado da consciência. Bom, mas não suficiente. O segundo estado é quando o elefante está presente; não só o seu rabo: quando a situação está madura, você está realmente no auge da raiva – fervendo, ardendo – e então se torna consciente.

Então há ainda um terceiro estágio: a raiva não chegou, ainda está vindo – não o rabo, mas a cabeça. Ela acaba de entrar na sua área da consciência e você se torna consciente – e então o elefante nunca se materializa. Você matou o animal antes de ele ter nascido. Isso é controle de natalidade. O fenômeno não aconteceu; então não deixa vestígio.

Se você o parar no meio, metade da cabeça já apareceu e vai deixar algo em você – um vestígio, um peso, uma pequena ferida. Você se sente arranhado. Mesmo que você não lhe permita agora ter seu pleno domínio, ela entrou. Se você olhar para o rabo, a coisa toda já aconteceu. Você pode no máximo se arrepender; e o arrependimento é um pensamento. Mais uma vez você se torna uma vítima da mente pensante.

Um homem de consciência jamais se arrepende. Não há razão para se arrepender porque se a consciência se aprofunda mais, pode deter um processo mesmo antes de ele ter se iniciado. Então, qual é a razão do arrependimento? E não é que ele tente detê-lo – essa é a beleza do arrependimento. O homem simplesmente olha para ele. Quando você observa um estado de espírito, uma situação, uma emoção, um sentimento, um pensamento – quando você transporta a qualidade do olhar – o olhar é como a luz: a escuridão desaparece.

Há uma enorme diferença entre introspecção e autolembrança. Não sou a favor da introspecção. Na verdade, a introspecção é um pouco patológica; ela está brincando com sua própria ferida. Não vai ajudar. Não vai ajudar a ferida a curar. Na verdade, vai fazer exatamente o contrário: se você continuar enfiando o dedo na sua ferida, vai mantê-la aberta. A introspecção não é uma coisa positiva. As pessoas introspectivas são sempre mórbidas, doentes. Elas pensam demais. As pessoas introspectivas são fechadas. Elas continuam remexendo em suas feridas, em sua angústia e em sua ansiedade – e toda a vida parece então um enorme problema; que não pode ser resolvido. Tudo parece ser um problema para um homem introspectivo. Qualquer coisa que aconteça torna-se um problema.

E então ele fica muito fechado; não consegue sair de dentro de si. Seu equilíbrio é perdido. As pessoas introspectivas fogem da vida e vão para o Himalaia. Elas são mórbidas, doentes, patológicas. Uma pessoa saudável tem um balanço saudável: ela pode se mover para dentro, pode se mover para fora. Para ela, ir para dentro e ir para fora não é problema. Na verdade, ela não divide a vida interior e a vida exterior. Ela tem um fluxo livre, um movimento livre. Sempre que necessário, ela simplesmente entra. Sempre que necessário, ela simplesmente sai. Não é contra o mundo externo nem é contra o mundo interno. Dentro e fora devem ser apenas como inspirar e expirar: ambos são necessários.

Os introspectivos tornam-se muito introvertidos, muito taciturnos. Ficam com medo de sair, porque sempre que saem há problemas, e por isso eles se fecham. Tornam-se mônadas sem janelas. E então surgem problemas e mais problemas – a mente continua criando problemas e eles continuam tentando resolvê-los.

Uma pessoa introspectiva é mais propensa a enlouquecer. A loucura é mais comum entre os introvertidos do que entre os extrovertidos. Se você for aos manicômios vai comprovar que noventa e nove por cento das pessoas são introvertidas, introspectivas, e só um por cento, no máximo, são extrovertidas. Elas não se importam com o lado interior das coisas. Continuam vivendo na superfície. Não consideram que existam problemas. Acham que há apenas uma vida a ser desfrutada. Comer, beber e ser feliz é toda a sua religião, nada mais.

Você sempre vai achar os extrovertidos mais saudáveis que os introvertidos, porque eles, pelo menos, estão em contato com o todo. O introvertido perde todo o contato com o todo. Ele vive em seus sonhos. Ele não expira. Apenas pense: se você não se permite expirar, fica doente porque o ar inspirado não permanece sempre fresco. Dentro de segundos o ar fica estagnado, dentro de segundos ele perde o oxigênio, a vida; dentro de segundos ele está acabado – e então você vai viver no ar estagnado, morto. Você precisa buscar novas fontes de vida, buscar ar fresco. Tem que estar em contínuo movimento.

Para mim, se você quiser escolher entre o extrovertido e o introvertido, eu lhe digo, "Escolha o extrovertido". Ele é menos doente – vive na superfície, pode nunca chegar a conhecer a verdade, mas pelo menos nunca enlouquece. O introvertido pode vir a saber a verdade, mas essa é uma possibilidade em cem. Ele tem noventa e nove por cento de possibilidade de enlouquecer.

Sou favorável a uma vida florescente. A vida deve ter um ritmo: você sai, você entra, e não se apega a nada. Só permanece alerta. Lembre-se. Continue se lembrando: quando estiver no mundo, também se lembre; e quando estiver dentro de si, também se lembre. Mantenha sempre a consciência alerta, ardente, viva. A chama da consciência não deve ser perdida, isso é tudo. Então, viva no mercado ou viva no mosteiro – você nunca será um perdedor. Vai atingir a maior profundidade que a vida pode proporcionar. Essa maior profundidade é Deus. Deus está em constante movimento: fora e dentro, introvertido e extrovertido, ambos – mas consciente.

Você parece desempenhar dois papéis: um exterior, em que provoca e expõe a estrutura da nossa sociedade, e um mais íntimo, em que encoraja seus discípulos na direção do fundamental. Poderia comentar isso?

A existência consiste de ambos: o interior e o exterior. Infelizmente, durante séculos o interior e o exterior têm sido considerados como opostos um ao outro. Não são.

O ensinamento que propõe que o interior e o exterior são opostos tem causado uma enorme tensão no homem

– porque o homem é uma existência em miniatura, um cosmos em miniatura. O que quer que exista no homem também existe em uma escala mais ampla na existência, e vice-versa. Se o homem pode ser entendido em sua totalidade, você entendeu o todo.

A função do mestre é colocar o interior e o exterior em harmonia.

Criar oposição entre eles envenena vocês. Eles não são opostos, são um só – dois lados da mesma moeda, você não pode jamais separá-los. Você consegue separar o interior do exterior? Se eles pudessem ser separados, como chamaria o interior? Como chamaria o exterior? De quê? Ambos são partes de um todo coerente. Mas a humanidade tem sofrido demais por causa dessa divisão.

Minha função é destruir completamente a divisão e criar uma sincronia na vida exterior e na vida interior do homem.

O trabalho é extremamente complicado e grande porque o exterior, até agora, tem sido considerado materialismo. Tem sido condenado pelas chamadas pessoas santas; vocês têm sido aconselhados a renunciar a ele. Se você não for capaz de renunciar a ele, é um pecador. A vida foi transformada em um pecado. E durante séculos toda a ênfase de todas as religiões e de todas as tradições esteve no interior. Este é um lado da história.

O outro lado da história é que a matéria é objetiva, visível; a realidade interior parece ser apenas um belo discurso. Por isso tem havido filósofos e pensadores dizendo que apenas o exterior é real; o interior é só uma invenção dos sacerdotes; ele não tem existência. Estas pessoas têm condenado a espiritualidade como sendo uma bobagem. E os dois lados concordam em um ponto: que o interior e o exterior são contraditórios. Você pode escolher um, não pode escolher ambos.

Minha abordagem é uma aceitação sem escolha de ambos. Naturalmente, sou contra o materialista, porque sei que o interior existe – na verdade, o exterior só existe para o interior, para sua proteção, para sua nutrição. E também sou contra os chamados espiritualistas, porque não posso negar a realidade da matéria. Ela está tão evidentemente presente, a toda a nossa volta, que só as pessoas que conseguem fechar seus olhos, seu raciocínio, seu entendimento, sua inteligência, podem acreditar que tudo isto é ilusão, que realmente não existe.

Experimente. Quando você sair, atravesse o muro, não o portão – e vai saber se ele é ilusão ou realidade. Até mesmo um Shankaracharya atravessará o portão, não o muro – e durante toda a sua vida ele vai tentar provar que o muro é uma ilusão, que só parece existir, mas não está ali.

Há um belo incidente. Numa bela manhã Shankaracharya – *o* Shankaracharya, o primeiro Shankaracharya – depois de tomar seu banho no Ganges em Varanasi, está subindo os degraus e um homem está descendo os degraus. Ainda está escuro. O sol ainda não nasceu, e o homem toca em Shankaracharya. No momento em que o toca, diz: "Meu Deus, por favor, perdoe-me. Sou um SUDRA."*

---

* No sistema hindu de castas, é a casta mais baixa, representada pelas pessoas destituídas de todo e qualquer direito religioso ou social. Não se toca em um *sudra;* até sua sombra contamina quem é tocado por ela, tornando necessário um banho. (N.T.)

E Shankaracharya fica muito zangado. Um homem que diz que todo exterior é ilusório, mesmo para ele o corpo de um sudra não é ilusório. Ele diz: "Você desperdiçou meu tempo. Agora tenho que tomar outro banho".

O sudra disse: "Antes de tomar o banho, por favor, responda minhas poucas perguntas. Se não respondê-las o senhor pode tomar seu banho, mas vou tornar a tocá-lo – e esse será um verdadeiro desperdício de tempo".

Ele colocou Shankaracharya em uma posição difícil... mas, como não havia ninguém por perto, Shankaracharya concordou em responder suas perguntas: "Você parece ser um homem obstinado. Primeiro me toca, depois declara que é um sudra. E agora está me obrigando a responder suas perguntas. Quais são suas perguntas?"

O sudra disse: "Minhas perguntas são muito simples. Quero saber se meu corpo é sudra, intocável. Há alguma diferença entre o meu corpo e o seu corpo? Há alguma diferença entre o meu sangue e o seu sangue, meus ossos e seus ossos? Seria possível, se ambos morrêssemos, alguém decidir que corpo era o corpo de um brâmane e que corpo era o corpo de um sudra? Nossos esqueletos serão iguais. Então, por favor, diga-me: meu corpo é intocável?

"Se não é, então minha alma é intocável? E você é o homem que vem ensinando que Deus está na alma de todos – ele está mais no senhor e menos em mim? Há alguma diferença de quantidade ou de qualidade? Ou ele existe apenas no senhor, e em mim não há Deus, não há *satchitanand*[*], não há verdade, não há consciência, não há bem-aventurança?

---

[*] Satchitanand: derradeira felicidade. (N.T.)

"E, lembre-se, o senhor está aqui diante do Ganges e o sol está nascendo. Não minta! E esta não é uma discussão filosófica; é uma questão da minha vida e morte".

Shankarcharaya andava por todo o país, vencendo grandes debates com grandes intelectuais, mas permaneceu em silêncio diante deste sudra. Sua pergunta era muito simples: corpos são corpos, feitos da mesma matéria, e consciência é consciência, feita da mesma matéria. Onde está a distinção?

Vendo Shankaracharya em silêncio, ele disse: "Se o senhor me entendeu, então volte, não necessita tomar outro banho. Se tomar outro banho – então responda minha pergunta!"

Você ficará surpreso – em toda a sua vida esta talvez tenha sido sua única derrota. Ele teve que deixar o lugar e voltar para o templo sem tomar outro banho. É claro que não teve coragem suficiente para falar a verdade. A pergunta era simples, mas ele podia ver que o que havia dito estava indo contra seus próprios ensinamentos filosóficos, contra sua própria religião. Era melhor permanecer em silêncio, não dizer nada.

Mas o homem intocável – ninguém sabe seu nome – devia ter uma enorme inteligência. Ele conseguiu obter a resposta porque deixou claro que "Se o senhor tomar o banho vou tocá-lo de novo. Se aceitar meu ponto de vista de que não há diferença, então simplesmente volte para seu templo – está na hora de sua oração da manhã".

Vendo a situação, Shankarcharya voltou para o templo. Mas aquilo destrói toda a sua filosofia; em cinco minutos todo o esforço da sua vida é destruído. E a razão disso é que sua filosofia é contra a existência; este homem desconhecido simplesmente declarou um fato – que o exterior é material, o interior é espiritual, e não há conflito.

Você já viu algum conflito entre sua alma e seu corpo – brigando, lutando, espancando um ao outro? Há uma enorme harmonia entre eles.

Na verdade, quando não há harmonia entre eles, você está doente. Quanto mais saudável você está, mais harmonioso. A doença pode ser definida como um conflito entre o exterior e o interior; eles foram colocados à parte, não estão se movendo juntos. A harmonia foi rompida. A função do médico é trazer a harmonia de volta, trazer a música de volta, transformar sua vida em uma orquestra.

O mestre é um médico – não das suas doenças comuns, mas dos seus conflitos existenciais.

Por isso eu tenho lutado em duas frentes. Tenho que combater as velhas tradições, as velhas religiões, as velhas ortodoxias, porque elas não lhe permitirão jamais ser saudável e inteiro. Elas irão aleijá-lo. Quanto mais aleijado você estiver, mais santo você se torna. Então, por um lado, eu tenho que combater qualquer tipo de pensamento ou teologia que o divida.

Em segundo lugar, tenho que trabalhar no desenvolvimento do seu ser interior.

Ambos são parte do mesmo processo: como torná-lo um homem inteiro, como destruir todo o lixo que o está impedindo de se tornar inteiro – essa é a parte negativa; e a parte positiva é como fazê-lo despertar com a meditação, com o silêncio, com o amor, com a alegria, com a paz. Essa é a parte positiva do meu ensinamento.

Com minha parte positiva não há problema; eu poderia percorrer o mundo ensinando às pessoas meditação, paz, amor, silêncio – e ninguém teria se oposto a mim.

Mas eu não seria de nenhuma ajuda a ninguém, porque quem iria destruir todo aquele lixo? E primeiro o lixo tem de ser destruído – ele está bloqueando o caminho. Ele é todo o seu condicionamento. Desde sua mais tenra infância você foi programado com absolutas mentiras, mas elas foram tão frequentemente repetidas que você se esqueceu de que elas são mentiras.

Esse é todo o segredo da propaganda: apenas continuar repetindo. No rádio, na televisão, no cinema, nos jornais, nos muros, em toda parte, continuar repetindo.

Antigamente pensava-se que onde quer que haja uma demanda, a oferta ocorre espontaneamente. Mas essa não é a regra. A regra é: se você tem algo para suprir, crie a demanda. Continue martelando nas mentes das pessoas algumas palavras para que elas se esqueçam completamente de que ouviram aquilo no rádio, na televisão, no cinema, no jornal, e comecem a acreditar naquilo. Ouvindo algo continuamente, começam a comprá-lo – qualquer sabão, qualquer creme dental, qualquer cigarro. É possível vender qualquer coisa.

Ouvi falar de um homem que se considerava um grande vendedor. Sua companhia estava muito orgulhosa dele. A companhia estava atuando no ramo imobiliário e havia um grande terreno que estava com eles há anos e ainda não haviam sido capazes de encontrar ninguém interessado nele. Finalmente, o proprietário chamou seu melhor vendedor e lhe interpelou. Ele disse: "Não se preocupe". E vendeu o terreno.

Após apenas quinze dias, as chuvas começaram e o terreno ficou pelo menos quatro metros e meio embaixo d'água. Essa era a razão por que ninguém estava interessado em comprá-lo – qualquer um podia ver da estrada o que aconteceria no período de chuvas. Por toda parte o terreno estava totalmente alagado...

O homem que comprou o terreno, morrendo de raiva, entrou voando no escritório do proprietário e disse: "Isto é negócio ou um roubo? Onde está seu vendedor?".

O proprietário disse: "Qual é o problema? O que aconteceu?".

Ele disse: "O que aconteceu!? Ele me vendeu um terreno que está agora debaixo de quatro metros e meio de água! Tornou-se um grande lago. O que vou fazer com ele? Vou matar aquele homem. Ou então devolvam meu dinheiro".

O proprietário disse: "Não fique preocupado; sente-se, por favor".

Ele chamou o vendedor. E o vendedor disse: "Isso não é problema. Venha comigo. Vou resolvê-lo. O senhor precisa de dinheiro? O senhor pode levar seu dinheiro com os juros de quinze dias, porque tenho melhores compradores já prontos para adquiri-lo".

O homem disse: "O quê?".

O vendedor disse: "Não mude de ideia – leve o seu dinheiro com juros e esqueça tudo sobre esse terreno. Ele é uma beleza... O senhor pode construir uma bela casa nele depois das chuvas, e quando as chuvas retornarem pode fazer arranjos para que a água não escoe. O senhor terá o único lugar deste tipo em toda a cidade. No que se refere à situação como ele está agora, vou lhe dar dois barcos. Nós os temos guardados para esta situação".

E ele vendeu os dois barcos ao homem! O proprietário ficou parado, observando toda a cena. Aqueles barcos eram absolutamente inúteis – durante anos eles estiveram depositados ali, apodrecidos. Iriam afundar no momento em que fossem colocados na água. Ele disse ao seu vendedor: "Você está criando mais problemas".

O vendedor disse: "Não se preocupe. Se consegui lidar com um grande problema, posso lidar com apenas dois barcos".

É preciso apenas criar um desejo nas pessoas – o "palácio do lago". Ele agora só estava pensando em construir uma casa. O vendedor transformou o desejo e a ambição em um palácio no lago. O vendedor disse: "Pense, se você quiser construir um palácio com um lago, primeiro terá que criar um lago. E estamos lhe dando um lago já pronto e não lhe cobrando nada por isso!".

Há séculos o homem vem vendendo crenças, dogmas, credos que são absolutamente mentirosos, que não têm nenhuma evidência a não ser em sua ambição, a não ser em seu comodismo. O homem não quer fazer nada e quer atingir o céu.

E há pessoas que estão prontas para lhe dar mapas, atalhos – quantos atalhos você quiser. Apenas levante-se pela manhã com o nome de Deus, lembrando-o durante dois, três minutos, enquanto está se preparando para sair da cama – isso é o suficiente. De vez em quando vá até o Ganges, tome um banho para que todos os seus pecados sejam lavados e você fique purificado. E todas as religiões criaram os mesmos tipos de coisas – vá para Kaaba* e tudo será perdoado.

---

* Pedra de Kaaba, também conhecida como *al-Ka'batu l-Mušarrafah* ("O Nobre Cubo"), *al-Baytu l-'Atīq* ("A Casa Primigênia") ou *al-Baytu l-Ḥarām* ("A Casa Sagrada/Proibida"), é uma construção cuboide reverenciada pelos muçulmanos na mesquita sagrada de al Masjid Meca, e considerada pelos devotos do Islã como o lugar mais sagrado do mundo. (N.T.)

Os muçulmanos são pessoas pobres, e são pobres por causa de sua crença. São contra pegar dinheiro emprestado a juros ou emprestar dinheiro a juros. Ora, todo negócio depende dos juros; eles permanecerão pobres. E diz-se a eles que pelo menos uma vez na vida devem ir a Kaaba, e isso é suficiente – caminhe sete vezes em torno dessa pedra de Kaaba, e todos os seus pecados terão acabado e todas as virtudes choverão sobre você.

Um homem chegou a Ramakrishna. Ele estava indo a Varanasi para dar um mergulho sagrado – mas estava interessado em Ramakrishna; então, antes de ir, foi tocar seus pés. E Ramakrishna disse: "Mas qual é a necessidade de ir até Varanasi se o Ganges está chegando aqui" – bem atrás do seu templo onde estavam sentados, o Ganges estava correndo. "O Ganges passa por Calcutá. Para onde você está indo?"

Mas o homem disse: "Nas escrituras consta que o Ganges em Varanasi tem uma particularidade. É o mesmo Ganges, mas se você toma um banho em Varanasi todos os seus pecados são lavados".

Ramakrishna era um homem muito simples. Ele disse: "Você pode ir com minhas bênçãos, mas lembre-se de uma coisa. Você viu? Na margem do Ganges há grandes árvores".

O homem disse, "Sim, estive lá uma vez quando era muito jovem com meu pai. Mas por que o senhor está mencionando essas árvores?".

Ele disse: "Estou mencionando essas árvores porque as pessoas não conhecem seu propósito. O Ganges é grande – você dá um mergulho e todos os seus pecados são removidos imediatamente. Mas eles se sentam nas árvores e esperam por você! Eles dizem, 'Filho, um dia você vai voltar pela mesma estrada. Para onde está indo? Quanto tempo pode permanecer no Ganges? Você pode ficar quanto tempo quiser – uma hora, duas horas, um dia, dois dias – mas finalmente terá que ir embora'".

O homem disse: "Nem mesmo dois dias; vou apenas tomar um banho e partir. Isso vai levar no máximo cinco minutos em um tempo tão frio... Mas isto é estranho. Ninguém me disse que todos esses pecados estão sentados nas árvores".

Ramakrishna disse: "E no momento em que você puser suas roupas... você está vestindo as roupas e os pecados estão voltando para você, assentando-se em você. E às vezes acontece que os pecados de outra pessoa – se gostarem de você... 'Este homem parece belo. Aquele homem já está morto, acabado; este homem é bom, jovem, tem algumas possibilidades de cometer mais pecados' – eles podem cair sobre você; essa é a maior dificuldade. Os seus certamente voltarão para você, e mais outros'... Todas aquelas árvores estão repletas de pecados, por isso tente se resguardar de alguma maneira".

Ele disse: "Como posso me resguardar? Não se consegue ver os pecados. Eu nem os vejo quando tomo o banho nem conseguirei vê-los quando voltarem para mim de novo!"

Ramakrishna disse: "Isso é com você. Por isso eu não vou lá, porque é absolutamente inútil. Aquelas árvores não estão ali inutilmente; há séculos elas vêm fazendo o seu trabalho".

O homem disse: "O senhor criou uma enorme dúvida em mim... Vou para casa e pensar de novo se vou ou não até lá. Será um desgaste desnecessário se isto vai acontecer. E o senhor também me amedrontou – pecados de outros, que eu nunca cometi!".

Os sacerdotes estão lhe dando atalhos porque você é preguiçoso. Você realmente não quer fazer nada em prol da sua busca interior.

O céu não é algo que está em algum lugar bem acima das nuvens. Ele está dentro de você, e para isso você não precisa ir até o Ganges ou até Kaaba. Precisa ir para dentro de si. Mas isso é algo que nenhum sacerdote de nenhuma religião quer que você faça, porque no momento em que o fizer vai sair de toda a escravidão das religiões – hinduísmo, islamismo, cristianismo –, tudo isso parece ser estúpido e bobagem. Você encontrou sua verdade.

Então, meu trabalho começa com a parte negativa – tenho que destruir todo programa que lhe foi dado. Por quem, não importa – seja ele católico ou protestante, não importa; tenho que desprogramá-lo para você ficar limpo e leve. Suas portas e suas janelas precisam estar abertas.

E então vem a segunda parte, a parte essencial, que é ensinar-lhe como entrar em seu interior. Porque você sabe muito bem como sair; por muitas vidas esteve sempre saindo. Está acostumado com isso. Você não pensa quando vai para o seu escritório: "Agora vire à esquerda, agora à direita, agora vire...". Quando volta pra casa não pensa desta maneira. Simplesmente, mecanicamente, como um robô, você todos os dias volta pra casa e todos os dias vai para o escritório.

A jornada para o exterior é seu hábito.

Mas o mundo interior é um novo mundo para o qual você nunca sequer olhou, na direção do qual nunca deu sequer um passo. Então eu tenho que lhe ensinar como, lentamente, você pode entrar nele.

Mesmo quando digo às pessoas para entrarem em seu interior, imediatamente elas fazem perguntas que mostram como elas estão focadas nas coisas exteriores.

Eu lhes digo: "Sentem-se em silêncio".

E elas me perguntam: "Posso cantar o *gayatri mantra**?"

Não importa se vocês cantam o *gayatri mantra* ou leem o jornal – ambos são exteriores. Estou lhes dizendo: "Sentem-se em silêncio".

Elas dizem, "Tudo bem, mas pelo menos posso repetir *omkar***..." É lamentável. Sinto-me triste por elas, porque estou lhes dizendo para ficarem em silêncio, mas elas estão me pedindo para preencher seu silêncio com alguma coisa. Elas não querem ficar em silêncio. Na falta de outra coisa, o *omkar* servirá – qualquer coisa servirá.

Eu era professor na universidade. Um professor de matemática ficou interessado, vendo-me dia após dia... eu passava ao lado do seu gabinete. Não fomos apresentados – mas coloquei um de meus dedos em meus lábios e olhei para ele. Ele olhou para um lado e para o outro – "Alguém

---

* O gayatri mantra é o mais venerado mantra do hinduismo. Amplamente aclamado na Índia e pelos hindus, a posição suprema do Gāyatrī Mantra é mais adiante aumentada pela proclamação do Senhor Krishna no seu discurso espiritual. (N.T.)

** Omkar é o símbolo sagrado que em sânscrito representa o principal mantra da religião hindu. Trata-se de uma espécie de oração e meditação relacionada com o conhecimento, a proteção e o corpo sonoro absoluto. Também está associado com a invocação às três mais importantes divindades hindus: Brahma (criador), Vishnu (reformador) e Shiva (destruidor). (N.T.)

está nos vendo? Caso contrário, vão achar que isto é loucura – eu não conheço este homem".

No início ele costumava olhar para longe, para o outro lado. Eu tinha que bater palma. Então ele achou que era melhor ficar de pé diante da janela para que eu não tivesse que bater palma, porque os outros ouviriam. E quando eu insistia em colocar um dedo em meus lábios... ele pensava: "Parece estranho que eu não faça nada". E então começou a colocar um dedo em seus lábios. Foi assim que nos tornamos grandes amigos.

Um dia ele foi à minha casa. Ele disse: "Isto é demais. Você é louco ou o quê? Por que me tortura? E todos os dias! Tenho tanto medo de você que se você chegar e minha classe estiver ali, e se os alunos virem tudo isso, vão começar a fazer a mesma coisa. E diante de outras pessoas não posso colocar meu dedo nos lábios porque elas vão perguntar: "O que está fazendo?".

Eu disse: "Não há outra maneira". E ele era inglês. Eu disse: "Sem uma apresentação é muito difícil começar a conversar com um inglês, por isso achei que isto estaria perfeitamente correto. Não estou falando, não estou lhe dizendo nada. Estou apenas colocando – este é o meu dedo, estes são meus lábios. Tenho toda a autoridade para colocá-los onde eu quiser".

Ele disse: "Está certo, mas – justamente diante de mim, sempre diante de mim!".

Eu disse: "Você veio. Agora as coisas podem começar".

Ele disse: "O que quer dizer?".

Eu disse: "Quero dizer, você vai destruir sua vida na matemática?" Ele era um homem idoso, pronto para se aposentar. E estava esperando se aposentar para voltar para a Inglaterra, se estabelecer em seu próprio país.

Ele disse: "Esta é uma pergunta importante que eu tenho me feito muitas vezes – será que vou arruinar toda a minha vida na matemática? O que ganhei com isso? Apenas números e mais números, estou desnecessariamente me torturando e não ganhando nada".

Eu disse: "Conheço uma maneira. Você pode se sentar em silêncio – esse é o símbolo; este dedo em meus lábios simplesmente significa ficar em silêncio. Apenas por meia hora... Você está sozinho" – a esposa dele havia morrido e seus filhos foram cuidar de seus próprios negócios. "Você não tem mais nada para fazer. Tem uma bela casa e um belo jardim. Pode se sentar em qualquer lugar, apenas em silêncio".

Ele disse: "A ideia é boa, mas em silêncio posso continuar repetindo de um a cem? E de trás para frente – noventa e nove, noventa e oito, noventa e sete, até um, e depois repetir? Dessa maneira será fácil pra mim, como se fosse uma escada – de um para dois para três para quatro, e depois descendo a escada. Mas sem nenhum envolvimento, apenas sentado em silêncio..."

Eu disse: "Isto não vai funcionar porque você ainda continuará fazendo a mesma coisa estúpida – a matemática que esteve fazendo toda a sua vida. Qual é o problema de ficar sentado em silêncio?".

Ele disse: "Apenas parece... que alguém pode me ver. E perguntar: 'O que está fazendo?'. Toda a minha criação foi tal que se alguém me perguntar 'O que está fazendo?', não posso responder 'nada'; se não, as pessoas vão pensar que algo em mim está solto. 'Nada? O mundo todo está na correria e você está sentado aqui sem fazer nada?'"

Em todas as línguas há provérbios que dizem: "Qualquer coisa é melhor que nada". Qualquer coisa – sem quaisquer condições! Estranho – qualquer coisa é melhor do que nada? Toda língua tem essas expressões. "Não fique sentado aí sem fazer nada; faça alguma coisa."

Ouvi uma mulher dizendo a outra mulher, sua vizinha: "Hoje tenho boas notícias. Meu filho, que costumava não fazer nada, juntou-se a um grupo de meditação. Agora ele está fazendo meditação".

Eu estava apenas passando por ali e disse: "Você não sabe o que está falando, porque meditação simplesmente significa não fazer nada. Seu filho encontrou realmente as pessoas certas, do seu próprio tipo. Agora ele não está fazendo nada sozinho, está fazendo nada junto com muitas pessoas".

A meditação não é alguma coisa.

Uma vez que a parte negativa esteja completa – e isso depende da sua inteligência; ela pode estar completa em um segundo. Se você conseguir enxergar que tudo o que tem é emprestado, e se tiver a coragem para decidir que "não levarei nada emprestado; tomo a decisão de descobrir algo por mim mesmo, minha própria verdade"...

Qual é a importância de saber tudo o que foi escrito sobre o amor e nunca estar apaixonado? Você pode reunir toda uma biblioteca sobre o amor – belas poesias, dramas, romances – mas tudo isso é inútil; você não sabe o que é o amor. Você nunca amou. Um único momento de amor é mais valioso que toda a sua biblioteca.

O mesmo é verdadeiro com relação a tudo que é valioso. Um único *insight* dentro de si é mais valioso que todos os seus escritos. Um único vislumbre da sua consciência e você entrou no verdadeiro templo – que não é feito de tijolos e mármore, mas que já existe dentro de você; é feito da própria consciência. É uma chama, uma chama eterna que vem ardendo desde a eternidade. Ela não necessita de combustível. Está esperando que você a enxergue, porque a enxergando seus olhos pela primeira vez terão algo – a alegria, a luz, a canção, a beleza, o êxtase. E isso não quer dizer que quando você entrar seu exterior será esquecido. Quando você entrar, seu exterior começará a irradiar o interior – em seus gestos, na maneira que você enxerga, na maneira que fala, na autoridade que está por trás de suas palavras. Até mesmo seu toque, até mesmo sua presença, até mesmo seu silêncio serão uma mensagem.

O interior e o exterior são partes de uma realidade.

Em primeiro lugar você tem que limpar o exterior, que vem sendo distorcido há séculos. Felizmente ninguém pode distorcer sua realidade interior; ninguém pode entrar lá exceto você. Você não pode convidar nem mesmo quem você ama, seu amigo. Não pode levar ninguém lá. Isso é uma sorte porque do contrário tudo teria sido estragado em você e a recuperação seria impossível. Somente o lado exterior é coberto com poeira de todos os tipos; um pequeno entendimento pode libertá-lo. Mas essa é uma parte essencial – a parte negativa – para conhecer o falso como falso, porque no momento em que você sabe que ele é falso, ele cai, desaparece.

E depois disso a jornada interior é muito leve, muito simples.

Quando abandonamos a atitude de julgar as pessoas negativamente, isso significa que o reconhecimento do positivo nelas também tem que ser abandonado – todo o pacote tem que ficar para trás, não é?

Sim, todo o pacote do julgamento tem que desaparecer. Ninguém tem o direito de julgar ninguém, negativa ou positivamente. Estas são as maneiras de dominar as pessoas. Quando você julga alguém está tentando interferir na vida dele, o que não cabe a você.

Um ser humano real, autêntico, simplesmente permite que as pessoas sejam elas mesmas.

Não cabe a mim julgar ninguém como bom ou como mau. Todo mundo tem que estar consciente de suas próprias qualidades. Se eu quero ajudar as pessoas, não posso ajudar julgando-as; só posso ajudá-las tornando-as mais conscientes.

Se eu quiser ajudar as pessoas – e há uma grande beleza em ajudar, uma grande alegria –, a primeira atitude a tomar é uma total aceitação da pessoa, quem quer que ela seja, o que quer que ela seja. Esta é a maneira como a existência a criou. Deve haver alguma necessidade que ela está preenchendo; sem ela a existência será um pouco menos; ela fará falta. E ninguém poderá substituí-la; ela é tão única que é insubstituível.

Mas em toda a história do homem não nos contaram sobre a singularidade das pessoas. Disseram-nos que as pessoas têm que ser de certa maneira, têm que se comportar de certa forma, têm que viver de certo jeito – então elas são boas, então devem ser recompensadas com respeito, com honras aqui na terra. E devem também ser recompensadas no outro mundo, com todos os tipos de prazeres. Disseram-nos também as coisas que são ruins, e que essas pessoas devem ser condenadas aqui, desonradas, rejeitadas pela sociedade, sofrer de todas as maneiras possíveis e, finalmente, após a morte, terão que sofrer no inferno. E as coisas que decidem a bondade e a ruindade mudam, se deslocam – o que era bom ontem, hoje não é mais. O que foi mau um dia, torna-se bom no outro.

Observe a longa abrangência da história e ficará surpreendido... Por exemplo, Rama, Krishna, Parasurama, que são encarnações de Deus, não são vegetarianos, comiam carne. Ramakrishna costumava comer peixe. Ser um bengali e não comer peixe parece algo impossível. Na verdade, toda casa bengali tem um pequeno lago. Eles criam peixes; assim como vocês plantam outras coisas, eles criam peixes. Naturalmente, suas casas cheiram a peixe. E foi por causa desta situação que...

Quando o império britânico ocupou a Índia, Calcutá foi sua primeira capital. Todos os bengalis tiveram que ser os primeiros funcionários, a primeira burocracia, e todos eles cheiravam a peixe. Por isso os britânicos começaram a chamá-los de *babu*; *babu* significa aquele que cheira. Você pode dizer "bengali babu" e não há problema, mas não pode dizer "punjabi babu" – isso não é adequado. Com "punjabi", babu não é de maneira alguma adequado – "punjabi babu"? Impossível – "punjabi" e "babu"? O bengali é um babu, e em sua sombra até os bihari tornaram-se babu, mas para aí. E é estranho porque o poderoso império britânico estava chamando os bengalis de "babus" – essa era uma palavra condenatória; *ba* significa com, *bu* significa cheiro. Mas até esta palavra condenatória tornou-se uma palavra muito respeitável porque as pessoas poderosas a estavam usando. Atualmente, quando se quer demonstrar respeito por alguém, chamam-no de babuji – "Babu Rajendra Prasad". Não deixaram de fora nem mesmo o presidente da Índia; chamam-no de "babu".

À medida que os tempos vão mudando... Hoje não podemos aceitar, nenhuma pessoa sensível pode aceitar que um homem a quem foi considerado como uma reencarnação de Deus possa comer carne. Isso simplesmente parece estranho, embaraçoso. Depois de Mahavira e Gautama Buda os valores mudaram muito radicalmente. Tinham que mudar, porque estas duas pessoas viviam uma vida vegetariana e provaram que qualquer homem que tenha amor e compaixão em seu coração não pode ser um comedor de carne. No apogeu da consciência, não se pode imaginar que um homem continue comendo carne – algo está errado.

Em toda idade, o homem tem que definir o que é bom e o que é ruim.

Você nunca pensa que Rama obedecendo ao seu pai – um homem que está quase morrendo, ainda sob a influência de uma esposa jovem... Em primeiro lugar, ter quatro esposas era errado. Então, mesmo prestes a morrer o homem não tem coragem de dizer não à sua jovem esposa. Um marido totalmente dominado pela mulher! Por nenhuma razão, ele ordena que Rama vá para a floresta e fique lá por catorze anos. E este era um valor naquela época – a obediência. Rama foi respeitado durante séculos porque obedeceu ao seu pai sem sequer perguntar "Por quê? O que eu fiz? Por que você está me dando esta punição?" E ele passa catorze anos a pé na floresta.

Hoje em dia ninguém que tenha alguma inteligência pode dizer que a obediência seja um valor tão elevado. Ele devia ter desobedecido. E a minha percepção é que se Rama tivesse desobedecido a Dasharatha, seu pai, a Índia teria sido um país totalmente diferente. Sua obediência fez de todo o país um país de escravos. Este não é um fenômeno simples, é muito complicado. Quando você respeita Rama, está respeitando a obediência. Então os invasores chegaram e o país obedeceu, e os invasores continuaram chegando e o país continuou obedecendo. Em cinco mil anos não se viu uma única revolução na Índia, porque a revolução nunca foi um valor para nós. Jamais achamos que a revolução fosse uma coisa boa. Sempre condenamos o espírito rebelde, enquanto o espírito rebelde é o único espírito no mundo que ajuda a evolução. Se nós estamos atrasados em relação a todos no mundo, é por causa do nosso respeito à obediência.

Não estou dizendo para sermos desrespeitosos, não estou dizendo para sermos desobedientes. Estou simplesmente dizendo para termos discernimento. E a discernimento vem da consciência – seja alerta, seja consciente, enxergue toda a situação. E deixe a decisão vir de dentro de si, não de fora – não de seu pai, não de seus professores, não de seus sacerdotes. Ouça o que eles têm a dizer, ouça-os atentamente, com respeito. Mas a decisão tem que vir do seu ser mais íntimo. Então você terá uma individualidade e terá uma independência. E, com você, toda a sociedade vai se elevar para a consciência, para a liberdade.

Não julgue as pessoas,
Em vez disso, ame-as.

Você não aprende a amar as pessoas, mas, consciente ou inconscientemente, você é ensinado a julgar as pessoas.

O amor não conhece julgamento; ele simplesmente ama a pessoa, como ela é. É assunto dela, é a vida dela. Como vivê-la? E, se meu amor é realmente grande, ele pode mudar alguém sem nenhum esforço da minha parte. Sem julgá-lo há uma possibilidade de mudá-lo.

Você pode olhar para mim: eu convivi com milhares de pessoas; jamais julguei ninguém. Simplesmente amei todas que estiveram comigo, e vi enormes mudanças acontecendo nelas sem nenhum esforço da minha parte. Apenas meu amor as tornou diferentes.

Outro dia recebi uma carta de uma prisão norte-americana, de um carcereiro que me ama. Sem se importar com o governo, ele dá tempo aos criminosos para meditar. E sua prisão é uma prisão especial, onde apenas os criminosos muito perigosos – aqueles que vão viver a vida toda presos ou que vão ser crucificados –, só esse tipo de pessoas está ali.

Após alguns anos nas prisões norte-americanas, se o seu comportamento for bom, os prisioneiros desfrutam de um período de férias – durante uma semana podem sair e visitar sua família, seus amigos. Mas não nesta prisão, porque ali você não pode esperar que um homem que já foi condenado à prisão perpétua ou à morte por ter assassinado sete pessoas, possa sair durante sete dias. Ele não tem nada a perder. Ele pode ferir quantas pessoas quiser e não se pode puni-lo mais do que ele já foi punido. Ele pode escapar, não há risco; mesmo que seja capturado novamente, não se pode fazer nada. Ele já recebeu toda a punição possível. Então, nesta prisão, as férias não acontecem.

Mas meu amigo carcereiro, sem pedir permissão, começou a dar férias a alguns criminosos após anos de meditação.

Com relação a um criminoso que havia cometido sete assassinatos ele ficou um pouco hesitante, mas então se lembrou: "Não julgue, apenas ame". E, amorosamente, deu-lhe sete dias e lhe disse que se precisasse de qualquer coisa estava disposto a ajudá-lo: "Saia e viva plenamente durante sete dias". Ele não esperava que o homem voltasse, e estava imaginando que fosse ter problemas. Se o homem não voltasse, certamente o carcereiro enfrentaria problemas.

Mas o homem voltou após cinco dias. O carcereiro perguntou: "Por que você voltou após cinco dias?"

Ele disse: "Eu estava preocupado com você, achando que você não devia estar conseguindo dormir; devia estar com medo de que eu não voltasse. E sua preocupação me deixou tão apreensivo que eu achei que valeria a pena abrir mão de dois dias; era melhor voltar. Você me amou tanto; será que eu não posso fazer isto por você – voltar para a prisão dois dias antes? Isso não me importa. Vou viver toda a minha vida aqui – dois dias a mais... Mas eu não conseguia dormir; estava preocupado com você. Sabia que você estaria continuamente preocupado com o que aconteceria, se eu voltaria ou não. E não consegui aproveitar a folga porque estava sentindo falta da meditação".

Você não deve julgar ninguém. Mas pode fazer algo mais: pode amar.

Você pode ajudar a pessoa a meditar, a se tornar mais consciente. E talvez seu amor e sua meditação possam produzir a mudança, possam produzir a transformação. E isso não será imposto de fora – estará vindo de dentro, como uma flor, e florescendo na pessoa. E quando algo vem de dentro e floresce, tem uma enorme beleza.

Como exatamente, ficar sem fazer nada?

A coisa mais fácil do mundo é sempre a mais difícil. Pela simples razão de ser fácil, ela se torna difícil.

Isto não é um quebra-cabeça, mas a simples lógica do ego. Você terá que entender essa lógica. A lógica do ego é que só se você tentar fazer o difícil estará provando a existência do ego. Se você for bem-sucedido fazendo o difícil, então o ego é realizado. Se conseguir atingir o impossível, então certamente é o maior homem da história da humanidade.

Há centenas de anos as pessoas estiveram tentando alcançar o pico mais alto do Himalaia. Centenas de alpinistas morreram, mas o esforço continuou. De quase todos os países do mundo jovens continuaram indo para lá porque o Everest, o pico mais alto do Himalaia e o pico mais alto do mundo todo, permaneceu sendo um desafio para o ego humano. Ele permaneceu não conquistado.

Mas não houve ganho. Se você alcançar o pico do Everest e olhar em volta vai simplesmente se sentir tolo, porque não há nada a ganhar. Não há um lugar para fazer compras nem ninguém a quem cumprimentar... é um gelo eterno absolutamente deserto que jamais derreteu. E o pico é tão pequeno que nem duas pessoas juntas conseguem ficar de pé sobre ele.

O que você pode fazer lá? Demorou anos para Edmund Hillary e Tenzing atingi-lo – e quanto tempo eles ficaram lá? Não mais que cinco minutos. E mesmo cinco minutos teriam parecido cinco eras, porque tudo ali congela, até mesmo o tempo. E após cinco minutos, a descida de volta para a terra, onde as pessoas estão acenando, esperando, gritando – é hilário que aquele homem tenha conquistado o inconquistável. Mas o que ele ganhou com isso?

Não se pode enxergar nenhum ganho externamente, mas há certo ganho – é isso que eu chamo de lógica do ego: Edmund Hillary entrou para a história. Agora ninguém pode tomar o seu lugar; ninguém pode ser de novo o primeiro homem a chegar ao topo do Everest. Qualquer outro que chegue lá será o segundo, o terceiro, o quarto – mas essa glória de ser o primeiro é um grande alimento para o ego.

O primeiro homem que caminhou na lua, o primeiro homem que orbitou em torno da lua... Eu conheci aquele russo Yuri Gagarin, que foi o primeiro em toda a história da humanidade a orbitar tão perto da lua. Sem ele teria sido impossível pisar na lua. Ele preparou o terreno. Ele observou e planejou de perto o que tinha que ser feito para aterrissar na lua. Tornou-se mundialmente famoso.

Ele foi à Índia a convite, e até mesmo os tolos indianos... Espera-se que os tolos indianos tenham um pouco mais de bom senso, porque eles são os tolos mais velhos, mais antigos; deveriam ter aprendido um pouco. Mas os tolos são simplesmente tolos – modernos, antigos, indianos, americanos. Eles não pertencem a nenhuma casta, a nenhuma nação: eles são, dessa maneira, quase iluminados.

Jamais vi os indianos tão loucos! Milhões se reuniram para ver Yuri Gagarin em Nova Delhi. Eles nunca se reuniram da mesma maneira para ver um sábio, um santo, um mahatma. Era demasiada a curiosidade!

Yuri Gagarin deve ter se sentido mil vezes maior do que era. Quando o encontrei, perguntei-lhe: "No que lhe diz respeito, no âmbito pessoal, o que você ganhou? Não estou me referindo ao progresso científico – o fato de ter trazido todo o material que ajudará o primeiro homem a aterrissar lá –, isso foi ótimo. O que você ganhou no plano pessoal?".

Ele disse: "Nunca pensei nisso, mas sua pergunta está correta. Certamente ganhei algo no plano pessoal. Tornei-me mundialmente famoso e não fiz nada. Não posso mostrar-lhe que 'esta é uma realização minha'. Mas entendo sua pergunta e posso ver o que você está apontando.

"Sim, é verdade: não sou mais o mesmo Yuri Gagarin que costumava ser. Eu era um homem simples, comum, jamais me imaginei sendo recebido por milhões de pessoas e com tal enorme alegria sinto que só agora estou vivo; antes eu estava morto".

Eu disse: "Esta sensação não vem da consciência que você está vivo, porque sua consciência continuou a mesma. Esta sensação de um novo nascimento vem do seu ego; seu ego está extremamente gratificado, fortalecido. Esse é o seu 'ganho'. Mas, segundo aqueles que sabem, essa é a sua perda".

O que é ganho para o ego é perda para a alma.

O que é uma bênção para o ego é uma maldição para a alma.

O que parece ser de enorme importância para o ego é simplesmente estupidez para o âmago mais interno do seu ser.

A lógica do ego é que ele nunca está interessado nas coisas simples, porque se você diz "Eu posso respirar!" isso não vai trazer multidões para lhe dar as boas-vindas, para dizer, "Teertha, você é ótimo! Seu nome vai permanecer imortal porque você respira".

Ninguém vai lhe dizer isto, e se alguém disser, você vai achar que está zombando de você, que não o está apreciando – porque respirar é muito fácil. Você nem precisa pensar em respirar; isso acontece sozinho. A ação não é sua; então, como pode ser fortalecido por ela? Ao contrário, você é a ação dela: sem a respiraração, você não estaria em lugar algum.

A respiração é muito mais profunda do que o seu ego, bem mais essencial do que o seu ego, e bem mais existencial do que o seu ego. O ego não pode fazer nada. O ego é uma coisa superficial – é apenas uma bolha de sabão flutuando na superfície do rio. Ele não sabe nada sobre as profundezas. A respiração pertence a sua parte mais profunda. Por isso, mesmo quando você está dormindo, ela continua. Não há necessidade de você estar ainda acordado.

Certa vez fui ver uma mulher que estava em coma há nove meses, mas respirava perfeitamente, mesmo em um coma tão longo; nesses nove meses nem por um momento ela esteve desperta. E os médicos diziam que ela poderia permanecer nesse estado ao menos por três anos antes de morrer, e que ela não acordaria. Mas estava viva. Estava respirando muito tranquilamente; talvez nunca tivesse respirado tão tranquilamente antes da ocorrência do coma! Muitas perturbações estavam presentes, mas para ela agora não havia perturbações. Ela não conseguia ouvir, não conseguia enxergar, não conseguia pensar – mas a respiração continuava. Respirar é algo tão natural que o ego não pode se proclamar como o agente da ação; consequentemente, não é nem um pouco do interesse dele.

Você percebe o problema? O mais importante, o mais essencial, não é sequer interessante para o ego; ele não está nem um pouco interessado na respiração. As pessoas que se tornaram interessadas na a respiração foram aquelas que se tornaram conscientes de certa verdade – que, se você continuar realizando coisas difíceis, o ego jamais vai deixá-lo, porque cada passo difícil torna-se um fortalecimento do ego. E, quanto mais forte for o ego, mais distante você estará de si mesmo.

Seu ego é a distância entre você, o real, e você, o irreal. Quanto maior for o ego, maior a distância; quanto menor for a distância, menor o ego. Se não houver nenhuma distância, o ego desaparece, e nesse desaparecimento aparece aquele que você é.

Para mim, esta é a descoberta mais importante em toda a história das descobertas.

Não considero a descoberta da energia atômica, das armas nucleares ou de qualquer outra coisa mais importante do que a descoberta de que, se você puder se tornar consciente até de um processo simples e natural como a respiração, o ego desaparece.

Você não precisa abandonar o ego. Se tentar abandoná-lo, não conseguirá: Quem irá abandoná-lo?

Aquilo que é abandonado não é o seu ego. Aquele que o abandonou dirá dentro de você: "Olhe, eu abandonei o ego; agora sou um homem humilde, desprovido de ego, espiritual, santo". O que é abandonado não é nada; aquele que abandona é o problema.

Então você não pode, na verdade, fazer nada para chegar ao ponto do não fazer.

Isso é muito simples. A pergunta é relevante, mas a resposta é muito simples. Observando a pergunta você irá achá-la difícil; ela não é. Se tentar fazer alguma coisa para impedir a ação, então estará entrando em uma confusão.

É como um cão tentando pegar seu rabo; e de vez em quando todo cão experimenta esse exercício de ioga. É bonito observar um cão praticando ioga – a ioga de pegar seu próprio rabo. Você pode enxergar o embaraço, o fracasso; reunindo novamente sua energia, dando um salto melhor, buscando soluções para pegá-lo – porque no momento em que ele salta, por alguma razão desconhecida o rabo também salta! Quanto mais rápido ele tenta, mais rápido o rabo se move. O pobre cão não consegue ver que o rabo está grudado nele; não há como alcançá-lo. E também não há necessidade disso; ele já é parte dele, ele já está de posse dele. O que está tentando fazer? Tentando possuir algo que já possui? Tentando atingir algo que nunca foi separado dele? Quer ele o alcance ou não, o rabo sempre estará com ele; onde quer que ele vá, o rabo sempre estará com ele. Ele não pode sequer fugir dele; por isso, não há razão para segurá-lo. Mesmo que queira escapar dele, isso é impossível.

Talvez alguns cães que acreditem em renúncia — e há todos os tipos de cães —, vendo este contínuo fracasso em alcançar o rabo, em assumir sua posse, podem ter chegado à conclusão de que toda essa história de possuir um rabo é ilusão, é *maya**. "Não perca seu tempo; simplesmente renuncie a ele e fuja para o local mais distante dele — as cavernas, os mosteiros — mais distante ainda, para o Himalaia, onde nem mesmo um vestígio deste rabo pode ser encontrado. Então estará livre. Desaproprie-se dele!".

Esse é todo o pensamento de um homem que está renunciando à riqueza, renunciando à sua esposa, aos seus filhos e fugindo. Mas ele não está consciente. Você consegue enxergar que o rabo do cão está ligado a ele; e para onde o cão for, o rabo irá com ele. Se aprofundar um pouco o seu olhar, poderá ver: se o marido está renunciando à sua esposa, filhos, bens, ele está fazendo algo diferente? Em primeiro lugar, por que ele se casou? Devia haver algo nele que necessitava de uma esposa. A esposa não é algo exterior; a esposa é alguma necessidade interior dentro dele. Deve haver nele alguma necessidade interior que queria todas essas posses; do contrário, por que ele as coletou? Deve haver alguma necessidade intrínseca de querer filhos; caso contrário, quem o estava obrigando?

Na verdade, o mundo inteiro está tentando, todos os governos estão tentando: "Use métodos de controle de na-

---

* Maya (do sânscrito māyā) é um termo filosófico que tem vários significados: em geral, refere-se ao conceito da ilusão sobre a natureza do universo. Deriva da contração de *ma*, que significa "medir, marcar, formar, construir", denotando o poder do deus ou do demônio de criar ilusão, e *ya*, que significa "aquilo". (N.T.)

talidade". Ninguém escuta. Não se trata de as pessoas não entenderem o que você está dizendo, não se trata de não conseguirem enxergar as multidões crescendo em tais proporções, que logo esta Terra irá morrer – não devido a uma guerra nuclear, mas devido à pura fome. Mas deve haver algo, uma necessidade tão essencial que faça uma pessoa querer ter filhos. E estas são suas necessidades psíquicas interiores. O rabo de um cão pode ser operado – esse não é um problema tão grande – mas nenhuma cirurgia pode ajudar as suas necessidades. Elas estão mais profundamente enraizadas em você do que o rabo do cão. O rabo é apenas uma coisa exterior, que pode ser removida sem uma perda fundamental para o cão. Mas as suas necessidades, das quais você está fugindo, estarão com você onde quer que você vá.

Tenho visto de perto todos os tipos de renunciantes. Certa vez eu estava em Rishikesh, no Himalaia, sentado debaixo de uma árvore, uma árvore muito bonita. Era uma tarde quente e ensolarada, e a sombra da árvore estava tão fresca que embora eu tivesse que ir embora, acabei me demorando um pouco mais ali. Um velho monge hindu se aproximou de mim e disse: "O que está fazendo aqui, debaixo da minha árvore?"

Eu disse: "Sua árvore? Você renunciou ao mundo todo e esta árvore é sua? Não estou vendo aqui nenhuma placa com seu nome ou... como pode provar que esta árvore é sua?".

Ele disse: "Não preciso provar; todos por aqui sabem disso. Há trinta anos venho me sentando debaixo dela".

Eu disse: "Você pode se sentar aqui há trinta anos, mas a árvore está aqui muito antes disso. Agora eu estou sentado debaixo dela e a árvore vai continuar aqui. A árvore não está interessada em você ou em mim; a árvore não tem ideia de quem é seu dono. Vá embora!"

Ele disse: "O que está dizendo? Você está aqui há algumas horas e já se tornou seu dono? Eu estou aqui há trinta anos!".

Eu disse: "Não estou tomando posse da árvore; logo vou sair daqui; mas não desta maneira. Você terá que se desculpar com a árvore. Você não a adquiriu, não a plantou, não cuidou dela. Baseado em quê se tornou seu dono? Só porque tem vindo aqui por trinta anos, incomodando a árvore dia e noite? Você deve algo à árvore; a árvore não lhe deve nada. A árvore tem sido boa com você e você se tornou o proprietário dela! E esta 'posse' é o que você deixou para trás. Nada foi deixado para trás.

"Você está pronto, neste momento, para brigar comigo. Trinta anos antes estaria brigando por uma casa, por um pequeno pedaço de terra: 'Esta é minha esposa, esta é minha casa, esta é minha religião, este é meu país.' Agora tudo ficou concentrado nesta pobre árvore. Toda a sua possessividade ficou concentrada nesta pobre árvore. Não importa se você possui todo um reino ou apenas uma pequena árvore; a possessividade não tem nada a ver com quantidade; é uma atitude."

E eu lhe disse: "Você é um velho renunciante; já deve ter escutado a famosa história de um antigo rei...".

Um grande sábio disse a um dos seus discípulos para ir até a corte do rei e ficar ali durante alguns dias como sua última lição. Antes que o sábio pudesse declará-lo graduado, ele teria que ir até a corte do rei e ficar ali por alguns dias.

Se é isto que o mestre deseja... O jovem foi. Ele pensou: "Talvez o rei seja um grande sábio; se meu mestre envia todos até ele para a última lição e o último teste, ele deve ser maior que meu próprio mestre. Estranho que um sábio que renunciou a tudo deva enviar seus discípulos a um homem que não renunciou a nada, que é apenas um homem comum ávido de poder, tentando continuamente conquistar outros países; um imperialista tão ligado às coisas, que não se incomoda de matar milhares de pessoas. E eu estou sendo enviado a ele? Deve haver algum segredo nisso".

E ele foi para lá. Era fim de tarde e ele foi levado imediatamente até o rei. Era a hora de o rei beber, e as mulheres, belas mulheres, haviam chegado para dançar. Sua corte iria agora celebrar a noite. Vendo tudo isto, o jovem renunciante se sentiu péssimo, ficou chocado, e disse ao rei: "Eu vim para ficar alguns dias, mas não posso permanecer aqui nem mesmo alguns minutos. Não consigo imaginar por que meu mestre me enviou para este inferno!"

O rei disse: "Se seu mestre o enviou, deve haver alguma razão. E não seja tão apressado em seu julgamento. O que vai perder em dois ou três dias? E, lembre-se, este é seu último teste. Sem minha aprovação você pode permanecer na casa de seu mestre por toda a sua vida, mas nunca será declarado graduado. Então, é melhor se acalmar; permaneça aqui três dias. Você não foi enviado aqui para me julgar; foi enviado aqui para ser julgado por mim".

Isso era demais: esse homem iria julgá-lo, a ele que havia renunciado a tudo! Mas o que fazer? Ele estava em apuros. Se voltasse, o mestre ficaria infeliz. E se isto tinha que acontecer, se ele tinha que finalmente ir até aquele lugar, então era melhor passar os três dias de alguma maneira e obter a aprovação do homem arrogante.

O rei disse: "Você está se acalmando e recuperando a razão. Primeiro tome um bom banho que mandei preparar pra você, porque recebi a mensagem da sua chegada. Mas não fique preocupado: na juventude todos julgam muito depressa. Não julgar requer um pouco de experiência – pelo menos não julgar superficialmente. E você não viu nada. Fique aqui por três dias, observe, veja. E toda a sua vida está naquilo que você pode julgar – sem problema –, mas primeiro consiga minha aprovação. Então, primeiro pense no meu julgamento e se comporte de acordo, para poder obter de mim um julgamento favorável; do contrário, terá que vir aqui repetidas vezes, durante toda a sua vida. Então vá tomar um banho – eu providenciei tudo".

O jovem jamais havia estado no local de banho de um rei; ele nunca havia visto um lugar tão bonito. Mulheres nuas estavam ali para massageá-lo... Ele disse: "Meu Deus, o teste está acabado; em três dias este homem vai me matar!" E antes que pudesse dizer qualquer coisa – na verdade ele estava prestes a ter um colapso nervoso: ele tinha escapado das mulheres e estava diante de mulheres nuas. Ele jamais havia visto mulheres tão lindas, e elas iam massageá-lo! Mas antes que pudesse dizer qualquer coisa... na verdade, ele achou que havia perdido a voz, pois não conseguia falar. Só conseguiu dizer "Aaaahh!" – não muita coisa. E aquelas mulheres começaram a despi-lo. Antes que pudesse fazer qualquer coisa, ele estava ali de pé, nu; aquelas quatro mulheres se apossaram dele completamente e o colocaram na banheira, que estava cheia de água de rosas.

Na Índia, os reis e as pessoas muito ricas tomavam banhos em água de rosas – centenas de rosas eram colocadas na banheira para sua fragrância ser captada pela água. Então, pela manhã as pétalas eram removidas para que a pessoa não visse nenhuma rosa, mas fosse envolvida por uma nuvem de fragrância de rosas.

Jamais em toda a sua vida ele havia visto nada tão luxuoso. A banheira era feita de ouro; óleos preciosos foram despejados sobre seu corpo e ele estava sendo massageado. E estava louco para de algum modo fugir dali, mas ao mesmo tempo estava se sentindo também completamente paralisado.

Depois o rei o convidou para uma festa com coisas que ele jamais havia experimentado antes. Ele sempre havia lido: "Discipline-se para aceitar a insipidez" – e ali estavam aquelas comidas saborosas, deliciosas! Só o aroma, o tempero, eram suficientes para despertar a fome. O rei disse: "Sente-se e coma – lembre-se da sua disciplina para aceitar a insipidez. Qual era o propósito disso na casa de seu mestre, onde a comida não tinha gosto nenhum? Se conseguisse se lembrar da ausência de gosto ali, acha que seria por causa de alguma disciplina? A comida era insípida; qualquer idiota teria sentido a insipidez. Agora sinta a insipidez".

O jovem viu a dificuldade, mas também enxergou o propósito. "E, a propósito", disse o rei, "como foi o banho? As mulheres foram amáveis com você? Porque elas são as melhores de todas as massagistas. Acho que você deve estar se sentindo satisfeito".

Ele disse: "Satisfeito!? Estou simplesmente, de alguma forma, tentando atravessar estes três dias — se eu puder sobreviver a eles, mas não tenho muita esperança. Esta é a primeira noite; três dias parecem três vidas para mim. E agora esta comida! Não vou esquecê-la em toda a minha vida — e tenho que ser um renunciante? E aquelas belas mulheres — não as esquecerei. Que tipo de teste é este? O senhor está me dando todas as experiências contra as quais tenho me preparado durante todos estes anos".

E então chegou o vinho, e o próprio rei lhe ofereceu um pouco. O jovem disse: "Isto é demais — porque o vinho é proibido na casa do meu mestre".

O rei disse: "Esta não é a casa do seu mestre, este é o palácio do seu examinador. Se você quer se aprimorar, fique alerta e faça o que lhe digo. Seu mestre lhe disse para não ficar inconsciente. Não fique inconsciente; beba e permaneça consciente. De que adiante ficar consciente sem beber? Qualquer um pode conseguir isso; todos estão fazendo isso. Beba, beba para o contentamento do seu coração, porque nunca mais terá esta chance. E eu lhe digo: a consciência não tem nada a ver com isso. Eu estarei bebendo com você; na verdade, estou bebendo a noite toda — você pode dizer que estou inconsciente? Então, beba!".

Ele teve que beber. E então o rei o levou... Ele estava perdendo o autocontrole, sem saber o que havia acontecido — as bebidas, as mulheres, a comida, as belas roupas que haviam lhe dado depois do banho... e então o rei o levou para a casa de hóspedes, onde ele iria ficar. Ele não conseguia acreditar: achou que devia ter chegado ao paraíso — o álcool dá a muitas pessoas a ideia do paraíso.

Talvez seja por isso que todas as religiões são contra o álcool, porque se o álcool puder satisfazer seu desejo do paraíso... quem se daria ao trabalho de frequentar igrejas e templos e os ashrams, e fazer todos os tipos de coisas estranhas quando o paraíso é possível mediante o simples processo de ingerir álcool?

O jovem achou que devia estar no paraíso; esqueceu-se completamente de que havia ido ali para ser examinado. O rei mostrou-lhe sua cama, e no momento em que o jovem se deitou viu uma espada pendendo de um fio fino bem acima dele. Todo o desvario desapareceu; de repente, viu que não estava no paraíso. Aquela espada... A morte pode trazer qualquer um de qualquer lugar de volta à terra!

Ele perguntou ao rei: "Por que esta espada está pendurada aqui?".

O rei disse: "Ela está pendurada aí para mantê-lo consciente. Este é o seu quarto – agora, vá dormir. E se, pela graça de Deus, nós dois sobrevivermos até amanhã de manhã, tornaremos a nos encontrar".

O jovem falou: "Nada vai lhe acontecer, o senhor vai sobreviver; a dúvida é a meu respeito. Nem mesmo com a ajuda de Deus eu acredito que esta linha fina consiga aguentar esta espada pesada pendurada sobre mim; a qualquer momento ela vai cair. Apenas uma leve brisa será suficiente, e estarei acabado!".

O rei disse: "Não fique preocupado. Se você morrer – seu mestre deve ter lhe falado sobre a reencarnação – você será reencarnado, que é um renascimento. E tudo o que tiver aprendido irá com você. Portanto, não desperdice estes últimos momentos. Talvez a espada possa cair – não posso garantir nada. Cabe a você decidir o que fará nestes momentos. Permaneça consciente e morrerá consciente; nada melhor do que isso".

Mas o jovem disse: "Não quero morrer. Vim para cá justamente para conseguir um aprimoramento, e o senhor está me removendo da própria vida!".

O rei disse: "É dessa maneira que se consegue o aprimoramento. Você vai dormir: o que quer que vá acontecer, irá acontecer – esse é o ensinamento do seu mestre. É isso que os hindus dizem: nem uma folha se move sem a vontade de Deus; então, como uma espada pode matá-lo sem a vontade de Deus? E com sua vontade, com ou sem espada, um dia você morrerá. Portanto, vá dormir assim como eu vou dormir. Sobre você há apenas uma espada pendendo; sobre mim há milhares de espadas pendendo. E logo você ouvirá meus roncos no quarto ao lado".

O jovem não conseguiu dormir a noite toda; a noite toda ouviu os roncos do rei. Pela manhã o rei entrou no quarto dele. O jovem estava totalmente desperto, deitado, apenas olhando para a espada; para ele não havia mais nada no mundo todo exceto a espada.

O rei disse: "Vou tomar um banho" – atrás do palácio estava o rio hindu sagrado, o Ganges. "Venha comigo para a caminhada da manhã e para nadar um pouco no rio." E foram até lá. O homem não tinha nada, exceto um pequeno *langoti*.

Um *langoti* é apenas uma pequena peça de tecido, uma minúscula roupa íntima sem qualquer costura. Você tem apenas que colocar uma tira em torno da cintura e prender uma extremidade dela na frente e a outra extremidade nas costas, e a minúscula tanga está pronta. Não é necessária nenhuma costura; você pode fazê-la a qualquer momento, em qualquer lugar. E é isso que se supõe que o monge hindu deva usar porque costurar é um negócio complicado; a pessoa precisará da ajuda de outra pessoa, pode precisar de dinheiro, e todas estas coisas têm que ser evitadas. O monge hindu tenta evitá-las ao máximo. Ele tem as necessidades básicas: uma tigela para as esmolas – que não é feita de metal; é feita de um coco cortado em duas partes, e a casca dura do coco torna-se a tigela de esmolas. Pode-se amarrar um pequeno cordão a ela e segurá-lo nas mãos. Da mesma maneira que você faz sua minirroupa íntima, faz sua tigela de esmolas.

E um bastão – pode-se imaginar por que um bastão. Por causa dos cães indianos. Há uma enorme quantidade deles, e eles são particularmente contra todos os tipos de pessoas uniformizadas. Embora o traje do monge não seja bem um uniforme, ainda é um uniforme, porque todos os monges hindus são iguais, com suas tigelas de esmolas, aquela minúscula tanga, o bastão, e todos nus. Os cães desconfiam dos uniformes; eles acham que alguma coisa em algum lugar está errada. E talvez estejam certos, porque o exército usa uniformes, a polícia usa uniformes, os carteiros usam uniformes – e os monges usam uniformes. Parece que todos os tipos errados de pessoas usam uniformes. Por isso o bastão é absolutamente necessário, para manter os cães afastados.

Então, eu disse ao velho monge hindu: "Então, estas foram as três coisas que o jovem trouxe com ele, *o langoti*, a tigela de esmolas e o bastão". De manhã ele saiu com aquelas três coisas de novo porque se sentia constrangido usando todas aquelas roupas valiosas, os trajes que o rei lhe ofereceu.

Ele disse ao rei: "No palácio posso usá-las, mas não fora dele. Se alguém me vir nestes trajes será muito constrangedor para mim e para você; então, deixe-me usar meu uniforme".

O rei disse: "Isso é com você". Então o rei saiu com suas roupas reais e o monge com seu uniforme. Ambos colocaram suas roupas na margem do Ganges e entraram na água. Enquanto estavam tomando seu banho, o monge gritou para o rei: "Seu palácio está pegando fogo!"

O rei disse: "Eu vi isso antes de você, mas não há motivo para se preocupar. Agora o que pode ser feito? Ele está pegando fogo, mas nada acontece sem a vontade de Deus; por isso não fique preocupado; tome seu banho".

O jovem disse: "O que está dizendo! Pelo menos tenho que salvar meu uniforme que está perto do palácio". E saiu correndo da água para salvar seu uniforme. O palácio estava ardendo, as roupas do rei estavam ali, mas ele estava preocupado com seu uniforme!

O rei tomou seu banho. O palácio estava completamente destruído – ele havia sido incendiado por ordem sua. O monge não parava de tremer, e dizia: "É uma grande perda. Quantos milhões de rúpias...!"

Mas o rei disse: "Não fique preocupado; isso não tem nada a ver com você. Suas coisas estão salvas".

O jovem disse: "Todas as minhas coisas estão salvas".

O rei disse: "Isso é suficiente para você – você deve se preocupar com suas coisas: estas são suas possessões, este é o seu reino. Mas eu não me importo se todo o meu reino arder; isso não importa – porque antes, quando eu não estava ali, o mundo já existia e o reino já existia. Um dia eu novamente não estarei aqui e o mundo irá continuar. Estou aqui apenas como um visitante, um observador. Por que deveria ficar tão envolvido? Mas você tem que se lembrar que não foi capaz de renunciar a nada; ainda não se tornou um observador. Nem sequer conseguiu observar minha casa se incendiando. Se o seu uniforme – que não é bem um uniforme – tivesse se incendiado você teria enlouquecido! Você já está em um estado de loucura devido a tanta perda... Mas o que isso tem a ver com você?

"E você ficou chocado ao me ver bebendo, mas não sabe que mesmo enquanto estou bebendo sou um observador. Ficou chocado me vendo cercado por belas mulheres; mesmo assistindo a sua dança, sou apenas um observador. Mas você definitivamente não é um observador. Agora compense isso em dois dias. O tempo é curto, muito curto. Seja um observador, porque antes que eu lhe dê a aprovação de que, sim, você poderá se graduar, terá que provar que se tornou um observador."

O jovem monge disse: "Como posso prová-lo?".

O rei disse: "Hoje continue exercitando isso em tudo. Tudo está organizado de tal maneira que vai ajudá-lo a observar. Não tente escapar, não tente se reprimir, não tente lutar, não tente evitar: apenas observe, deixe as coisas acontecerem".

E, no último dia, o último teste seria uma bela dança. Foi entregue ao jovem um recipiente cheio de óleo – tão cheio que se ele se movesse um pouquinho o óleo se derramaria. As dançarinas estavam em círculo – todas mulheres nuas dançando – e o rei estava sentado no meio delas. E foi dito ao homem, àquele pobre jovem segurando aquele belo recipiente cheio de óleo: "Se cair uma única gota de óleo, você fracassou".

Mas era muita a tentação de olhar para o lado e ver o que estava acontecendo – tantas belas mulheres dançando! Mas daquele recipiente apenas uma única gota... apenas um único momento de desatenção... Ele passou pelas mulheres, aproximou-se delas, e continuava as circundando; lentamente, a observação foi se assentando nele. Esqueceu-se de tudo a respeito da dança; havia apenas o agora, o óleo e a observação.

A observação é uma coisa simples.

Mas nela não há a satisfação do ego.

A meditação é a mesma coisa.

Estes são nomes diferentes – observação, testemunhar, meditação, consciência, atenção plena – nomes diferentes para um único fenômeno. E todos estes acontecem quando você está em um estado de não ação*. E essa é a questão: como alcançar essa não ação?

Se você perguntar como, perdeu o foco, porque "como" significa fazer – e você está me perguntando, "Diga-nos o que fazer para que possamos alcançar o não fazer".

---

* Não ação: segundo o taoismo, os tolos gastam muito tempo e energia tentando fazer tudo e terminando por não obter resultados. No outro extremo do espectro, os realmente sábios não parecem fazer muito, mas acabam conseguindo tudo o que querem. Esta mágica é possível, na verdade inevitável, para alguém que esteja em sintonia com o Tao. (N.T.)

Se você procurar qualquer sacerdote religioso, ele vai lhe dizer o que fazer, e pelo simples fato de lhe dizer o que fazer, ele prova não saber nada.

Não posso lhe dizer o que fazer. Só posso lhe explicar que fazer não vai ajudar. Você terá que entender que nenhum fazer pode ajudar. Nesse entendimento, a não ação acontece.

A não ação é um acontecimento.

Não é nada da sua parte, que você possa declarar: "Eu fiz isso, alcancei isso". Você só pode dizer, "Quando eu não estava aqui, isso aconteceu. Como eu sempre estive aqui isso não estava acontecendo".

Não pergunte o que tem que ser feito.

Leon Tolstói, um dos homens mais sábios da Rússia no século XX, escreveu o livro *O que devemos fazer?* Esta obra transformou Mohandas Karamchand Gandhi em Mahatma Gandhi. Mahatma Gandhi declarou três pessoas como seus mestres. A primeira foi Leon Tolstói, a segunda foi Henry David Thoreau e a terceira foi Ralph Waldo Emerson. Todas os três eram cristãos fanáticos. É uma coisa muito estranha que Gandhi tenha sido influenciado por estes três cristãos fanáticos. Gandhi fez algo incomensuravelmente prejudicial à Índia: ele sabotou o conhecimento religioso oriental misturando-o, inconscientemente, com ideias cristãs fanáticas. Ele foi influenciado por estas pessoas e começou a interpretar as religiões orientais segundo estas ideias.

Houve muitos momentos em sua vida em que ele pensou em se tornar um cristão. Teria sido muito melhor se ele tivesse se tornado um cristão. Pelo menos não teria sido capaz de contaminar o pensamento oriental com coisas que são muito inferiores. Mas sua política o impediu, porque se ele tivesse se tornado um cristão teria perdido seus seguidores hindus. Para manter os seguidores hindus, ele permaneceu um hindu, mas sua mente já era cristã; ele não tinha nenhuma compreensão do pensamento oriental.

Ele foi educado na Inglaterra e depois trabalhou na África do Sul, mais uma vez sob o controle de um governo britânico. E o seu contato foi apenas com missionários cristãos. Um dos muito famosos missionários cristãos dessa época, C.F. Andrews, foi um grande amigo de Gandhi. Mas ele não poderia se tornar um cristão porque caso se tornasse cristão todos os hindus o teriam abandonado completamente, imediatamente.

Seu filho, Haridas Gandhi, rebelou-se contra o pai – porque aquele pai era demasiado pai, um pai realmente perigoso... Ele queria moldá-lo completamente segundo suas ideias. Tenho certa simpatia por Haridas Gandhi, seu filho, porque Haridas queria frequentar a escola, mas Mahatma Gandhi não lhe permitiu porque achava todo o sistema educacional corrupto. Ele é realmente corrupto, mas qual é a alternativa? Permanecer sem instrução? Antes que se crie um sistema educacional melhor não há outro lugar para ir; este é um mal necessário. Por isso, tenha cautela, tenha cuidado – mas impedir as crianças de irem à escola...

Você ficará surpreso: todos os filhos de Gandhi permaneceram sem instrução, exceto Haridas, porque ele fugiu de casa. Você terá milhares de casos em que os filhos fugiram de casa porque seus pais queriam que eles fossem instruídos, mas este é um caso único, em que um filho fugiu de casa porque queria ser instruído e seu pai era absolutamente contra qualquer tipo de educação.

Gandhi ficou com muita raiva. Ele falava muito de não violência, de amor e compaixão, mas não tinha nada disso; ficou muito irado. E que crime seu filho cometeu? – ele se formou. E Haridas imaginava que, quando ele se formasse, seu pai ficaria furioso, gritaria com ele e até bateria nele, mas por quanto tempo isto duraria? As coisas iriam mudar. Mas Gandhi não era um pai fácil. Declarou que Haridas não poderia entrar em sua casa; e renegou o próprio filho.

Mas Haridas era corajoso. Ele disse: "Ok, vou me tornar um muçulmano porque meu pai continua dizendo que os hindus e os muçulmanos são todos irmãos; que o Alcorão, o Gita e a Bíblia transmitem a mesma mensagem; que só há um Deus chamado por muitos nomes – então vamos ver". Ele se tornou muçulmano e Gandhi ficou tão furioso que disse à sua esposa: "Nunca mais quero ver a cara deste rapaz". Quando Haridas soube disso, falou: "Mas os hindus, os muçulmanos e os cristãos são todos irmãos, e todos esses livros têm a mesma mensagem. O que aconteceu?".

Ele trocou seu nome de Haridas para Abdullah. Seu novo nome era Hajji Abdullah Gandhi. Hajji é equivalente a Mahatma. Ele foi a Mecca fazer o *Hajj*. O *Hajj* é uma peregrinação; você vai a Meca, o lugar onde o Islã foi fundado e onde Maomé criou a primeira mesquita. É absolutamente necessário que todo muçulmano faça um *hajj*; *hajj* significa peregrinação sagrada. Se não for, não é um verdadeiro, um autêntico muçulmano. E aquele que vai a Meca é chamado de *hajji*; ele se tornou um santo. Pelo simples fato de ir a Meca e dar sete voltas em torno da pedra, a pessoa se torna um sábio.

Abdullah é simplesmente uma tradução de Haridas em árabe. Haridas significa servo de Deus; esse é exatamente o significado de Abdallah. Allah significa Deus, *abd* significa servo: Abdullah. E Haridas pediu para mantê-lo exatamente o mesmo. Hajji significa mahatma, Abdulla significa Haridas – e "Gandhi" ele manteve porque o nome 'Gandhi' não tem nada a ver com o hinduísmo.

Na Índia há uma estranha convenção: sua profissão pouco a pouco se torna seu sobrenome. 'Gandhi' simplesmente significa uma pessoa que vende perfume. Alguém entre seus antepassados pode ter sido um vendedor de perfume. *Gandh* significa perfume; por isso, *gandhi* significa aquele que vende perfume. Isso não tem nada a ver com o hinduísmo; há Gandhis parsee[*] – por isso Indira era também Gandhi. Ela não tinha nenhum parentesco com Mahatma Gandhi. Era casada com um parsee, Feroze Gandhi; não era sequer casada com um hindu. Os pais de Feroze devem ter sido vendedores de perfume. O perfume não tem nada a ver com nenhuma religião – qualquer um pode vender perfume – mas, quando uma pessoa vende perfume na Índia, pouco a pouco se torna um Gandhi. Assim são os

---

[*] Parsees são membros de um grupo de seguidores na Índia do profeta iraniano Zaratustra. Os parsees, cujo nome significa "persas", são descendentes dos zoroastrianos persas que emigraram para a Índia para evitar a perseguição religiosa por parte dos muçulmanos. Vivem principalmente em Mumbai e em algumas poucas aldeias e povoados, principalmente no norte de Mumbai, mas também há algumas minorias próximas em Karachi (Paquistão) e Bangalore (Karnataka, Índia). (N.T.)

sobrenomes indianos. Seu negócio, sua profissão, pouco a pouco determina a pessoa. Por isso Abdullah manteve o "Gandhi", porque não tinha nada a ver com o hinduísmo.

Somente uma vez, em uma estação ferroviária em Katni, Mahatma Gandhi e Abdullah Gandhi cruzaram seus caminhos. Gandhi estava viajando no trem e Abdullah havia ido pegar o trem em Katni. Centenas de pessoas haviam ido até lá para ver Gandhi, e centenas de pessoas, muçulmanas, haviam ido para se despedir de Hajji Abdullah Gandhi, porque elas o transformaram num santo – em oposição a Gandhi. O fato de o próprio filho de Gandhi não acreditar no hinduísmo e pensar no Islã como uma religião mais elevada, como uma verdadeira religião, era um grande fator de fortalecimento para os seus egos. Por isso eles gritavam palavras de ordem para exaltar Hajji Abdullah Gandhi: "Vida longa para Hajji Abdullah Gandhi!".

Quando seu cortejo passou ao lado da cabine de Gandhi – ele estava de pé olhando para a multidão – Gandhi virou as costas. Não olhou para o rosto de seu filho – e este homem fala sobre compaixão, bondade, amor, não violência! E não só isso, sua esposa era, afinal, uma mãe. Ela queria pelo menos trocar duas palavras com Haridas, mas Gandhi a deteve. Ele disse: "Escolha. Se você disser uma única palavra a Haridas, também irá com ele".

Este é o comportamento do ego. Kasturba, sua esposa, permaneceu em silêncio, chorando, mas não pôde dizer uma única palavra. Abdullah parou ali, olhando para as costas de seu pai. Tudo foi dito: olhando para o rosto de sua mãe, coberto de lágrimas, ele achou melhor não dizer nada, não criar nenhum problema para ela; seguiu o seu caminho.

No dia em que Gandhi foi assassinado... Haridas era a pessoa indicada para atear fogo no corpo de Gandhi, mas foi ignorado. E ele não era mais um hindu. Seguiu todo o cortejo, estava presente quando o corpo de Gandhi foi queimado, mas ninguém sequer o reconheceu, nem mesmo seus irmãos.

Um dos filhos de Gandhi, Ramdas, era muito cordial comigo. Perguntei-lhe: "Agora que seu pai está morto, o que está criando um muro entre você e Haridas? Se é apenas uma questão de ego, de quem deve procurar quem, posso fazer algo, porque conheço Haridas. Até onde posso entender, Haridas é um homem de enorme coragem – lutando com um pai de coração de pedra, um hipócrita, que não era um mahatma, que não poderia ser um mahatma.

"Haridas simplesmente desafiou seu pai: 'Se vocês dizem que todas as religiões são iguais, então por que tanto barulho por eu me tornar um muçulmano? E você tem continuamente pensado em se tornar cristão; se o seu filho se tornasse um muçulmano o que haveria de errado nisso?'".

Ramdas disse: "Eu posso entender, mas por toda a sua vida meu pai nos disse: 'Nunca tratem Haridas como seu irmão.' Agora que meu pai está morto eu me sentiria culpado se fosse contra a sua vontade. Mas você está certo".

Eu disse: "Posso trazer Haridas, porque ele nunca foi contra ninguém – nem contra Mahatma Gandhi, nem contra sua mãe nem contra seus outros irmãos. Ele estava simplesmente mostrando um simples fato a Gandhi. Mas o que vocês ensinam não é a sua realidade; o que dizem não é o que vivem".

Mas este é o comportamento do ego. Ele diz uma coisa e vive exatamente o oposto. Ele pode até fingir ser seu próprio oposto: pode fingir ser humilde.

E é para aí que a sua pergunta conduz. Se você me perguntar o que fazer para atingir a não ação... nada tem que ser feito para atingir a não ação. A não ação não é uma consecução, é simplesmente sua natureza. Quando você não está fazendo nada, ela está presente.

Se alguém está correndo nesta sala e pergunta: "O que posso fazer para conseguir parar de correr, para eu poder também simplesmente me sentar como você?", o que vai dizer a este homem? Correr é uma ação; sentar não é uma ação. Você não tem que fazer algo para se sentar, você tem simplesmente que parar de correr. Não corra! Ou, se achar impossível parar, então a única outra maneira é correr enquanto conseguir e, mais cedo ou mais tarde, você vai cair. Por quanto tempo você consegue correr?

Então há apenas dois tipos de pessoas que chegaram a não ação no mundo: um que, por puro entendimento, relaxa e encontra o estado da não ação, da paz, do silêncio; e o outro tipo, que andará milhares de quilômetros, se torturará de todas as maneiras possíveis, fará exercícios de ioga, ficará ereto apoiado em sua cabeça e jejuará, passará fome, renunciará, se reprimirá, rezará, irá para os mosteiros e fará todos os tipos de coisas estúpidas. E, por fim, simplesmente por estarem cansados, exaustos, irão se sentar – e de repente estão na não ação.

Talvez ele possa pensar que isso aconteceu por causa de toda a sua ação. Não é o caso – isso acontece apesar de toda a sua ação. Caso contrário, como são tão treinados no exercício, poderiam ainda continuar, pois quanto mais você corre, melhor será sua corrida. Não há fim para isso: você vai ficando cada vez mais hábil, cada vez mais articulado, cada vez mais astuto. Você continua encontrando novas maneiras. É alimentado por uma coisa, depois parte para outra; é alimentado e parte para outra. E há milhões de coisas disponíveis no mundo para se fazer.

Mas para a não ação nada está disponível, nenhum método. Simplesmente é preciso entender a natureza da não ação.

Não faça uma pergunta absurda. Tente apenas entender que pela ação seu ego ficará satisfeito. O que quer que faça – rezar, jejuar, ir à igreja, tornar-se monge – o que quer que faça, a ação é um alimento para o ego; e o ego é a barreira entre você e a existência, entre você e sua realidade.

Não faça nada.

Por que você não consegue viver sem fazer toda esta bobagem?

Coma quando sentir fome. Beba quando sentir sede. Durma quando sentir sono. Levante-se quando estiver desperto. E, simplesmente, esqueça todo o resto!

Faça apenas as pequenas coisas que são necessárias.

Viva uma vida simples, comum, e você irá descobrir.

Jesus disse: "Buscai e encontrareis".

Eu lhe digo: "Busque e jamais encontrará".

Jesus disse: "Pedi e recebereis".

Eu lhe digo: "Peça e jamais receberá".

Jesus disse: "Batei e a porta será aberta para vós".

Eu lhe digo: "Bata e a porta jamais se abrirá para você".

Na verdade não há necessidade de bater:

As portas estão abertas.

Simplesmente entre!

4.
O observador nunca é parte da mente

Crie uma pequena distância. Observe a mente, seu funcionamento, e crie a distância. Observar cria a distância automaticamente. Daí a repetida insistência de Buda: observe, observe dia e noite. Lentamente, muito lentamente, você verá que você é a consciência e a mente é apenas um instrumento que lhe está disponível. Então pode usá-la quando necessário, e quando não for necessário pode desligá-la.
Neste momento, você não sabe como desligá-la;
ela está sempre ligada.

Você pode falar sobre disciplina e meditação?

Esta é uma pergunta muito estranha porque todos os dias, de manhã e à noite, estou falando sobre disciplina e meditação. Se alguém ler sua pergunta, vai achar que pela primeira vez eu tenho que falar sobre disciplina e meditação! Onde você esteve durante tanto tempo?

Você me recorda dois velhos amigos; eles se encontram em uma rua em Leningrado...

"Como a vida tem lhe tratado?", pergunta um deles.

"Muito bem", responde o outro.

O primeiro olha para ele com um ar duvidoso e diz: "Você tem lido os jornais?"

"É claro", responde o outro, "de que outra maneira eu saberia?"

As pessoas sabem sobre suas próprias vidas lendo os jornais. Venho lhes falando todos os dias sobre meditação e nada mais, e você está perguntando...!
Muito bem...

Uma pequena senhora judia senta-se em um avião ao lado de um grande norueguês. Ela fica encarando-o sem parar. Finalmente, volta-se para ele e diz: "Perdoe-me, você é judeu?".

"Não", responde ele. Alguns minutos depois ela olha para ele de novo e pergunta: "Você pode me dizer – você é judeu, não é?".

Ele responde: "Definitivamente, não".

Ela continua a observá-lo e diz novamente: "Posso lhe dizer que você é judeu!".

Para conseguir que ela pare de incomodá-lo, o cavalheiro diz: "Muito bem, eu sou judeu".

Ela olha para ele e sacode sua cabeça para trás e para a frente e diz: "Na verdade, você não parece!".

Fico ponderando por onde começar! A meditação é a única contribuição que o Oriente deu à humanidade. O Ocidente deu várias contribuições, milhares de invenções científicas, imensos progressos na medicina, inacreditáveis descobertas em todas as dimensões da vida. Mas, ainda assim, uma única contribuição do Oriente é muito mais valiosa que todas as contribuições do Ocidente.

O Ocidente tornou-se rico; ele tem toda a tecnologia para ser rico. O Oriente tornou-se pobre porque não buscou nada além de uma coisa: seu próprio bem-estar interior. Sua riqueza é algo que não pode ser visto; mas tem

O observador nunca é parte da mente

conhecido os picos mais elevados de bem-aventurança, as maiores profundezas do silêncio. Tem conhecido a eternidade da vida; tem conhecido o mais belo florescimento do amor, da compaixão, da alegria. Toda a sua inteligência foi dedicada a uma única busca – você pode chamá-la de êxtase.

A meditação é apenas uma técnica para alcançar o estado extático, o estado da divina embriaguez. É uma técnica simples, mas a mente a torna muito complexa. A mente tem que torná-la muito complexa e difícil porque ambas não podem existir juntas. A meditação é a morte da mente. É claro que a mente resiste a todo esforço para a meditação. E, se você prosseguir sem escutar a mente, ela será inteligente e astuta o bastante para lhe dar direções falsas e chamá-las de meditação.

Hoje mesmo fui informado sobre uma das pessoas que foi durante muitos anos um discípulo de Maharishi Mahesh Yogi. Ele agora está meditando aqui, mas continua também com a meditação de seu mestre. O que Maharishi Mahesh Yogi chama de meditação transcendental não é transcendental nem meditação. É um truque da mente. Apenas uma coisa falta nela: eu tenho lhes falado sobre o macaco – e essa pessoa que está aqui deve se lembrar dele. A meditação transcendental só funciona se você não pensar em um macaco. Então a partir de amanhã de manhã tome cuidado! A mais leve lembrança do macaco e a meditação transcendental torna-se sem sentido.

Na verdade, após dezoito anos estando com Maharishi Mahesh Yogi e fazendo sua meditação transcendental, qual é a necessidade de vir para cá? Mas a mente é tão sagaz que ele está se consolando ao pensar que talvez tenha sido o seu mestre, Maharishi Mahesh Yogi, quem o enviou para cá. Mas por que ele deveria mandá-lo para cá? Não considero que ele saiba alguma coisa sobre meditação. O que Maharishi Mahesh Yogi está ensinando em nome da meditação tem sido conhecido há séculos por quase todos no Oriente como sendo um truque psicológico. Ele não é prejudicial. Ao contrário, pode lhe proporcionar um pequeno descanso; pode lhe proporcionar uma boa sensação, como se você tivesse tomado uma ducha. Mas isso não é meditação, porque não pode levá-lo além da mente.

Qualquer esforço realizado pela mente não pode levá-lo além da mente. Esta é uma regra muito fundamental a ser lembrada. A chamada meditação transcendental é apenas um exemplo. Há muitas do mesmo tipo prevalente em todo o Oriente, mas elas não conduzem à iluminação. Não conduzem à consciência desperta, e esse é o único critério para decidir se elas estão certas ou não. Uma árvore é conhecida por seus frutos, e uma técnica é conhecida pelo que ela alcança.

A meditação transcendental é representativa de todas as meditações que a mente lhe tem sugerido; é uma maneira astuciosa para desviá-lo do seu caminho. A mente permanece segura – não só segura, mas se torna mais forte. Todas estas técnicas são de concentração. Você se concentra em alguma palavra, uma palavra sagrada – o nome de Deus, ou algum mantra – e a repete o mais rápido que consegue, bem dentro da sua mente. Quanto mais rápido conseguir fazê-lo, melhor.

O observador nunca é parte da mente

A velocidade ajuda duas coisas. O mantra ou nome de Deus, até mesmo seu próprio nome servirá; não tem nada a ver com Deus – qualquer palavra sem sentido servirá, porque a técnica depende de outra coisa. Ela depende da repetição rápida, tão rápida que não haja intervalos entre elas. Como não há intervalos, os pensamentos não podem surgir; eles necessitam de um pouco de espaço. Se você continuar repetindo uma palavra cada vez mais rapidamente, e prosseguir fazendo isso durante anos, realmente você se tornará um especialista. Então uma coisa que isso faz é não dar chance para que qualquer ideia penetre em sua mente. A segunda coisa, mais fundamental, é que ela cria um enorme tédio. Obviamente, qualquer coisa continuamente repetida vai criar tédio, e o tédio é a base da auto-hipnose. Quando você fica entediado, começa a cair no sono, que não é exatamente sono, porque é deliberadamente criado; por isso, tem um nome diferente: hipnose.

Hipnose significa sono – com uma diferença, ele é deliberado. O sono surge sozinho, espontaneamente. A hipnose é o sono deliberado – você cria uma situação em que ele obrigatoriamente vai acontecer. Este sono é imensamente saudável, e até mesmo dez ou quinze minutos em um estado saudável lhe proporcionam um bom relaxamento que horas de sono comum não podem lhe proporcionar. E, quando você sair dele, vai se sentir muito renovado.

Eu absolutamente concordo que, se você estiver praticando a M.T. apenas com este propósito, um frescor, um relaxamento acontecerá. Mas nunca o leva além da mente. Como ela poderia conduzi-lo além da mente, quando a própria mente está realizando a repetição? Nesta repetição a mente não necessita pensar; a própria repetição se torna um substituto dos pensamentos. E pela repetição a mente cai em um sono profundo – um sono sem sonhos, que lhe proporciona uma imenso frescor, um rejuvenescimento. Naturalmente, você pode ser iludido e acreditar que isto seja meditação – pode continuar realizando-a durante toda a sua vida. É saudável, é bom, é nutritivo, mas não é meditação.

A meditação começa por se estar separado da mente, ser uma testemunha. Esta é a única maneira de você se separar de algo. Se você está olhando para a luz, naturalmente uma coisa é certa: você não é a luz, você é aquela pessoa que está olhando para ela. Se está observando as flores, uma coisa é certa: você não é a flor, você é o observador.

A observação é a chave da meditação.

Observe sua mente.

Não faça nada – não repita um mantra, não repita o nome de Deus – apenas observe o que a mente está fazendo. Não a perturbe, não a impeça, não a reprima; não faça absolutamente nada da sua parte. Seja apenas um observador, e o milagre da observação é a meditação. À medida que você observa, lentamente, muito lentamente, a mente vai se tornando vazia de pensamentos; mas você não está caindo no sono, está ficando mais alerta, mais consciente.

E quando a mente se torna completamente vazia, toda a sua energia se torna uma chama do despertar. Esta chama é o resultado da meditação. Então você pode dizer que a meditação é outro nome do testemunhar, da observação – sem nenhum julgamento, sem nenhuma avaliação. Apenas observando, você imediatamente sai da mente.

O observador nunca é parte da mente

O observador nunca é parte da mente. Conforme o observador se torna cada vez mais enraizado e forte, a distância entre o observador e a mente vai se tornando cada vez maior. Logo a mente está tão distante que você mal consegue sentir que ela existe... ela passa a ser apenas um eco em vales distantes. E, finalmente, até esses ecos desaparecem. Este desaparecimento da mente independe do seu esforço, independe de você usar qualquer coisa contra a mente – apenas deixe-a morrer a sua própria morte.

Quando a mente está absolutamente silenciosa, absolutamente ausente, você não consegue encontrá-la em parte alguma. Você se torna pela primeira vez consciente de si mesmo porque a mesma energia que estava envolvida na mente, não encontrando a mente, volta-se para si mesma.

Lembre-se: a energia está em constante movimento. Dizemos que as coisas são objetos, e talvez você nunca tenha pensado em por que chamamos as coisas de objetos. Elas são objetos porque bloqueiam sua energia, sua consciência. Elas *objetam*; são obstáculos. Mas quando não há objeto, todos os pensamentos, emoções, humores, tudo desapareceu. Você está em completo silêncio, no nada, no vazio; toda a energia começa a se voltar para si mesma. Esta energia retornada à fonte produz um enorme deleite.

Outro dia citei William Blake, "energia é deleite". Esse homem, embora não seja um místico, deve ter tido algum vislumbre da meditação. Quando a meditação retorna à sua própria fonte, explode em imenso deleite. Este deleite, em seu estado fundamental, é a iluminação.

Qualquer coisa que o ajude a passar por este processo de meditação é disciplina: talvez tomar um bom banho, estar limpo e fresco; sentar-se em uma postura relaxada com os olhos fechados, nem faminto nem empanturrado de comida; sentado em uma posição que seja a mais relaxante... observando todo o seu corpo, cada parte dele, vendo se há alguma tensão. Se houver alguma tensão, mude de posição e coloque o corpo em uma posição relaxada.

No Oriente foi descoberto há milhares de anos, e corretamente descoberto, que a postura de lótus – a maneira em que você deve ter visto as estátuas de Buda – é o estado mais relaxado do corpo. Mas para os ocidentais, que não estão acostumados a se sentar no chão, a postura de lótus é um pesadelo! Então, evite-a, porque demora-se quase seis meses para aprender a postura de lótus; e isso não é necessário. Se você está acostumado a se sentar em uma cadeira, pode encontrar uma maneira, uma postura, uma cadeira feita de uma certa forma que ajude seu corpo a relaxar todas as suas tensões. Não importa se você está sentado na cadeira, na posição de lótus ou deitado na cama. A posição sentada é preferível porque evita que você adormeça.

A postura de lótus foi escolhida por muitas razões. Se você consegue se colocar nela sem se torturar, é a melhor, mas não é uma obrigatoriedade. É certamente a melhor situação em que você pode penetrar no estado de observação. As pernas estão cruzadas, as mãos estão cruzadas, a coluna está reta; isso lhe proporciona importantes apoios para estar em estado de observação. Em primeiro lugar, porque nesta posição a gravitação tem o menor efeito sobre o corpo, pois sua coluna está reta. Então, a gravitação pode afetar uma parte muito pequena. Quando você está deitado, a gravitação afeta todo o seu corpo. Por isso deitar

O observador nunca é parte da mente

é a melhor posição para dormir. A gravitação atrai todo o seu corpo e, por causa da sua atração, o corpo perde todas as tensões. Em segundo lugar, quando você está deitado, se o propósito é dormir, você deve usar um travesseiro, porque quanto menos sangue alcançar a sua mente, menos a mente estará ativa. Quanto menos sangue atingir sua mente, maior a possibilidade de você adormecer.

A postura de lótus é uma ótima combinação. Ela tem o menor efeito da gravitação, e como a coluna está reta, uma menor quantidade de sangue atinge a mente, e por isso a mente não pode funcionar. Nessa postura você não consegue adormecer facilmente. E se você aprendeu essa postura desde que nasceu, ela se torna muito natural. O cruzamento das pernas, o cruzamento das mãos tem uma importância. Sua energia corporal move-se em um círculo; o círculo não é rompido em lugar algum em uma postura de lótus. Suas duas mãos... uma dá energia à outra; um de seus pés dá energia ao outro – e a energia continua se movimentando em círculo. Você se torna um círculo da sua bioenergia. Muitas coisas são de grande ajuda. Sua energia não está sendo liberada e por isso você não se sente cansado. Seu sangue está correndo em menor quantidade e por isso a mente não funciona tanto. Você está sentado em tal posição – suas pernas estão fechadas, suas mãos estão fechadas e sua coluna está reta – que o sono se torna difícil. Estes são apenas apoios; eles não são essenciais.

Isso não quer dizer que uma pessoa que não consiga se sentar em uma postura de lótus não consiga meditar; a meditação será um pouco dificultada, mas a postura de lótus é apenas útil, não absolutamente necessária – seus corpos foram adaptados durante séculos; seus pais e os pais de seus pais desde Adão e Eva... Você já viu alguma representação de Adão e Eva em uma postura de lótus? Na verdade, isso teria sido muito bom para eles, porque sentados na postura de lótus poderiam se sentar nus e ninguém teria percebido muito a sua nudez. É assim que os monges jainas se sentam, sempre na postura de lótus. Não se consegue ver seus genitais. Suas pernas estão cruzadas, suas mãos estão cruzadas; isto funciona quase como uma proteção para sua nudez.

Mas se por séculos as pessoas nunca se sentaram desta maneira, é desnecessário fazer disso um problema; sua estrutura corporal assumiu certa postura. É melhor acompanhar o corpo e sua sabedoria: use uma cadeira. O importante é que você se sinta confortável para que o corpo não atraia sua atenção.

Por isso a tensão tem que ser evitada; se você tiver uma dor de cabeça, por exemplo será difícil meditar. Repetidas vezes sua atenção acompanhará a dor de cabeça. Se sua perna estiver doendo ou se houver alguma leve tensão em qualquer lugar do corpo, você ficará imediatamente alarmado. Isso é natural e é parte da sabedoria do corpo. Se não alarmá-lo, então você estará em perigo: uma cobra pode mordê-lo e você continuar sentado; suas roupas podem se incendiar, seu corpo pode estar queimando, e você pode não estar consciente disso. Assim, o corpo imediatamente envia um alarme de onde houver algum problema. Essa é a razão de se criar uma posição relaxada em que o corpo não precise alarmá-lo, porque cada alarme será uma perturbação em sua meditação.

O observador nunca é parte da mente

Então, o primeira passo para a disciplina é um corpo relaxado e olhos fechados, porque se você estiver com os olhos abertos muitas coisas estarão se movendo à sua volta e elas podem ser uma perturbação. É perfeitamente correto para os iniciantes o uso de uma venda nos olhos, para que eles fiquem completamente voltados para dentro de si, porque são seus olhos, seus sentidos que desviam sua atenção para o ambiente externo. Os olhos captam oitenta por cento de todo o seu contato externo – oitenta por cento são captados pelos olhos; portanto, feche os olhos. Para os iniciantes, é aconselhado o uso de protetores de ouvido. Feche os ouvidos para que nenhum ruído externo possa perturbá-lo. Isso é só para os iniciantes; todas as precauções são para os iniciantes. E então simplesmente observe sua mente como se ela fosse um trânsito de pensamentos ou um filme – um filme passando na tela da TV.

Você é apenas um observador neutro.

Esta é a disciplina. Se ela for completa, a observação chegará muito facilmente, e observação é meditação. Através da observação a mente desaparece, os pensamentos desaparecem. E esse é o momento mais abençoado: quando você está totalmente desperto e não há um único pensamento, apenas um céu silencioso do seu ser interior.

É o momento em que a energia se volta para dentro; esse voltar para dentro é repentino, abrupto. E quando a energia se volta para dentro, ela produz um imenso deleite, um deleite orgástico. De repente sua consciência torna-se muito rica, porque a energia é um alimento para a sua consciência. A energia retornando cria quase uma chama do seu ser. Você vê pura luz e silêncio à sua volta – silêncio absoluto, e um imenso centramento.

Agora você está no seu próprio centro.

No momento certo, quando você estiver perfeitamente centrado – vem a explosão. Chamamos essa explosão de iluminação. Essa iluminação vai lhe proporcionar todos os tesouros do mundo interior, todo o esplendor. Ela é o único milagre no mundo: conhecer a si mesmo e ser você mesmo, e saber que você é imortal, que está além do corpo, além da mente; que você é consciência pura.

Portanto, a disciplina é apenas um apoio; o essencial é o testemunhar, a observação – isso é meditação. Mas em nome da meditação há centenas de chamados professores que continuam explorando as pessoas. Maharishi Mahesh Yogi tornou-se muito conhecido no Ocidente, porque o Ocidente não tinha consciência de que no Oriente até mesmo os aldeões estão praticando a chamada meditação transcendental. Todos cantando, repetindo o nome de Deus – é um exercício prazeroso. Não sou contra ele; é certamente bom, mas não chame aquilo de meditação e não chame aquilo de transcendental. Essas são denominações erradas para o que ele ensina.

Isso é autossugestão hipnótica e nada mais. Ela jamais lhe dará a luz da qual fala Kabir, "como se milhares de sóis tivessem surgido à sua volta". Jamais lhe dará o que, Rumi, é "como se todo o céu estivesse chovendo flores e todo ser humano estivesse invadido por um perfume sobrenatural, não pertencente a este mundo". Ela não lhe proporcionará o êxtase que Patañjali, o fundador da ioga, continuamente insiste com seus *ioga sutras*.* Ele diz que *samadhi*, o êxtase, é muito similar ao sono, com uma única diferença: o estado de alerta. Se o sono puder acontecer num estado acordado, se o sono puder ser pleno de consciência, então é *samadhi*, é êxtase.

A chamada meditação transcendental nunca lhe dará a natureza búdica. Ela lhe dará o repouso mental comum – relaxamento físico; por isso, não sou contra ela. Qualquer coisa que Maharishi Mahesh Yogi e outras pessoas como ele estejam fazendo é boa, mas estão chamando de meditação algo que não é meditação. É nesse sentido que estão desorientando as pessoas. Se tivessem permanecido sinceros e autênticos e dissessem às pessoas que "isto vai lhes proporcionar saúde mental, saúde física, uma vida mais relaxada, uma existência mais pacífica", isso estaria certo. Mas, quando começaram a chamar isso de "meditação transcendental", elevaram uma coisa muito trivial a uma significância fundamental que aquilo não poderia satisfazer. Pessoas têm estado em meditação transcendental há anos, e, no Oriente, há milhares de anos. Mas isso não se tornou seu autoconhecimento, e não fez deles Gautamas Budas.

---

* Ioga sutras (*Aforismos do ioga*) é o texto clássico sobre a teoria e prática do ioga tradicional. Foi escrito por Patañjali, que teria nascido no noroeste da Índia, e se tornou conhecido por ensinar essa disciplina no sul do país. Alguns autores acreditam que tenha vivido aproximadamente no tempo de Sidarta Gautama, o Buda, no século v a.C., mas é mais provável que tenha vivido entre o século II a.C. e o século III d.C. O texto compõe-se de cento e noventa e seis aforismos divididos em quatro capítulos que tratam do método do ioga para libertar o praticante das transformações materiais e da morte, devolvendo-o à sua natureza autêntica. (N.T.)

Se você quiser entender exatamente o que é meditação, Gautama Buda foi o primeiro a chegar à sua definição certa, exata – o testemunhar. Aprender, com Gautama Buda, o testemunhar, e aprender com Patañjali a disciplina que pode ser útil para a meditação. Desta maneira, a ioga e a meditação podem se tornar uma síntese.

A ioga é uma disciplina, apenas um suporte externo – imensamente útil, mas não absolutamente necessário. E Gautama Buda deu ao mundo a coisa mais fundamental e mais essencial: o testemunhar como meditação.

Sua questão não será resolvida até começar a se iniciar no caminho; do contrário, você vai perguntar de novo o que é meditação. Apenas eu lhe dar minha explicação dela não é o bastante; você terá que se mover no caminho.

> Hymie e Becky Goldberg estão prestes a realizar seu primeiro voo de avião.
>
> Hymie passa um tempo desfrutando do conforto, reclinando a poltrona e observando a bela comissária de bordo andando para cima e para baixo no corredor. Em seguida ele olha fora da janela e diz, excitado: "Becky, olhe para aquelas pessoas lá em baixo, elas parecem formigas."
>
> Becky se inclina, dá uma olhada e depois diz: "Elas são formigas, seu idiota... nós ainda não levantamos do chão!"

Hymie Goldbert estava tão interessado em observar as belas garotas andando de um lado para o outro no corredor que se esqueceu completamente que o avião ainda estava parado – ainda não havia se movido! Então, olhando para as formigas, achou que podiam ser pessoas vistas de certa altura.

Por isso você medita com os olhos fechados!

Por que tenho medo me aceitar como sou?

Todos estão na mesma situação: têm medo de se aceitar como são. Foi assim que os séculos passados da humanidade cultivaram e condicionaram todas as crianças, todos os seres humanos.

A estratégia é simples, mas muito perigosa. A estratégia é condená-lo e lhe dar ideais para que você esteja sempre tentando se tornar outra pessoa. O cristão está tentando se tornar um Jesus, o budista está tentando se tornar um Buda, e este parece ser um dispositivo tão inteligente para distraí-lo de si mesmo que talvez as pessoas que têm feito isso sejam elas próprias inconscientes disso.

O que Jesus disse na cruz, suas últimas palavras à humanidade, são imensamente significativas de muitas maneiras – em particular neste contexto. Ele orou a Deus: "Pai, perdoe estas pessoas, porque elas não sabem o que fazem". Isto é aplicável a todo pai e a toda mãe, a todo professor, a todo sacerdote e a todo moralista – as pessoas que administram a cultura, a sociedade, a civilização, que tentam moldar todo indivíduo de determinada maneira. Talvez elas também não saibam o que estão fazendo. Talvez acreditem estar fazendo tudo para o seu bem. Não desconfio de suas intenções, mas certamente quero que você tenha consciência de que elas são ignorantes; são pessoas inconscientes.

Uma criança pequena nasce nas mãos de uma sociedade inconsciente. E a sociedade inconsciente começa moldando a criança segundo seus próprios ideais, esquecendo-se de uma coisa que é a mais fundamental: a criança tem um potencial próprio; ela tem que crescer não para ser um Jesus, um Krishna ou um Buda; ela tem que crescer para ser ela mesma. Se não crescer para ser ela mesma, vai permanecer completamente infeliz durante toda a sua vida. Sua vida vai se tornar um inferno e uma maldição, e ela não vai saber o que deu errado. Desde o início ela foi colocada na direção errada.

As pessoas que a puseram na direção errada são as pessoas que ela acha que a amam; ela acha que são seus benfeitores. Elas são na verdade seus maiores inimigos. Os pais, os professores, os sacerdotes e os líderes da sociedade são os maiores inimigos de todo indivíduo que nasceu na Terra até agora. Sem ter consciência, estão desviando-o de si mesmo.

E para desviar-se você tem que ser absolutamente condicionado a pensar o seguinte: que você não tem valor, não tem merecimento, é completamente inútil da maneira que é. É claro que você pode se tornar digno de respeito, de dignidade, se seguir as regras e os regulamentos que os outros lhe apresentam. Se for capaz de conseguir ser um hipócrita, será um cidadão de prestígio na sociedade. Mas se insistir em ser sincero, honesto, autêntico, você mesmo, será condenado por todos. E é necessária uma enorme coragem para ser condenado por todos. É preciso ser um homem com uma coluna vertebral de aço para se levantar sozinho e declarar: "Não vou ser ninguém exceto eu mes-

O observador nunca é parte da mente

mo, bom ou mau, aceitável ou não aceitável, prestigioso ou não prestigioso. Uma coisa é certa, eu só posso ser eu mesmo e ninguém mais".

Isso demanda uma enorme abordagem revolucionária da vida. Esta é a revolta básica que cada indivíduo necessita enfrentar se quiser ficar fora do círculo vicioso da infelicidade.

Você está me perguntando: "Por que eu tenho medo de me aceitar como sou?". Porque você não foi aceito por ninguém da maneira como é. Eles criaram o medo e a apreensão de que, se você aceitar a si mesmo, será rejeitado por todos. Esta é uma condição absoluta de toda sociedade e de toda cultura que existiu até agora: ou você se aceita e é rejeitado por todos, ou se rejeita e ganha o respeito e a honra de toda a sua sociedade e cultura. A escolha é realmente difícil.

Obviamente, a maioria vai escolher a respeitabilidade, mas com a respeitabilidade vêm todos os tipos de ansiedades e angústias, um vazio, uma vida como um deserto onde nada cresce, onde nada é verde, onde nunca nenhuma flor desabrocha, onde você anda, anda, anda e nunca encontra sequer um oásis.

Isso me lembrou Leon Tolstói. Há alguns dias houve uma feira internacional de livros em Moscou, e uma de minhas *sannyasins*, Lani, estava lá. Ela ficou surpresa – meus *sannyasins* russos estavam lá e também ficaram surpresos: as editoras mais famosas do mundo estavam exibindo seus livros, mas nosso estande era o mais cheio. Em momento nenhum havia lá menos de cem pessoas em todos os dias em que a feira ficou aberta. Um homem idoso, olhando para minha foto, perguntou a Lani: "Este homem não é um pouco parecido com Leon Tolstoi?" – só por causa da minha barba. Tolstoi tinha uma bela barba.

Tolstói costumava ter um sonho que psicanalistas de diferentes escolas estiveram interpretando durante quase todo o século. O sonho era muito estranho – não para mim. Para mim não era preciso psicanálise, apenas bom senso. O sonho se repetiu todas as noites continuamente durante anos. Parecia estranhamente aterrador, e Tolstoi acordava todos os dias no meio da noite, transpirando, embora não houvesse nenhum perigo no sonho.

Mas caso se conseguisse entender o sentido do sonho... esse foi o problema que tornou um pesadelo. Aquele sonho representava a vida de quase todo mundo. Nenhuma escola psicanalítica foi capaz de descobrir que tipo de sonho era aquele, porque não havia com que compará-lo; era sem precedentes. O sonho costumava ser o mesmo todas as noites: um vasto deserto, o quão longe se pudesse avistar, apenas deserto... e duas botas, que Tolstoi reconhecia como suas, caminhando. Mas ele não estava ali... apenas as botas continuando a fazer ruído na areia. E isso continuava, porque o deserto era infinito. Elas nunca chegavam a lugar nenhum. Olhando para trás, ele ainda podia ver as pegadas das botas por quilômetros, e olhando para a frente podia ver as botas continuando sua caminhada.

Normalmente você não imaginará que se trata de um pesadelo. Mas se pensar com mais atenção – todos os dias, todas as noites o mesmo sonho de completa inutilidade, não chegando a lugar nenhum. Parecia não haver nenhum destino... e ninguém calçando as botas; elas estavam vazias.

O observador nunca é parte da mente

Ele contou o sonho a todos os famosos psicanalistas de sua época na Rússia. Ninguém conseguia imaginar o que aquilo significava, porque não havia nenhum livro descrevendo nenhum sonho que pudesse ter uma mínima similaridade com este. Ele era absolutamente único. Mas para mim não era uma questão de psicanálise. Era um sonho simples, representando a vida de todo ser humano. Você está caminhando em um deserto porque não está caminhando na direção do objetivo intrínseco a seu ser. Está caminhando sem chegar a lugar nenhum. Quanto mais você se distancia, mais se afasta de si mesmo. E quanto mais você busca por algum significado... encontra o absoluto vazio e nada mais. Esse é o significado. O homem está faltando: apenas suas botas estão caminhando.

Você não está naquilo que está fazendo. Não está naquilo que está sendo. Não está naquilo que está fingindo ser. Está num total vazio, em pura hipocrisia. Mas a maneira como isto foi criado é um método simples: diga a todos que "como você é, não merece absolutamente sequer existir. Como você é, é apenas horrível, um acidente. Deve se envergonhar de si, porque não tem nada de valor para ser honrado e respeitado".

Naturalmente, então, toda criança começa a fazer coisas que se supõe serem honrosas. Vai se tornando cada vez mais falsa, cada vez mais uma mentira, cada vez mais distante da sua autêntica realidade, do seu verdadeiro ser – e então surge o medo. Quando ela sente um anseio de se conhecer, este é imediatamente seguido por um grande medo. O medo é que, se você encontrar a si mesmo, vai perder o respeito por si – mesmo a seus próprios olhos.

A sociedade é pesada demais para qualquer indivíduo. Ela faz todos os esforços para de tal maneira condicioná-lo que você começa a pensar que você *é* o condicionamento, e se torna parte da sociedade contra seu próprio ser. Você se torna um cristão, se torna um hindu, se torna um muçulmano, e se esquece completamente de que nasceu apenas como um ser humano, sem religião, sem política, sem nação, sem raça.

Você nasceu como uma pura possibilidade de crescimento.

De acordo comigo, o *sannyas* pretende trazer você de volta a si mesmo, sejam quais forem as consequências, seja qual for o risco. Você tem que voltar para si mesmo. Você pode não encontrar um novo Jesus ali; isso não é necessário. Um Jesus já é suficiente. Pode não encontrar um Gautama Buda; isso está perfeitamente bem, porque se existissem muitos Gautama Budas isso seria simplesmente entediante. A existência não quer repetir as pessoas. Ela é tão criativa que sempre traz algo novo em cada indivíduo, um novo potencial, uma nova possibilidade, uma nova altura, uma nova dimensão, um novo pico.

O *sannyas* é uma revolta contra todas as sociedades, todas as culturas e todas as civilizações, pela simples razão de que elas são contra o indivíduo. Eu sou absolutamente a favor do indivíduo. Posso sacrificar toda sociedade, toda religião e toda civilização, toda a história da humanidade, apenas por um único indivíduo. O indivíduo é o fenômeno mais valioso, porque o indivíduo é parte da existência.

Você terá que pôr fim ao seu medo. Ele lhe foi imposto, não é natural. Observe toda criança pequena: ela se aceita perfeitamente; não há condenação, não há desejo de ser outra pessoa. Mas todos, à medida que crescem, são desviados de si. É preciso juntar coragem para se voltar para si mesmo. Toda a sociedade vai impedi-lo; você será condenado. Mas é muito melhor ser condenado pelo mundo todo do que permanecer infeliz, postiço, falso e viver uma vida de outra pessoa.

Você precisa viver uma vida feliz. E não há duas maneiras de isso acontecer – apenas uma: ou seja, você tem que ser você mesmo, seja quem for.

A partir daí, dessa profunda aceitação e respeito por si mesmo, você vai começar a crescer. Vai criar flores próprias – não cristãs, budistas ou hindus, mas absolutamente suas, uma nova contribuição para a existência.

Mas é necessária uma imensa coragem para seguir sozinho em um caminho deixando toda a multidão na estrada. Estando na multidão a pessoa se sente protegida, confortável; estando sozinha, naturalmente ela sente medo. A mente continua argumentando internamente que toda a humanidade não pode estar errada; e eu estou indo sozinho! É melhor ser parte da multidão, porque então você não será responsável se as coisas derem errado.

Todo mundo é responsável. Mas no momento em que você se separa da multidão está tomando sua responsabilidade em suas próprias mãos. Se algo der errado, *você* é responsável. Mas lembre-se de uma coisa muito fundamental: a responsabilidade é um lado da moeda; o outro lado é a liberdade. Você pode ter ambas ou pode desistir de ambas. Se não quer ter responsabilidade, não pode ter liberdade, e sem liberdade não há crescimento.

Então, você tem que aceitar a responsabilidade por si mesmo e tem que viver em absoluta liberdade para poder crescer, o que quer que você seja. Você pode se tornar uma roseira, pode se tornar apenas um malmequer, pode se tornar apenas uma flor silvestre sem nome. Mas uma coisa é certa: o que quer que você se torne, você será imensamente feliz. Será totalmente bem-aventurado. Pode não ter respeitabilidade; ao contrário, pode ser condenado por todos. Mas no seu âmago vai sentir uma enorme alegria extática, que só um indivíduo livre pode sentir. E só um indivíduo livre pode crescer nas camadas mais elevadas da consciência, pode alcançar as alturas dos picos do Himalaia.

A sociedade tem mantido todos retardados, tem tornado todos estúpidos. Ela necessita de idiotas; não quer pessoas inteligentes à sua volta. Tem medo da inteligência porque a inteligência está sempre revoltada contra a escravidão, contra a superstição, contra todos os tipos de exploração, contra todos os tipos de estupidez, contra todas as discriminações entre raças, nações, classes, cores.

A inteligência está continuamente em revolta. Só o idiota é sempre obediente. Até Deus quis que Adão fosse um idiota, porque era do seu interesse que Adão e Eva permanecessem idiotas; assim eles continuariam adorando a Deus. Em minha opinião, o demônio foi o primeiro revolucionário do mundo, e o demônio é a pessoa mais importante em toda a história. Toda a civilização e todo o progresso devem muito ao demônio – de forma alguma devem a Deus. Deus queria apenas um Adão estúpido, uma Eva estúpida; e, se Adão tivesse seguido Deus, você ainda estaria mascando grama no Jardim do Éden!

O observador nunca é parte da mente

O homem movimentou-se porque se revoltou contra Deus. Deus representa o *status quo*, a autoridade, o poder e a dominação. Qualquer pessoa que seja inteligente não pode ser convertida em um escravo; ela preferirá morrer a tornar-se um escravo. Não pode ser explorada e não pode arrastada para fora do seu próprio centro.

Meu povo tem que aprender o fato de que eu acredito apenas na religião da revolta. Afora essa, não há religiosidade; afora essa não há possibilidade de a sua consciência ascender ao potencial mais elevado que você está carregando como energia dormente.

> Paddy recentemente se associou ao seu clube de paraquedismo local e subiu para seu primeiro salto. Tudo estava correndo perfeitamente bem até chegar a vez de ela pular.
> "Espere aí", gritou seu instrutor, "você não está com seu paraquedas!"
> "Ah, está tudo bem", replicou Paddy, "nós estamos apenas treinando, não é?"

A sociedade precisa destes idiotas. Eles são perfeitamente obedientes, dóceis, prontos para serem explorados, prontos para serem reduzidos quase a animais.

Não tenha medo de se aceitar. É aí que está seu verdadeiro tesouro, é aí que está o seu lar. Não escute os chamados sábios – eles são os envenenadores que têm matado milhões de pessoas, destruído suas vidas, tirado delas todo significado e importância.

Não importa quem você é. O que importa é que deve permanecer exatamente o que é, porque é a partir daí que se inicia o crescimento.

Alguns sutras para você meditar... Talvez eles possam lhe proporcionar alguma coragem, alguma inteligência.

Todo mundo é ignorante, apenas em assuntos diferentes.

Então, não fique preocupado por ser ignorante; todo mundo é.

Todos os homens nascem livres, mas alguns se casam.

Então, fique alerta e a liberdade é sua!

A ilusão é o primeiro de todos os prazeres.

Lembre-se, a vida de crescimento vai além da vida mundana dos prazeres. O prazer não é algo muito importante; é apenas como coçar sua pele: provoca alívio, mas apenas por pouco tempo. Se você continuar coçando, vai provocar sangramento, e então o prazer se transforma em dor. E vocês sabem que transformaram todos os seus prazeres em dor. Um homem inteligente busca algo que nunca poderá ser transformado em dor, angústia, ansiedade e sofrimento. O que eu chamo de êxtase não é prazer, porque o êxtase não pode ser transformado em seu oposto. Não há oposto para ele.

A busca deve ser pelo eterno, e todos têm a capacidade de experimentar o eterno. Mas os prazeres do corpo físico, da paixão biológica ou os prazeres de comer mantêm as pessoas envolvidas e roubam o pouco tempo que elas têm na Terra para crescer.

O observador nunca é parte da mente

Soube que um homem foi a um psiquiatra e disse: "Estou muito preocupado. Minha esposa come sem parar: fica o dia todo sentada no sofá vendo televisão, comendo alguma coisa, toma sorvete... ou se não está comendo algo, pelo menos está mascando chiclete. Mas sua boca não para... Agora ela perdeu toda a beleza; tornou-se apenas um saco de pele sem curvas em parte alguma. O que devo fazer?"

O psiquiatra disse: "Você vai tentar uma coisa. É um sucesso absoluto; já experimentei com muitos pacientes" – e lhe deu uma fotografia de uma bela garota nua.

O homem disse: "Meu Deus! Como esta foto vai ajudar?"

O psiquiatra disse: "Você tem que entender toda a tragédia. Coloque-a dentro da sua geladeira. Cole-a com uma cola forte para que sua esposa não consiga tirá-la de onde está. Sempre que ela abrir a geladeira, verá a si mesma, e esta bela garota... Talvez ela comece a reduzir seu peso... Dê-lhe apenas uma comparação".

Durante três ou quatro meses o psiquiatra esperou, esperou, e finalmente foi até a casa do homem para descobrir o que havia acontecido. Ele não pôde acreditar: o homem estava sentado no sofá; havia engordado muito. Estava assistindo televisão e mascando chiclete. O psiquiatra disse: "O que foi? O que aconteceu com você?".

O homem disse, "Foi aquela maldita foto! Por causa da foto eu comecei a ir até a geladeira, apenas para dar uma olhada. Mas, quando você abre a geladeira, naturalmente quer alguma coisa. O sabor de tantas coisas gostosas... cada vez que eu abro a geladeira começo a comer. Então, o tiro saiu pela culatra".

As pessoas estão se comportando muito estupidamente em suas vidas. Ora, uma pessoa que está o tempo todo comendo – os médicos estão proibindo, todos estão lhe dizendo que isso é perigoso – que prazer elas têm? É apenas um pequeno pedacinho da língua que experiencia o gosto; uma vez que o alimento passou por aquele pedacinho você não sente nenhum gosto, nenhum prazer. Isso tem de ser uma absoluta estupidez.

Mas as pessoas estão atrás de todos os tipos de prazeres, nem mesmo estão conscientes de que estão desperdiçando um tempo imensamente valioso. Este é o tempo em que alguém se torna um Gautama Buda. Este é o tempo em que alguém se torna um Sócrates. O mesmo tempo, a mesma energia, o mesmo potencial... mas você os desperdiça correndo atrás de coisas desprovidas de sentido.

O cavalheirismo é a tentativa de um homem de defender uma mulher contra tudo, exceto contra si mesmo.

Mesmo quando você está no caminho certo, vai conseguir ser atropelado caso fique ali sentado.

Não fazer nada é a coisa mais difícil do mundo.

Todos estão fazendo alguma coisa. Só muito poucas pessoas conhecem a arte de às vezes não fazer nada. Quando você não está fazendo nada, você é simplesmente e puramente seu próprio ser.

Fazer e ser são duas maneiras de viver sua vida, dois estilos de viver sua vida. A vida do fazer é mundana; a vida do ser é sublime, é divina. Não estou lhe dizendo para parar com todo o fazer; estou dizendo que o fazer deve ser secundário na sua vida, e o ser deve ser primário. O fazer só deve estar voltado para as necessidades da vida, e o ser deve ser seu verdadeiro requinte, sua verdadeira alegria, seu verdadeiro êxtase.

Para ser perfeitamente feliz a pessoa deve ser perfeitamente néscia.

Sempre que vir uma pessoa feliz, lembre-se disso. As pessoas néscias são muito felizes porque não sabem para que estão aqui. Não sabem que há alguma tarefa a ser realizada. São quase como crianças retardadas que continuam brincando com seus ursinhos. Seus ursinhos podem mudar de forma: o ursinho de alguém é o dinheiro e os ursinhos de outra pessoa são as mulheres, e os ursinhos de outra ainda são os homens. Mas o que quer que esteja fazendo – e você se sente muito contente de que o dinheiro esteja se acumulando, que você tenha encontrado uma nova namorada, que foi promovido a um cargo mais elevado –, você está completamente feliz. A menos que seja néscio, isso não é possível.

Um homem inteligente será indubitavelmente capaz de enxergar com toda a certeza que essas pequenas coisas da vida o estão impedindo de ir além. Elas o mantêm paralisado aqui, que não é o seu lar. Elas o mantêm engajado em uma vida que vai terminar em um cemitério.

O homem inteligente começa a perguntar – e esta se torna sua busca e indagação fundamental: "Será que há algo além do cemitério? Se não houver nada além do cemitério, então toda a minha vida é apenas um sonho e algo sem sentido. A menos que haja algo além, a vida não pode ser importante e não pode ser significativa".

Mas a pessoa estúpida está imensamente feliz com quaisquer brinquedos que a sociedade lhe forneça. Não seja estúpido.

Errar é humano, admiti-lo é divino.

É absolutamente humano cometer erros. Admitir isso, sem nenhuma culpa – ao admitir seus erros você simplesmente admite sua humanidade – provoca uma transformação em seu ser. Algo do divino, algo do além começa a se abrir.

Toda nuvem tem um revestimento prateado e até mesmo as roupas velhas têm seu lado brilhante.
Se não fosse pelo otimista, um pessimista jamais saberia como ele é infeliz.

As pessoas estão continuamente se comparando com os outros. Elas se tornam felizes e infelizes por causa das comparações.

Fiz uma visita a um santo hindu muito famoso. Depois, ele disse a algumas outras pessoas que apareceram para ouvir o que havia transpirado entre nós: "O segredo da felicidade é sempre olhar para aqueles que estão infelizes. Olhe para o aleijado e você se sentirá feliz por não ser aleijado. Olhe para o cego e você se sentirá feliz por não ser cego. Olhe para o pobre e você se sentirá feliz por não ser pobre".

O observador nunca é parte da mente

Eu tive que deter aquele idiota. Eu disse: "Você não entende um fato simples. Quando uma pessoa começa a comparar, não consegue parar de se comparar apenas com aqueles que são infelizes. Também vai olhar para aqueles que são mais ricos que ela, mais bonitos, mais fortes, mais respeitáveis que ela. E então vai se sentir infeliz. Você não está lhe dando o segredo da felicidade; está lhe dando o segredo da absoluta infelicidade".

Mas isso tem sido ensinado através dos séculos – em palavras diferentes, mas o segredo essencial é o mesmo – em quase todas as escrituras religiosas: sinta-se contente porque há pessoas que são muito infelizes. Agradeça a Deus por não ser tão infeliz.

Isso não pode permanecer unilateral. Uma vez que você aprende o caminho da comparação, não conseguirá se comparar apenas com aqueles que são inferiores a você; também terá que se comparar inevitavelmente com aqueles que são superiores a você – e então se sentirá imensamente infeliz.

De fato, a comparação não é a coisa certa a fazer. Você é você mesmo, e não há nenhuma outra pessoa com a qual possa ser comparado.

Você é incomparável.

A outra pessoa também.

Nunca compare. A comparação é uma das causas de você se manter preso ao mundano, porque a comparação cria competição, a comparação cria ambição. Ela não vem sozinha; traz com ela todas as suas acompanhantes. E quando você se torna competitivo não há fim para isso; você terminará antes que a competição termine. Quando você se torna ambicioso, escolheu o caminho mais estúpido para sua vida.

Henry Ford disse: "Durante toda a minha vida bem-sucedida eu aprendi uma coisa: aprendi a subir escadas. E quando atinjo o último degrau da escada sinto-me tão idiota e tão envergonhado, porque eu não tenho mais nenhum lugar para ir.

"Mas não posso dizer isso às pessoas que estão atrás de mim se esforçando muito para atingir o alto da mesma escada, onde estou me sentindo um idiota. Para que eu me esforcei tanto? Ninguém me ouvirá se eu disser: 'Parem onde quer que estejam. Não percam tempo – porque não há nada lá. Quando chegarem ao topo ficarão paralisadas. Não poderão descer porque isso parecerá um retrocesso. E não poderão ir em frente porque não há mais nenhum lugar à frente".

Presidentes e primeiros-ministros sentem-se estagnados. Sabem que só uma coisa pode acontecer, e essa coisa é a queda. Não há mais para onde subir; não há lugar algum para ir exceto cair do lugar onde estavam. Então se agarram aos seus postos.

Mas esse não é o tipo certo de vida. Primeiro você continua subindo escadas, competindo com as pessoas; depois finalmente fica paralisado e se agarra ao último degrau para que ninguém consiga tirá-lo dali. Isso é um hospício?

O homem transformou este planeta em um hospício. Se você quiser ser sadio, primeiro seja você mesmo sem nenhuma culpa, sem nenhuma condenação. Aceite-se com humildade e com simplicidade.

Este é um presente da existência para você; sinta-se grato e comece a buscar o que pode ajudá-lo a crescer como você é – não para se tornar uma cópia carbono de outra pessoa, mas apenas permanecer seu ser original.

Não há êxtase maior do que ser sua face original.

Há alguma possibilidade de eu algum dia crescer?

Adoro a maneira como você formulou esta questão. Foi com uma sincera humildade. E, justamente porque surgiu de uma simples humildade, ela abre as portas para seu crescimento. Você está perguntando: "Há alguma possibilidade de eu algum dia crescer?"

Há todas as possibilidades; para o coração humilde tudo é possível. Para o egoísta nada é possível. Para uma pessoa que pode aceitar que "eu não sou ninguém", todas as portas de repente se abrem. Todos os mistérios da existência tornam-se disponíveis.

Para o homem que consegue dizer "eu não sei", um milagre torna-se possível. Em sua aceitação de não saber, ele começa a se tornar sábio, porque começa se tornando como uma criança, completamente inocente.

Há toda a possibilidade de você crescer. Particularmente neste *buddhafield*,* se você não está funcionando a partir do seu ego, se deixou seu ego fora do Gateless Gate, do

---

* *Buddhafield* significa uma situação onde seu Buda adormecido pode ser desperto. *Buddhafield* significa um campo de energia onde você pode começar a crescer, amadurecer, onde seu sono pode ser quebrado, onde você pode levar choque para ficar consciente; um campo elétrico onde você não é capaz de cair no sono, onde tem que estar desperto, porque os choques estão acontecendo o tempo todo.

Portão sem Porta, então tudo será possível para você. Então toda a existência lhe estará disponível. A única coisa que impede é o pequeno ego.

Às vezes alguém se pergunta por que este pequeno ego, impostor, falso, impede as pessoas de crescer. Logicamente isto parece ridículo, mas existencialmente é algo como uma pequena partícula de poeira que cai dentro do seu olho e toda a existência desaparece. Seus olhos estão fechados, você não consegue abrir seus olhos. Aquelas pequenas partículas de poeira levaram de você toda a sua existência. O arco-íris nas nuvens, o sol e a chuva – todos desapareceram.

Logicamente não deveria ser assim: essas pequenas partículas de poeira não poderiam impedi-lo de ver todo o céu, mas realmente o impedem. Não é uma questão de lógica; é uma questão da realidade existencial. O pequeno ego funciona apenas como uma pequena partícula na sua visão, e isso o impede de enxergar todas as possibilidades que estão disponíveis, que sempre têm estado disponíveis. Simplesmente remova essa pequena partícula de seus olhos. Nada mudou. Tudo esteve sempre disponível; seus olhos é que não foram capazes de ver.

Com sua humildade, grandes milagres são possíveis. Apenas permaneça humilde, inocente, receptivo, disponível, esperando que o convidado bata à sua porta.

Uma loira deslumbrante entrou no consultório do dentista e estava obviamente muito nervosa. "Ai, doutor", gritou ela, "estou tão apavorada. O senhor sabe, acho que preferiria ter um bebê do que fazer um implante dentário."

"O.k.", disse o dentista cautelosamente, "mas decida-se antes de eu ajustar a cadeira."

O observador nunca é parte da mente

Apenas permaneça inocente, rindo e se alegrando, e não precisará se preocupar com seu crescimento. Ele estará acontecendo por sua própria conta. Você não precisa fazer nada por ele; tem apenas que criar a atmosfera certa.

E já criamos essa atmosfera aqui. Você pode ser beneficiado dela se não permanecer um forasteiro, apenas um espectador ou uma pessoa curiosa. Se você está aqui, então se misture e se dissolva nesta bela comunhão que é incomparável, no sentido de que em parte alguma da Terra algo similar está acontecendo. Onde as pessoas estão rindo, se alegrando, dançando, cantando, fundindo-se umas com as outras, o crescimento chega por sua própria conta.

Simplesmente aprenda a rir, aprenda a dançar, aprenda a cantar, aprenda a ser você mesmo, totalmente satisfeito e grato à existência.

Paddy e Maureen acabaram de ter seu décimo oitavo filho, então Maureen foi ao médico e perguntou se ele podia lhe dar um aparelho auditivo. "Um aparelho auditivo?" perguntou o médico. "Como isso vai ajudá-la a planejar sua família mais eficientemente?"

"Bem", disse Maureen, "eu sou um pouquinho surda, então toda noite quando Paddy diz, 'Você gostaria de dormir ou o quê?' Eu sempre digo, 'O quê?'"

Osho,
Você falar sobre as mesmas velhas coisas dia após dia e ainda
assim produzir a cada sentença uma nova revelação é para mim o
maior milagre da existência. Você se importaria de comentar isso?

É muito simples. Primeiro, porque eu não tenho nada a dizer, e por isso sou livre para dizer qualquer coisa. Não sei qual vai ser minha próxima sentença, portanto, não se trata de uma carga ou de uma dificuldade; é algo espontâneo. Não sou um orador que tem que praticar e ensaiar. Eu adoro as pessoas e adoro compartilhar minha experiência com elas. Não me lembro do passado; por isso, é muito difícil para mim repeti-lo. E porque eu olho mais para o questionador do que para sua pergunta... e todos os questionadores são diferentes, embora suas perguntas possam ser quase as mesmas. Olhando para o questionador, minha resposta muda; eu respondo à pessoa. Não tenho nenhuma doutrina para pregar, por isso não tenho que ser consistente. Desfruto de absoluta liberdade.

Na história passada da humanidade, só os poetas tinham certa permissão para usarem um pouquinho de liberdade e não se preocuparem com a gramática, a língua, e suas regras e regulamentos. Eles tiveram de ter toda essa permissão, pois do contrário não poderiam fazer poesia. Essa é a diferença entre prosa e poesia: a prosa tem de seguir regras, regulamentos, gramática, linguística; a poesia tem certa liberdade. Eu uso até mesmo a prosa com absoluta licença, porque não vejo nenhuma razão para obedecer quaisquer limites.

Tudo o que sei é que, se o que estou sentindo for transmitido a você, se a gramática está certa ou errada, se eu uso a palavra certa ou a palavra errada, é irrelevante. Se passei a você minha alegria, meu amor, minha paz, minha felicidade, qualquer palavra é certa. E como tenho uma experiência transbordante do meu ser, posso prosseguir por um milênio falando sobre isso – a partir de diferentes aspectos, diferentes ângulos, diferentes direções; isso permanecerá inesgotável.

Você já ouviu comunicadores, oradores; não pertenço à categoria deles. Simplesmente gosto de peraltar! Isto não é um evangelho – não sou sério a esse respeito. Para mim, a seriedade é psicologicamente doente. As pessoas saudáveis não gostarão de evangelhos; eles são tediosos. E você pode ver que em qualquer igreja vai encontrar pessoas dormindo. O sermão de domingo é um bom cochilo matinal; as pessoas vão à igreja para tirar esse cochilo matinal... sem serem perturbadas. E o sermão é quase sempre o mesmo, ele ajuda a dormir.

Eu soube que um grande pregador estava muito perturbado. Ele era um rabino muito ilustrado. Seu problema era que um velho milionário, que havia contribuído muito para a sinagoga, costumava se sentar bem na frente dele, dormir e roncar alto. Não era um problema o fato de ele roncar; era um problema porque seu ronco perturbava os outros dorminhocos! E seu ronco mantinha muitos outros dorminhocos acordados. Isso perturbava o pregador porque significava que todo domingo ele tinha de preparar um novo sermão – as pessoas estavam acordadas.

Há um bom acordo entre os pregadores e sua congregação: a congregação vai dormir e o pregador vai pregar. Ele pode continuar pregando a mesma coisa todas as vezes. Também não há muito o que pregar. Em todos os quatro evangelhos há apenas uma história repetida quatro vezes, os mesmos incidentes relatados por quatro jornalistas! E eles também não são muito instruídos! Então, o que os pobres pregadores podem fazer? O que os rabinos podem fazer?

Estive dando uma olhada no Talmude, e ele é tão cansativo que a qualquer um que sofra de insônia eu sugiro o Talmude – só se consegue ler duas ou três páginas dele! É tanta bobagem, e sobre essa bobagem os rabinos continuam interpretando, interpretações após interpretações. E o original é basicamente lixo. Sempre desconfiei que, pelo fato de o nome "rabbi" (rabino) parecer tão parecido com "rubbish" (lixo), deve ter havido alguma conexão passada entre *rubbish* e *rabbi*!

Mas de algum modo o rabino tinha que deter aquele senhor – e encontrou uma maneira. Ele costumava ir à sinagoga com um de seus netos – um menino, às vezes uma menina, mas sempre costumava levar uma criança com ele. Um dia o rabino chamou o menino de lado e disse: "Escute, meu menino, se você conseguir manter seu avô acordado, particularmente quando ele começa a roncar – você pode cutucá-lo – eu lhe dou quatro *annas**".

O menino disse: "Combinado!".

E o dia seguinte de sermão foi realmente ótimo; o menino não permitiu que o senhor roncasse. No momento em que ele ia roncar, o menino o cutucava. O velho ficou espantado: "O que aconteceu?". O menino nunca havia feito uma coisa assim antes... sempre ficava sentado quieto. Lá fora ele perguntou: "O que aconteceu?".

O menino disse: "Não aconteceu nada. Estou recebendo quatro *annas* para mantê-lo acordado porque seu ronco está perturbando toda a congregação".

---

* *Anna* é uma unidade monetária indiana. (N.T.)

O observador nunca é parte da mente

"Quem está lhe dando quatro *annas*?", perguntou o avô. "Eu lhe dou oito *annas* se você ficar sentado quieto e não perturbar o meu ronco". O menino disse: "Perfeito. Combinado!".

Na próxima vez o rabino olhou repetidas vezes para o menino, mas o menino começou a olhar para baixo, e o velho estava roncando. E o rabino pensou: "O que aconteceu?". Ele muitas vezes fez a indicação, mas o menino não olhava para ele. Continuava olhando para baixo. Depois do sermão, o rabino chamou o menino de lado e disse: "Você parece ser muito esperto. Você esqueceu?".

Ele disse: "Não, meu avô está me dando oito *annas* para eu não perturbá-lo".

O rabino disse: "Eu lhe dou uma rúpia".

O menino disse: "Perfeito. Combinado!".

Na próxima vez ele começou de novo a cutucar o avô. E o avô disse: "Você se esqueceu?".

O menino disse: "Eu não esqueci. Agora o rabino está me dando uma rúpia, e negócios são negócios!".

Um verdadeiro judeu!

Não sei o que virá através de mim. Sou quase um veículo. Tenho me deixado quase completamente nas mãos da existência. Então, o que quer que a existência queira lhes comunicar, estou disponível. Por isso eu paro muitas vezes, porque não está em minhas mãos, está nas mãos da existência. Se algo continua fluindo, tudo bem – se não flui nada, eu espero. Espero que a existência capte o último fio.

Você diz que este é o maior milagre na existência. Posso concordar com você. Eu mesmo sinto isso, que ou estou louco – porque por trinta anos tenho falado continuamente, sem parar... Agora estou falando muito menos; antes, costumava fazer cinco palestras por dia, desde a manhã até a noite. Naturalmente, eu achava: ou sou louco ou isso é um milagre. Só há duas possibilidades; estou contente com ambas!

> Um cidadão russo que visitava o Ocidente foi assediado por muitas perguntas de pessoas que queriam saber mais sobre o comunismo. "Você quer dizer", perguntou um anfitrião curioso, "que sendo um comunista você compartilha tudo?"
> "Sim", foi a resposta do russo.
> "Você quer dizer", continuou o anfitrião, "que se você tivesse duas casas me daria uma?"
> "É claro."
> "E, se tivesse dois carros, me daria um?"
> "Certamente", respondeu o russo.
> "E, se tivesse dois fogões, ou televisões, ou geladeiras, me daria um de cada?"
> "Naturalmente", disse o russo.
> "E", continuou o anfitrião, "se você tivesse duas camisas, me daria uma?"
> "Não", respondeu o comunista enfaticamente.
> "Por que não?"
> "Porque eu *tenho* duas camisas!"

Eu simplesmente gosto de falar, assim como gosto do silêncio. Tenho que manter algum equilíbrio. Na maior parte do tempo estou em silêncio e, portanto, naturalmente, tenho que tirar uma folga do silêncio. Então, falo com o conteúdo do meu coração. Faço apenas duas coisas: converso com vocês e depois vou dormir! De manhã me levanto, converso com vocês, e depois vou dormir! Minhas vinte e quatro horas são divididas em duas coisas: falar e dormir! Meu sono é meu silêncio, meu êxtase, meu samadhi. Minha conversa é meu compartilhamento com vocês do que encontrei no meu sono!

5.
Amargo no início, doce no fim

Aprenda a observar três coisas: Primeiro, seu corpo e suas ações...
Andando, lembre-se de que está andando; comendo, lembre-se de
que está comendo; adormecendo, lembre-se por quanto tempo você
conseguir, que está adormecendo. Segundo, fique atento à sua mente
e a seus mecanismos; observe os pensamentos, as lembranças, os
desejos, sem qualquer avaliação, como se não pertencessem a você,
como se estivesse apenas lendo um romance ou assistindo um filme
– despreocupado, frio, desligado. E, terceiro, observe seus sentimentos,
suas emoções, seus humores, sabendo perfeitamente bem que "eu
sou o observador e o observador nunca pode ser o observado. Sou o
sujeito e eles são o objeto. Sou aquele vê e eles são o que é visto".

*A técnica da autolembrança me parece mais fácil do que o
testemunhar. Ambas conduzem ao mesmo objetivo?*

Ambas conduzem ao mesmo objetivo, mas a técnica da autolembrança é mais difícil, mais longa e perigosa. Muito poucas pessoas em toda a história da humanidade atingiram a iluminação mediante a técnica da autolembrança. Muitas tentaram, mas fracassaram completamente.

Parece fácil – a razão disso é que sua autolembrança não será sua autolembrança, será a lembrança do seu ego. Por isso parece fácil. Você não sabe a distinção entre o ser e o falso ser. O falso eu é o seu ego; e o ego é muito sutil, muito esperto, e tenta de todas as maneiras fingir ser o verdadeiro eu. Por isso no início vai lhe parecer mais fácil a autolembrança do que o testemunhar, porque no testemunhar não há lugar para o ego. Desde o início o ego é evitado.

No testemunhar, o ego não pode entrar. Mas na autolembrança há toda a possibilidade de o ego fingir ser o seu ser. Então, quanto mais você pratica, mais seu ego se fortalece.

Se alguém quer viajar pelo caminho da autolembrança, certamente necessita de um mestre. Não pode se mover sozinho, porque não consegue fazer uma distinção clara do que é falso e do que é verdadeiro. Só conhece o falso; não está familiarizado com seu ser verdadeiro. A menos que esteja sob as instruções de um mestre muito rigoroso, será difícil criar uma separação entre o ego e o ser.

Vou lhe explicar isso contando uma antiga história chinesa...

Um grande mestre tinha um grande mosteiro – com quinhentos monges – e todos ali praticavam o caminho da autolembrança. A autolembrança é um dos caminhos que Buda recomendou.

Um homem entrou no mosteiro – ele queria se tornar um discípulo. O mestre o aceitou, mas ele era um homem muito simples de uma aldeia, praticamente sem instrução. O mestre lhe disse: "Seu trabalho será lavar o arroz na cozinha".

Era uma grande cozinha – ela tinha que alimentar quinhentos monges. O pobre homem começava a lavar o arroz antes do nascer do sol e continuava a sua tarefa até tarde da noite. Não tinha tempo de ir aos sermões, de ir às orações; não tinha tempo de ler as escrituras ou ouvir as sábias palestras. Aqueles quinhentos monges eram grandes eruditos e o mosteiro era conhecido em todo o país.

Vinte anos se passaram e o homem continuava apenas lavando o arroz e não fazendo mais nada. Esqueceu-se até de contar os anos – para quê? Esqueceu-se dos dias, das datas, e finalmente ficou desconfiado do seu próprio nome. Durante vinte anos ninguém o usou, ninguém o chamou por seu nome – talvez fosse seu nome, talvez não fosse. Durante vinte anos continuamente ele estava fazendo apenas uma coisa: lavando o arroz, desde o momento em que se levantava até voltar para a cama de novo.

O mestre declarou que seu tempo de partir do corpo havia chegado. Queria escolher seu sucessor, e a maneira em que ele fez isso foi a seguinte: "Qualquer um que pense que obteve sucesso em sua autolembrança deve escrever no muro da minha cabana algum *insight* que mostre que viu a verdade".

Um dos monges, que era considerado o maior erudito da comuna, tentou. Mas ele teve muito medo de escrever aquela sentença ali, porque o *insight* não era seu. Ele sabia – como poderia não saber? Ele sabia que o *insight* não era seu, era algo tirado das escrituras. Não era a sua experiência – e era difícil enganar o velho monge. De manhã o mestre saiu, pediu ao criado para apagar o que havia sido escrito e disse: "Encontre quem foi este idiota que estragou o meu muro".

Diz-se que o grande erudito nem sequer o assinou, por medo de ser apanhado. Se o mestre considerasse que aquele era realmente um grande *insight*, então ele sairia e diria: "Eu o escrevi". Do contrário, permaneceria calado... quem sabe? Eram quinhentos monges, qualquer um poderia tê-lo escrito.

Quase doze grandes eruditos tentaram, mas nenhum deles teve a coragem de assinar seu nome. E o mestre se comportou da mesma maneira; apagou o que escreveram e disse: "Nenhum de vocês se aproximou da autolembrança. Todos estiveram alimentando o ego em nome do ser. Eu lhes recordei isso várias vezes. Mas ter um grande ego é uma tal alegria! E um ego espiritual, o ego sobrenatural, o ego divino, torna-se ainda mais delicioso. Agora eu vou ter que pessoalmente encontrar a pessoa".

No meio da noite o mestre foi procurar o homem que havia chegado lá havia vinte anos. Durante vinte anos o mestre não o viu – ele havia ficado simplesmente lavando arroz. Ele acordou o homem. E este perguntou ao mestre: "Quem é o senhor?" – porque em vinte anos... ele só o havia visto por poucos segundos, quando foi iniciado. "E por que está perturbando o meu sono?".

O mestre disse: "Sou seu mestre. Você se esqueceu? Lembra-se do seu nome?".

O homem disse: "Essa é a dificuldade. O trabalho que o senhor me deu foi tal que não necessita nome, fama, conhecimento, austeridades. É tão simples que eu me esqueci de tudo. Não tenho nem certeza de que este é meu nome. Alguns nomes vêm à minha mente e não consigo decidir qual é o meu, mas eu lhe sou grato". Ele tocou os pés do mestre. "Por favor, não mude o meu trabalho. Eu esqueci tudo, mas também consegui tudo. Conheço uma paz com a qual nunca sonhei, um silêncio que nenhuma palavra pode expressar. Conheci tais momentos de êxtase que, mesmo se eu tivesse morrido, não teria nenhuma queixa de que a vida não me havia sido justa. Ela me deu mais do que eu merecia. Não mude o meu trabalho! Eu o estou fazendo perfeitamente bem. Alguém se queixou do meu trabalho?"

O mestre disse: "Não, ninguém se queixou, mas seu trabalho tem que ser mudado porque eu o escolho como meu sucessor".

O homem disse: "Sou apenas um lavador de arroz. Não sei nada sobre ser um mestre ou um discípulo. Não sei nada. Por favor, perdoe-me, mas não quero ser seu sucessor porque não posso realizar um trabalho tão importante, só consigo lavar arroz".

O mestre ainda insistiu: "Você conseguiu aquilo que outros vêm tentando conseguir, mas falharam. Você o conseguiu porque não estava tentando. Estava simplesmente realizando seu modesto trabalho. Pouco a pouco não havia mais necessidade de pensar, não havia necessidade de emoções, não havia necessidade de sentir raiva, de brigar, de fazer comparações, de ter ambições – seu ego morreu, e com o ego morreu o seu nome. Você não nasceu com um nome. É o ego que recebe um nome – esse é o início do ego. Com a morte do ego, você até esqueceu seu próprio mestre, porque foi o ego que o trouxe até mim.

"Até aquele momento você estava em uma viagem espiritualmente ambiciosa. Você com certeza é a pessoa certa; portanto, pegue minha túnica, meu chapéu, minha espada, que sempre foram dados pelo mestre ao seu sucessor. Mas lembre-se de uma coisa: pegue-os e fuja deste mosteiro para o mais longe que puder, porque sua vida estará em perigo. Todos estes quinhentos egoístas irão matá-lo. Você é tão simples e se tornou tão inocente que, se eles lhe pedirem a túnica, a espada, o chapéu, você irá lhes dar. Simplesmente, pegue-os e vá para o mais longe que puder, montanha adentro. Logo as pessoas vão começar a chegar até você como abelhas encontrando o seu caminho rumo as flores quando estas florescem. Você floresceu. Não precisa se importar com os discípulos; simplesmente permaneça em silêncio em um local distante. As pessoas irão até você; e então simplesmente as ensine a fazer o que esteve fazendo."

"Mas", disse ele, "eu não recebi ensinamentos e não sei o que lhes ensinar."

O mestre disse: "Ensine-as a fazer pequenas coisas, em silêncio, em paz, sem qualquer ambição, sem qualquer motivação para ganhar algo neste mundo ou no outro mundo, para que se tornem inocentes como uma criança. Essa inocência é a verdadeira religiosidade. Não ser hindu, não ser muçulmano, mas ser totalmente inocente – apenas uma tabula rasa, uma folha em branco em que nada está escrito. Sem o Bhagavad Gita, sem o Alcorão, sem a Bíblia..."

É possível – algumas pessoas têm atingido este estado mediante a autolembrança. Um dos grandes mestres desta era, George Gurdjieff, usou o método da autolembrança, mas você tem que estar ciente de que nenhum dos seus discípulos tornou-se iluminado – e ele foi um dos mais perfeitos mestres. O problema é que o ego e o ser são tão próximos e tão similares que qualquer coisa que você pense que é seu ser, muito provavelmente, em noventa e nove por cento dos casos, é apenas seu ego. A função do mestre é absolutamente necessária para este método, porque ele tem que destruir seu ego. E tem que ser duro, inflexível. A menos que ele destrua o seu ego, a autolembrança irá conduzi-lo não à iluminação, mas a espaços mais escuros do ser. Ela vai fortalecer mais ainda o seu ego – você vai se tornar um ego muito forte, muito assertivo. Em nenhum campo da sua vida será muito bem-sucedido. Pode se tornar um Adolf Hitler, pode se tornar um Joseph Stálin. Stálin não era seu nome verdadeiro; foi-lhe dado porque ele era um homem muito forte. *Stálin* significa homem de aço. Mas estas pessoas não são uma bênção para a humanidade, são uma maldição. Se elas não tivessem existido a humanidade estaria em um lugar muito melhor, em uma consciência bem melhor.

Então, se você acha que é mais fácil para você, tenha muito cuidado. Eu ainda vou sugerir que, embora o testemunhar possa ser difícil no início, é o método mais seguro e isento de quaisquer perigos. Ele não pode conduzi-lo a outro lugar a não ser à iluminação. Assim, ele pode até mesmo ser praticado sem um mestre.

Gostaria de lhe dar algo em que você não dependesse de outra pessoa.

Quanto tempo você viveu, quantas vidas? Em todas estas vidas você deve ter cruzado com muitos santos, muitos mestres, mas aonde você chegou? Sua escuridão é a mesma, sua inconsciência é a mesma. Talvez todos tenham lhe dado métodos, mas os métodos necessitam de constante supervisão. Eles são chamados de métodos "escolares": você tem que entrar em um mosteiro, agir sob uma disciplina rígida – então talvez consiga atingir algo mediante um método escolar. Existem mosteiros desse tipo.

Na Grécia, há um mosteiro em Monte Athos; tem mil anos de existência. Há quase três mil monges nesse mosteiro, e qualquer um que queira se tornar um monge nesse mosteiro pode decidir entrar, mas só seu corpo morto irá sair dali. Uma pessoa só é aceita se houver esse compromisso. Quando uma pessoa entra em Monte Athos, você nunca mais a verá até ela estar morta. Esta é uma escola para a autolembrança absoluta, mas você não consegue colocar o mundo todo em mosteiros. Quem vai cuidar destes mosteiros? Por isso minha preferência é usar um método que o mantenha livre de qualquer compromisso, de qualquer dependência – que o mantenha no mundo, mas não mais pertença ao mundo.

O testemunho é o método mais simples e infalível; é a essência de todas as meditações. Até mesmo a autolembrança, afinal, se torna um testemunhar, mas em um estágio posterior, quando você abandonou o ego. E, se você começar a olhar dentro de si, poderá entender o que estou dizendo. Você consegue enxergar seu ego e seu ser separadamente? Você simplesmente sabe uma coisa: esse sou "eu". Você não sabe duas coisas: que "eu" é o ego e que o ego é capaz de se nutrir através de qualquer coisa.

Ouvi contar que...

Um menino pequeno estava passando ao lado de um palácio. Ele havia sido reprovado na prova e estava se sentindo muito zangado com os professores. Estava pronto para fazer alguma coisa e, de repente, encontrou uma pilha de pedras na rua. Pegou uma grande pedra da pilha e a atirou no palácio. Ora, o palácio não tinha nada a ver com seu fracasso, nem a pedra tinha nada a ver com isso, mas ele estava tão zangado que queria fazer algo; a energia estava ali e precisava ser liberada. O menino continuou o seu caminho, mas o que aconteceu com a pedra?

Quando a pedra começou a subir, ela olhou para baixo – seus irmãos, irmãs e primos estavam todos lá empilhados. E a pedra lhes disse: "Vou sair em uma peregrinação. Há muito tempo venho pensando nisso. Deus queira que eu tenha sucesso em minhas aventuras e volte até vocês para relatar tudo o que experienciei no caminho". Todas as outras pedras olharam boquiabertas para aquela pedra: "O que está acontecendo? Ela não tem asas". Era apenas uma pedra como elas! Elas também queriam voar, mas sabiam que não podiam. Mas aquela estava voando, elas não conseguiam negá-lo. Então, todas disseram: "Está certo, mas pelo menos lembre-se de nós; não nos esqueça. Você é uma heroína. Nos séculos do tempo, às vezes uma pedra adquire asas da maneira que você adquiriu e estamos orgulhosas de que pertença a nós, que seja da nossa família".

Elas estavam sentindo mesmo um grande orgulho porque uma das pedras estava voando rumo ao palácio. A pedra atingiu uma janela de vidro e, naturalmente, quando uma pedra atinge um vidro é o vidro que quebra, não a pedra – essa é a natureza das coisas. Mas a pedra disse aos pedaços de vidro: "Seus idiotas. Eu sempre disse, 'Nunca fiquem no meu caminho. Qualquer coisa que fique no meu caminho ficará quebrada até a morte'. Agora, vejam o que lhes aconteceu. Que esta seja uma lição para todos os que estão escutando".

Naquele exato momento o guarda no portão ouviu o ruído da pedra caindo no chão, o vidro sendo quebrado... e entrou correndo. Pegou a pedra em suas mãos, e a pedra disse – embora o guarda não pudesse entender sua língua, porque ele falava nepalês – a pedra disse: "Obrigada, meu senhor. O senhor é o dono deste palácio; posso ver por seu belo traje. Jamais me esquecerei desta honra que me deu – me pegar em suas próprias mãos".

A situação era totalmente diferente, mas o ego continua voltando toda a situação em seu favor.

O guarda estava com medo de que, se o rei tomasse conhecimento daquilo, ele fosse apanhado: "O que está fazendo? Quem atirou a pedra?". Então, ele atirou a pedra de volta para fora da janela.

E estes são os caminhos do ego. A pedra disse: "Obrigada! Você não só é um ótimo anfitrião, mas também entende as mágoas das outras pessoas. Você sabe que estou ansiosa por encontrar meus amigos. Quero lhes contar toda a história da minha visita ao palácio do rei – o encontro com o rei, a conversa com o rei, a destruição dos inimigos que apareceram no meu caminho". E, quando ela estava caindo de volta na pilha das pedras, ela lhes disse: "Irmãos e irmãs, estou de volta. Vocês devem todos ficar orgulhosos. Meu nome deve ir para a história, e comigo o nome da minha família. Esta pilha de pedras não é uma pilha comum, é algo histórico".

O ego tem suas maneiras de se inflar até mesmo em situações em que devia estar destruído. Portanto, cuidado com ele.

A autolembrança só pode ser realizada em uma escola onde você se dedica vinte e quatro horas por dia à disciplina, porque é o momento em que se lembra de si mesmo... Enquanto está caminhando, você se lembra: "Estou caminhando" — e então o andar não é mais natural. Ele se torna dividido: você está separado, e o caminhar está separado. O caminhar é um processo simples, mas na vida você realiza mil e uma coisas que são muito complexas. Recordar-se de si mesmo enquanto está usando uma máquina, dirigindo um carro... pode ser muito perigoso porque todo o seu foco estará na autolembrança. Você pode causar um acidente que pode ser perigoso para você, que pode ser perigoso para outras pessoas.

A vida tem sua própria sabedoria. O corpo tem sua própria sabedoria. Por exemplo, experimente uma coisa e você vai entender o que quero dizer: você tem se alimentado todos os dias durante toda a sua vida, mas nunca pensou sobre o que acontece com o alimento quando ele desce por sua garganta — você se esquece dele. Não se esqueça dele. Durante pelo menos três dias tente se lembrar de que o alimento entrou por ali. Lembre-se de que o alimento está sendo digerido, que os sucos, as substâncias químicas e outras coisas estão chegando de diferentes direções, que o alimento está sendo misturado com elas e sendo transformado em coisas diferentes. Está se tornando sangue, está se tornando sua carne, está se tornando seus ossos.

No período de três dias você terá um estômago totalmente abalado. Você nem pode imaginar! Ele vai levar pelo menos três meses para voltar ao seu estado normal. Você não precisa lembrá-lo disso. Ele sabe a sua função e a realiza perfeitamente bem sem que você precise lembrá-lo.

Por isso quando você está doente é melhor repousar, porque o corpo necessita que você durma para que ele possa funcionar melhor sem qualquer perturbação da sua parte.

Você já teve ter ouvido a famosa história sobre uma centopeia...

Uma centopeia tem cem pernas – por isso é chamada de centopeia. E durante séculos as centopeias estiveram no mundo, caminhando perfeitamente bem – sem problemas. Mas um dia um coelho ficou curioso. Viu a centopeia, tentou contar suas pernas e disse: "Meu Deus! Cem pernas! Como você consegue se lembrar qual colocar primeiro, qual colocar depois?

"Se eu tivesse cem pernas", pensou o coelho, "eu ficaria emaranhado nelas e cairia imediatamente; não conseguiria andar de jeito nenhum. Esta centopeia está realizando um milagre."

Ele disse: "Tia, tia, espere, espere! Quero lhe fazer uma pergunta, se não se importa".

A centopeia disse: "Não há pressa. Eu estava apenas saindo para minha caminhada matinal. Pode fazer sua pergunta".

Ele disse: "Minha pergunta é simples: você tem cem pernas...?".

A centopeia disse: "Cem? Na verdade, nunca contei. Seria difícil demais contá-las, mas, se você está dizendo, talvez eu deva ter".

O coelho disse: "Minha curiosidade é: como você consegue caminhar com esse conjunto de cem pernas? Como consegue saber qual mover em primeiro lugar, depois em segundo, em terceiro, em quarto...?!".

A centopeia disse: "Nunca pensei nisso. Vou tentar. Bem agora – vou tentar".

E então ela caiu no chão. Chamou o coelho e disse: "Seu idiota! Nunca faça uma pergunta dessas para uma centopeia, do contrário ela vai morrer. Não podemos conviver com esta curiosidade. Eu estava me virando perfeitamente bem até agora, e justo quando comecei a ficar alerta sobre qual perna está se movendo... quando comecei a me lembrar das cem pernas, minha mente ficou muito confusa".

A autolembrança é um método escolar. E um método escolar significa que você está em um mosteiro seguro, realizando um trabalho que, de outra forma, poderia ser perigoso. Se não for assim, sua lembrança... trabalhando em uma fábrica, trabalhando em uma marcenaria e tentando se lembar, você pode ficar na mesma posição que a centopeia.

Não quero que ninguém entre em nenhum problema em nome da espiritualidade; por isso minha sugestão de novo é apenas o puro testemunhar – nenhuma questão de "eu". E isso de um modo muito lúdico, não seriamente, com senso de humor. Caso se esqueça, não há problema. Sempre que se lembrar, comece de novo. Você vai se esquecer muitas vezes, vai se lembrar muitas vezes. Nisso não existe culpa; é humano.

Muito lentamente, lacunas cada vez maiores de testemunhar vão surgir em você, e à medida que as lacunas de testemunhar se tornarem maiores, seus pensamentos vão se tornar menores. No momento em que seu testemunhar atingir um pico – em certas ocasiões com a claridade de um cristal – os pensamentos simplesmente vão desaparecer. Você estará em absoluto silêncio. O que quer que esteja fazendo não será perturbado por seu silêncio, mas, ao contrário, sua habilidade e seu esforço criativo ficarão aumentados.

Se você estiver fazendo esculturas, pinturas ou tocando música... com a mente enlouquecida, com todos os tipos de pensamentos ocorrendo, conseguirá criar uma bela música? Apenas pense: com uma mente silenciosa, quanta música profunda e elevada você poderia criar?

O mesmo se aplica a todas as áreas da vida. Faço questão de lembrar que, se a sua meditação for correta, tudo em sua vida vai começar a melhorar. Esse é o único critério. Não há necessidade de perguntar a mais ninguém; você mesmo poderá comprovar.

Tudo na sua vida vai se tornar melhor com sua meditação. Quando sua meditação estiver em seu pico mais elevado, todos os seus esforços terão uma beleza, uma graça e uma criatividade que você não pode imaginar. Por isso eu digo: não separe a vida espiritual da vida rotineira. Não crie nenhuma divisão. Deixe esta vida permanecer um único todo.

Então, se sua consciência mudar, tudo que o cerca também irá mudar.

Não consigo imaginar um homem meditativo renunciando à sua esposa. Não, um homem de caráter meditativo vai amar mais sua esposa. Talvez seu amor se torne cada vez mais purificado, cada vez menos sexual, cada vez mais devoto. Mas ele não pode renunciar a ela, isso é horrível. Deixar uma pobre mulher e fugir – isso não é próprio de um homem corajoso. Isso é próprio de um covarde, mas não de um homem meditativo.

Na minha aldeia eu adorava me sentar na lojinha de um senhor idoso. Ele costumava vender doces. Eu era atraído não por seus doces, mas pela doçura do homem. Ele dizia: "O preço de custo de muitos destes doces é uma rúpia. Se você desejar, simplesmente por meu trabalho e por minha família, pode me dar um *anna* a mais – esse é o meu lucro".

Primeiro ele dizia o preço de custo, depois dizia seu lucro. E isso também ele deixava a critério do freguês: "Se você não quiser me dar, pode pegá-lo a preço de custo – é claro, eu sou um homem pobre e não posso dá-lo a você abaixo do preço de custo. Posso lhe dar meu trabalho, posso lhe dar meu lucro, mas não posso baixar menos que o preço de custo".

Eu indaguei em outras lojas – porque ali era um mercado de doces e havia muitas lojas – sobre o preço daquilo que ele estava dizendo que custava uma rúpia. E os outros estavam vendendo por duas rúpias, duas rúpias e meio – a mesma quantidade, mas não a mesma qualidade, não o mesmo amor.

Enquanto ele estava arrumando seus doces, eu costumava ficar ali sentado. Ele me perguntou: "Você é o único. Por que vem e se senta aqui?".

Eu disse: "Simplesmente gosto disso – de ver o senhor trabalhar. Trabalhar com tanto amor, como se estivesse preparando estes doces para um ente querido que está voltando após muitos anos – e você não sabe que freguês será ele".

Ele riu. E disse: "Pelo que sei é o mesmo freguês que vem sempre – rostos diferentes, mas o freguês é o mesmo. Por isso não posso decepcioná-lo. Não posso enganá-lo, não posso explorá-lo porque se trata do mesmo freguês com faces diferentes. Eu o reconheci".

Toda a sua vida eu a descreveria como a vida de um grande santo, embora ninguém no mundo o reconhecesse como um santo; porque temos esta ideia tão profundamente enraizada em nossas mentes de que um santo deve renunciar à vida, se afastar da vida. A atitude contrária à vida provou-se tão venenosa que destruiu toda a beleza da existência humana. Levou embora toda a dignidade do homem.

Por isso eu ainda insisto – mesmo que você ache que a autolembrança é mais fácil – que tente o testemunhar. Embora ele seja difícil no início, torna-se muito fácil se você for em frente.

Gautama Buda disse, "Meu ensinamento é amargo no início, mas doce no fim."

Embora o que você diga pareça ser a pura verdade, quando digo isso aos meus amigos que pertencem aos níveis mais instruídos da sociedade – médicos, professores, engenheiros e administradores na metrópole – eles acham que eu fui hipnotizado ou submetido a uma lavagem cerebral. Toda vez que aplico a lógica a isso, eles ficam perdidos. Mas por que não conseguem aceitá-lo quando são incapazes de argumentar? Por que são tão contra você?

É muito simples. Eles acham que são intelectuais, mas ser um intelectual não significa ser inteligente. Eles são médicos, são engenheiros – podem ser funcionários públicos, com altos cargos; seus egos se tornaram grandes demais. Quando você lhes diz: "Você pode ver por si mesmo", eles não têm contra-argumento. Mas ainda assim têm que proteger seus egos e a única maneira é dizendo que você foi submetido a uma lavagem cerebral, que está hipnotizado.

Da próxima vez que encontrá-los, diga-lhes que para serem submetidas a uma lavagem cerebral primeiro as pessoas precisam ter um cérebro. Se você tem um cérebro, venha para o encontro. E eu lhes direi que os últimos achados psicológicos declaram que apenas as pessoas muito inteligentes podem ser hipnotizadas; os tolos não podem ser hipnotizados! Vocês podem experimentar. Todos os experimentos realizados com tolos fracassaram. É quase como hipnotizar um búfalo. Agora é cientificamente estabelecido que apenas trinta e três por cento de toda a humanidade pode ser hipnotizado – apenas trinta e três por cento! E estes são os mesmos trinta e três por cento das pessoas que compõem a parte inteligente. Mas talvez eles possam nem ter conhecimento dos últimos achados.

Eles estão usando a "hipnose" e a "lavagem cerebral" apenas para humilhá-lo.

Pergunte-lhes quanto eles sabem sobre lavagem cerebral. Pergunte-lhes se podem lavar seu cérebro... Quanto eles sabem sobre hipnose? Pergunte-lhes: "Vocês podem me hipnotizar? E se não sabem nada sobre lavagem cerebral e sobre hipnose, não têm nenhum direito de falar sobre estas coisas". Eu estou aqui disponível. Você pode lhes dizer: "Podem vir; podem tentar lavar meu cérebro ou me hipnotizar".

Não vejo nenhum dano em ambas; ambas são boas. Uma lavagem cerebral simplesmente significa limpar todo o lixo que você está carregando em sua mente. Eles têm medo da lavagem cerebral, porque não têm nada no cérebro além de lixo. Se ele for lavado, ficam sem nenhum cérebro; esse é seu medo. E por que temem a hipnose? A hipnose simplesmente significa um estado de sono deliberadamente criado. É um espaço bonito, muito saudável, e pode ser imensamente útil. E agora, nos hospitais mais modernos, os hipnotizadores estão sendo empregados, porque sob hipnose até mesmo cirurgias podem ser realizadas sem nenhuma anestesia. Sob a hipnose muitas doenças podem ser curadas simplesmente porque estavam apenas na mente. As pessoas estavam obcecadas com algumas doenças que na verdade não estavam ali. Se mediante a hipnose uma pessoa pode colocar em sua mente a ideia de que a doença está terminada e ela não a tem mais, quando acordar encontrará uma pessoa diferente que não está mais doente.

A hipnose pode ser uma grande bênção.

Na União Soviética a hipnose foi utilizada para o ensino. A criança vai dormir em sua casa, mas tem fones de ouvidos conectados ao sistema central na escola. Quando ela dorme, muito lentamente eles começam a ensinar-lhe coisas – tão lentamente que ela se sente como se estivesse sonhando e seu sono não é perturbado. É uma grande vantagem. Significa que seis horas da noite, oito horas da noite, podem ser usadas para o ensino. Nos vinte e cinco anos que passamos, da escola à universidade, três vezes mais educação é possível. Mas os chamados intelectuais que você conhece podem não ter conhecimento de todos estes métodos que são usados mundo afora.

Amargo no início, doce no fim

Muito em breve a hipnose vai se tornar uma das ciências mais importantes a serem desenvolvidas, porque a mente do homem está tão tensa, tão infeliz, tão angustiada que ele tem que usar álcool, maconha, haxixe, ópio e todo tipo de drogas apenas para esquecer, para se livrar de todas as ansiedades, embora saiba que isso é apenas temporário. Amanhã quando ele acordar, todas essas ansiedades estarão esperando à sua porta; elas não foram para lugar nenhum.

A hipnose pode transformá-lo muito facilmente sem nenhuma droga. Há pessoas que estão sofrendo com o cigarro – elas não querem fumar, mas estão viciadas. Sofrem uma tortura. Sabem perfeitamente que o fumo é prejudicial, que estão se matando, mas nenhum conselho sábio consegue ser de nenhuma ajuda. Sabem tudo o que você está dizendo: que o fumo vai destruir sua saúde, seus pulmões poderão ficar doentes, você pode ficar tuberculoso, pode até ter câncer, e certamente vai morrer pelo menos dois ou três anos antes. Todos sabem disso, mas ainda assim o vício continua presente. A hipnose é tão simples! Em três semanas, apenas três semanas, uma hora por dia – e seu hábito de fumar desaparece. Apenas três semanas, uma hora por dia, precisa lhe ser dito: "Você não precisa de cigarros, não precisa fumar".

Não há necessidade de que alguém lhe diga: você pode simplesmente manter um gravador a seu lado. Grave a primeira sessão com um hipnotizador – que não é um mágico, mas é um cientista, e o que ele está fazendo é um método simples. Então, simplesmente grave a primeira sessão, e então, toda vez que quiser, todos os dias, você pode usar a sessão gravada. E dentro de três semanas estará livre de todo o vício de fumar, de beber ou de qualquer outra coisa.

A hipnose ainda não tem sido usada. É um instrumento tremendamente poderoso para melhorar o homem — sua consciência, seu corpo — de todas as maneiras possíveis.

Estas pessoas não sabem absolutamente nada sobre lavagem cerebral, nem sabem nada sobre hipnose, mas, como são professores e são doutores, acham que são intelectuais. Convide esses intelectuais, e farei o máximo para lavar seus cérebros — eu prometo! Essas pessoas simplesmente têm medo — medo, porque por um lado elas tentam fingir que são intelectuais e, por outro, tudo o que estão fazendo é absolutamente absurdo.

Tenho visto professores se comportando como aldeões — procurando algum santo para tocar seus pés porque ele tem um poder curativo. Ou, se o santo o abençoa, sua promoção é certa. Nesses momentos eles não pensam no fato de serem intelectuais.

Eu mesmo já fui um professor, e por isso sei muita coisa sobre isso...

Lembro-me de um professor que tinha esta ideia de ser um grande intelectual, mas ainda assim era um hindu fanático. Eu lhe disse: "Estas coisas não andam juntas. Um homem inteligente não pode ser fanático. Um homem inteligente está sempre aberto, sempre pronto para ouvir o outro, e sempre pronto para aceitar a verdade, mesmo que ela vá contra suas antigas ideias".

Houve uma conferência e eu falei nessa conferência. Foi sobre o status das mulheres muçulmanas no mundo moderno. Ele também estava na plateia.

Eu disse: "Permitir que um homem tenha quatro esposas é degradar as mulheres a seres subumanos, reduzi-las a gado – e o próprio Maomé tinha nove esposas. Não posso perdoar nem posso esquecer. Este é o momento de as mulheres se revoltarem".

Ele ficou muito feliz, porque era um hindu fanático, contra os muçulmanos. Ele disse: "Você fez um ótimo trabalho; os outros foram simplesmente péssimos".

Eu disse: "Mas lembre-se de que Krishna tinha dezesseis mil mulheres. Maomé não é nada. Os cinco Pandavas tinham uma esposa. Esse é outro extremo – cinco irmãos com uma esposa. Isto é horrível. E um dos irmãos, Yudhishthira, era conhecido como *Dharmaraj* – um 'rei da espiritualidade'. Se este é o rei da espiritualidade, o que dizer das pessoas comuns?

"E este homem, Yudihishthira, era um jogador. E ainda é o rei da espiritualidade. Ele jogava tudo. Só a esposa ficou de fora – essa também era uma propriedade comum dos cinco irmãos. Mas ele também a apostou, e finalmente a perdeu. E ainda assim nenhum hindu o critica. Pelo menos devemos parar de chamá-lo de Dharmaraj. Ele está tratando as mulheres como propriedade, usando-as como uma aposta no jogo".

O homem disse: "Por isso eu nunca lhe peço uma carona".

Eu disse: "Independente da carona, você tem que me ouvir – você está no meu carro e eu vou parar quando tiver que parar. E, se você não pode responder, pelo menos desista da ideia de ser um intelectual. Quando critiquei os muçulmanos você ficou feliz pela mesma razão. E com os hindus – a mesma razão, em uma escala mais ampla – isso magoou. Isto não é inteligência, é apenas fanatismo. É apenas crença cega".

Estas pessoas podem ter sido aprovadas em exames, podem ter boa memória, mas não têm inteligência. Inteligência é uma coisa totalmente diferente. Um homem inteligente em busca da verdade está sempre pronto de onde quer que ela venha; ele nunca é inflexível, nunca é teimoso, nunca é fechado. Suas portas estão sempre abertas para a verdade.

A essas pessoas que estão lhe dizendo que você sofreu lavagem cerebral, diga que você está se sentindo muito limpo. Eu faço lavagem a seco, e ela é absolutamente invisível. Diga-lhes: "Ninguém verá que seu cérebro foi lavado, que ele se sente realmente limpo. E desde que fui hipnotizado estou vivendo em absoluta bem-aventurança. O que vocês estão fazendo sendo apenas um professor ou um engenheiro? Nada. Eu estou desfrutando do paraíso".

Você disse que sem um mestre é quase impossível atingir a verdade. Mas como você, Buda, Jesus e muitos outros atingiram a verdade sem qualquer ajuda de um mestre?

Eu disse que vocês podem atingir a verdade sem um mestre, mas a jornada vai ser muito longa. Com um mestre a jornada pode ser muito curta; sem um mestre você vai tateando no escuro. Você nunca sabe quando vai encontrar a porta certa. A existência é vasta e a vida é curta. Pode demorar muitas vidas. Assim, eu lhe disse que um mestre simplesmente o ajuda a eliminar as portas erradas, os caminhos errados, e deixa apenas o certo. A necessidade do mestre é para eliminar os caminhos errados. Mas há pessoas que adoram toda a jornada através de muitas vidas. Isso não faz mal; é sua decisão individual.

Eu tinha um amigo que era muito rico e me amava tanto que queria deixar todo o seu dinheiro, toda a sua herança, em meu nome, porque ele só tinha duas filhas que estavam casadas e não teve nenhum filho. Então, ele me amava como um filho, e também me amava como um mestre. Tinha a idade de meu pai.

Seu único passatempo era viajar na terceira classe em um trem de passageiros, nunca em um trem expresso. Então, era muito difícil. Ele queria viajar comigo; eu queria viajar com ele – eu vivia continuamente viajando. Mas eu disse: "É difícil: se de Calcutá para Bombaim posso ir em uma hora e meia, não vou desperdiçar cinco ou seis dias em um trem de passageiros em um compartimento de terceira classe – superlotado, parando em cada estação, sempre chegando com pelo menos um dia de atraso." E acrescentei: "Qual é o problema? Venha comigo no avião".

E ele disse: "Não. Não é essa a questão. Pelo menos uma vez, viaje comigo".

Então, uma vez viajei com ele de Hyderabad a Jaipur. A viagem demorou quase cinco dias, mas à sua maneira ele estava certo. Ele conhecia o chefe de cada estação, sabia em que estação tomaria o melhor chá, sabia em que estação conseguiria as melhores bananas... Ele havia viajado durante toda a sua vida; sabia tudo sobre todos os lugares.

Em um dos lugares, ele me disse: "Desça aqui e venha rápido!".

Perguntei: "O que aconteceu?".

Ele disse: "Temos que sair do trem, ir para a estação".

Perguntei: "O que há ali?".

Ele disse: "Há belas mangueiras. E estamos no tempo delas. Há belas mangas maduras nas árvores".

Mas eu disse: "O trem pode sair quando estivermos subindo nas árvores".

Ele respondeu: "Não fique preocupado. Todos me conhecem".

Eu o acompanhei, hesitante. Subimos em uma árvore – nunca esquecerei daquelas mangas. Foram as mais doces que já comi! Mas o tempo todo eu lhe dizia: "Chega. Agora devemos voltar".

E ele dizia: "Não se preocupe. Olhe para cima!".

Eu olhei para cima e lá estava um homem que ele disse ser o chefe do trem: "A menos que ele desça, o trem não pode partir".

Foi um desperdício de tempo, cinco dias, mas foi uma verdadeira alegria. As pessoas não recebiam dinheiro dele pelo leite ou pelo chá... haviam ficado tão acostumadas com ele que diziam: "Sempre esperamos por você. Você é o único cliente permanente. Afinal, em uma estação ferroviária, quem é um cliente permanente? Continue vindo, não pare de viajar na terceira classe nos trens de passageiros".

Você está certo em perguntar sobre as pessoas que alcançaram a verdade sem um mestre. Isso depende da escolha do indivíduo.

Eu tive a oportunidade de escolher. Mas sempre confiei que a verdade estava lá, podia demorar mais tempo, mas eu gostaria de alcançá-la sozinho, sem nenhuma ajuda de ninguém. Isso me custou vidas, e desfrutei de todas essas vidas.

A busca pela verdade é tão extasiante quanto encontrar a verdade. Tudo depende de você. Se você prefere seguir sozinho, vá sozinho. Só se lembre de que isso pode demorar vidas ou pode acontecer imediatamente; ninguém pode prever. Por acaso você pode bater na porta certa imediatamente, mas mais provavelmente vai bater em muitas portas. Assim, você tem que entender o seguinte: se tiver bastante coragem, não será desencorajado fracassando várias vezes. Não vai recuar, não vai começar a dizer: "A verdade não existe. Eu a venho buscando durante muitas vidas e não a encontrei".

Isso aconteceu no Colorado, quando foram descobertas as primeiras minas de ouro. Muitas pessoas venderam tudo o que tinham, correram para o Colorado e compraram a maior quantidade de terra possível, porque as pessoas estavam enriquecendo muito rapidamente — em uma questão de dias ficavam bilionárias. Um homem comprou toda uma montanha. Arriscou tudo. Era um homem rico. Arriscou tudo e comprou toda a montanha para ter todo aquele ouro. E comprou as máquinas mais modernas para escavar o ouro...

Continuou escavando sem parar — e nenhum sinal de ouro. Seu dinheiro havia terminado, sua coragem havia terminado, seus amigos o abandonaram. Sua família começou a lhe dizer: "Você está louco. Pare com tudo isso".

Finalmente, ele anunciou que queria vender a montanha com todo o maquinário que havia comprado para a escavação. Seus amigos, sua família, todos riram: "Você acha que as pessoas são loucas? Quem vai comprar sua montanha?". Todos riram às gargalhadas.

Ele disse: "O mundo é bastante grande. Deve haver alguém que seja mais louco que eu". E certamente, apareceu um homem e comprou a montanha, lhe pagou o mesmo preço que ele havia pago pela montanha e as máquinas. Até o homem ficou um pouco temeroso de receber todo aquele dinheiro. Ele disse: "Mas você sabe que eu tenho me esforçado muito e ainda não encontrei nenhum ouro?".

O outro homem disse: "Eu sei de tudo. Não fique preocupado. Se você pôde arriscar, eu também posso arriscar". E vocês ficarão surpresos em saber que no primeiro dia ele encontrou ouro. Precisava escavar só mais trinta centímetros; apenas trinta centímetros mais e o homem se tornou um bilionário.

O problema é você desistir apenas a trinta centímetros. Cada um tem que decidir por si.

Eu lhe disse qual é o caminho mais seguro, o caminho mais curto, porque conheço a fragilidade humana. Entendo que logo você vai ficar desencorajado, logo pode desistir de toda a aventura. Pode começar, dizendo: "Não existe verdade, eu a busquei o suficiente; não vou mais perder meu tempo".

Se você estiver pronto para prosseguir, independentemente do que aconteça, não irá parar até descobrir a verdade. Então, poderá seguir sem um mestre. Do contrário, seja mais sensato.

Eu fiz uma longa jornada e não estou dizendo que escolhi um caminho errado – ele foi perfeitamente adequado para mim. Com um mestre eu poderia ter encontrado a verdade muito facilmente, mas esse não era o meu objetivo. Eu queria encontrar a verdade sozinho. "Se há algo como a verdade, estou pronto para esperar toda a eternidade, mas vou encontrá-la sozinho" – essa era a minha intenção. Se essa for sua intenção, você é bem-vindo por ir sozinho; do contrário, é mais simples ter alguém como um guia que possa mantê-lo alerta, encorajado, inspirado, apesar dos fracassos.

Ele pode mostrar-lhe o mesmo caminho através do qual a alcançou – que será o mais curto. Ele sabe. Ele vagou; agora sabe o que tem que ser evitado e o que tem de ser escolhido. Mas, essa é uma decisão que cabe a cada indivíduo – ninguém pode decidir por você.

Como eu sei se a minha energia sexual está transformada ou apenas reprimida?

Não será difícil. Será a coisa mais simples de saber. Quando a energia sexual está reprimida você tem sonhos sexuais, tem fantasias sexuais – não pode evitá-los. Quando a energia sexual está transformada você não tem nenhum sonho sexual, não tem nenhuma fantasia sexual. Este é o critério simples.

Vou terminar com uma pequena história...

No tempo de Gautama Buda havia uma bela mulher – uma prostituta, Amrapali.

Um monge budista estava indo pedir esmolas, quando Amrapali o viu. Ela estava simplesmente surpreendida, porque reis haviam estado à sua porta, pessoas ricas, pessoas famosas de todos os setores da vida, mas ela nunca havia visto uma pessoa tão bela – e ele era um monge, um mendigo com um prato de esmolas na mão. Ela estava indo para o seu jardim em sua carruagem dourada. E disse ao *bhikkhu**: "Se você não se importa, pode se sentar comigo na minha carruagem e eu o levarei aonde você quiser".

Ela não achava que o *bhikkhu* estaria pronto para fazer isso, porque é sabido que Buda não permitia que seus *bhikkhus* falassem com mulheres ou tocassem qualquer mulher. E convidá-lo para se sentar em uma carruagem dourada em plena rua onde havia milhares de pessoas, centenas de outros *bhikkhus*, outros monges... Ela não esperava que ele aceitasse o convite, mas ele respondeu: "Tudo bem". Subiu na carruagem e se sentou ao lado dela. Foi um escândalo. Ela era uma das mulheres mais ricas que o mundo havia conhecido. O mundo só conhece duas mulheres – uma no Ocidente, Cleópatra, e uma no Oriente, Amrapali – consideradas as mulheres mais belas do mundo. E um *bhikkhu* com um prato de esmolas...! Uma multidão estava seguindo a carruagem. "O que está acontecendo ali? Ninguém jamais ouviu falar..."

---

* Bhikkhu (em páli) é o nome pelo qual são chamados, no budismo, os monges do sexo masculino. As monjas recebem o nome de *bhikkhuni*. Os *bhikkus* e as *bhikkhunis* obedecem a uma série de preceitos monásticos e seu estilo de vida é moldado de forma a permitir as práticas espirituais, que são essencialmente a simplicidade e a vida meditativa, até atingir o nirvana. (N.T.)

Então o *bhikkhu* disse: "Chegamos ao meu destino. Obrigado por ser tão boa com um pobre homem. Pode me deixar aqui".

Mas Amrapali disse: "A partir de amanhã tem início a estação das chuvas". Na estação das chuvas os *bhikkhus*, os monges, não se movem. Eles ficam em um único lugar – apenas durante a estação das chuvas; nos meses restantes eles estão sempre em movimento, de um povoado para outro. "A partir de amanhã tem início a estação das chuvas. Eu o convido para ficar comigo. Você pode consultar seu mestre."

Ele disse: "Com muita alegria. Vou consultar o mestre. E não creio que ele vá objetar, porque eu o conheço – ele me conhece e me conhece mais do que eu a ele". Mas antes que entrasse em contato com ele, muitos outros o fizeram e se queixaram de que o homem havia violado a disciplina, o prestígio, a respeitabilidade... que o homem deveria ser imediatamente expulso.

O *bhikkhu* chegou e Buda lhe perguntou: "O que aconteceu?".

Ele lhe contou a história toda e disse: "A mulher me pediu para ficar com ela durante os próximos quatro meses da estação das chuvas. E eu lhe disse: 'Como eu conheço meu mestre, não creio que haja nenhum problema, e meu mestre me conhece melhor do que eu o conheço'. Então, o que o senhor diz?".

Havia ali dez mil monges, e o silêncio era absoluto. Gautama Buda disse: "Você pode aceitar o convite dela".

Foi um choque. As pessoas estavam achando que ele seria expulso, e ele foi recompensado! Mas o que poderiam fazer. Eles disseram: "Vamos esperar. Após quatro meses Buda verá que cometeu um grave erro. Aquele jovem será corrompido naquele lugar, na casa de uma prostituta. Já ouviram falar de um monge ficando durante quatro meses com uma prostituta...?".

O homem permaneceu lá quatro meses, e todos os dias corriam rumores de que "isso está errado" e "aquilo está errado". E Buda disse: "Esperem, deixem-no voltar. Eu sei que ele é um homem digno de confiança. O que quer que aconteça ele mesmo vai me contar. Não tenho que dar ouvido a rumores".

E quando o monge voltou, Amrapali estava com ele. Ele tocou nos pés de Buda e disse: "Amrapali quer ser iniciada".

Buda disse: "Veja, com relação a todos estes rumores... Quando um verdadeiro meditador acompanha uma prostituta, a prostituta tem que se tornar um meditador. Um homem reprimido dotado de toda a sexualidade está sentado sobre um vulcão; quando ele encontra uma prostituta, ele cai. Ele já estava esperando por aquilo – nem mesmo uma prostituta seria necessária. Qualquer mulher teria provocado isso".

A pergunta está que todas as religiões têm-lhe ensinado a reprimir sua energia sexual, e elas criaram em toda parte pessoas reprimidas. E essas pessoas reprimidas ficam com muita raiva de mim, pela simples razão de que eu estou dizendo que a repressão não irá ajudá-las. A energia tem que ser transformada, do contrário irá arrastá-lo mais para a escuridão do que para a luz.

Não reprima nada. Qualquer coisa que seja natural é boa. Qualquer coisa que seja natural deve ser totalmente aceita.

Você precisa fazer apenas uma coisa: não fique contra a natureza, seja apenas um espectador. Permaneça apenas uma testemunha em tudo, seja comendo, seja andando, seja fazendo amor... permaneça apenas uma testemunha e ficará surpreso. O testemunhar é uma garantia absoluta da transformação, e você verá a diferença.

Você não terá nenhum sonho sexual, não terá nenhuma fantasia sexual. Mas, caso se reprima, terá problemas. Até mesmo Mahatma Gandhi, que reprimiu sua sexualidade, aos setenta anos de idade tinha ejaculações noturnas. Isso é feio. Mas sou grato a ele porque ele foi sincero. Ele pelo menos aceitou isso. Seus chamados santos não admitirão isso.

A repressão vai se mostrar – não há nenhuma dúvida sobre isso. Um dia ou outro ela vai trazer o sexo à sua mente, quer você esteja acordado ou dormindo. Mas se a energia for transformada você terá um resplendor, um brilho, uma luz à sua volta, algum silêncio o cercando; uma bem-aventurança, uma calma que não só você vai sentir, mas aqueles que estiverem abertos também sentirão. Ao simplesmente passar ao seu lado, eles sentirão que não apenas uma pessoa passou, mas um fenômeno passou. Algo da sua essência interior os terá tocado. Alguma música certamente será ouvida por aqueles que têm ouvidos.

E, no que lhe diz respeito há uma absoluta distinção: você não terá nenhuma ideia, acordado ou dormindo, sobre sexo.

Certo?

Como tudo está indo tão bem?

A pergunta não é uma brincadeira. Ela toca algo de tremendo valor na miséria humana, na angústia humana, na realidade humana. Ela produz riso porque parece absurdo perguntar por que as coisas estão indo tão bem. Nós ficamos acostumados às coisas nunca irem tão bem.

Estamos muito habituados com a infelicidade, com o sofrimento, a escuridão, com a ausência de sentido, com toda a tragédia da existência humana. Isso penetrou em nossos ossos, sangue e medula; nós aceitamos isso como se fosse a nossa natureza. Se as coisas estão indo mal, parece natural.

Se as coisas não vão mal, então algo deve estar errado – como as coisas estão indo tão bem!? Nós esquecemos a linguagem do bem-estar, esquecemos o gosto da bem-aventurança.

Esquecemos a nossa própria natureza.

O natural é que as coisas corram bem; para elas correrem bem, nenhuma razão é necessária.

Você está saudável – não vai ao médico para lhe perguntar: "O que acontece comigo? Estou saudável". Você vai ao médico quando não está saudável, quando está doente.

Quando as pessoas são jovens, elas não perguntam: "Qual é o significado da vida?" Sua juventude, sua energia transbordante, são significado suficiente, importância suficiente. Elas ainda são capazes de amar. São ainda capazes de dançar, cantar, celebrar. A morte ainda não toldou suas vidas.

No momento em que uma pessoa começa a perguntar qual é o significado da vida, isto significa que se tornou velha – não importa que idade tenha. Sua pergunta mostra enfaticamente que ela perdeu o contato com a vida, perdeu o contato com o amor, perdeu o contato com a vitalidade, e não importa para onde ela olhe, é tudo um vazio. A pergunta tornou-se importante para ela – por que está vivendo? Na verdade, ela morreu; sua vida é póstuma.

No momento em que uma pessoa pergunta qual é o significado da vida, esta é a pergunta de um homem morto – que ainda respira, cujo coração ainda bate, mas tudo funciona como se ele fosse um robô. Toda poesia, todos os arco-íris desapareceram... não há nenhuma aurora. Parece que a noite é eterna. Parece que ele deve ter sonhado com os dias em que havia visto a luz; eles não eram reais.

A velhice, quando a morte está se aproximando de você, cria a pergunta: "Qual é o significado da vida?" Mas quando você está vivo, quando a morte está bem distante, atrás do horizonte da sua visão, quem se importa com o significado da vida? – você a vive, você a tem, você a canta, você a dança. Ela está em cada respiração, em cada batimento do seu coração.

Uma coisa tem que ser claramente entendida: que as pessoas que têm formulado as chamadas grandes perguntas sobre o significado da vida, sobre o significado da própria existência, sobre o significado do amor, sobre o significado da beleza, são consideradas grandes filósofos, mas têm um pé no túmulo. Pouco antes de entrarem em seus túmulos, ficam levantando todas estas questões.

Um dos grandes especialistas em estética, o grande filósofo da estética, Croce, dedicou toda a sua vida a uma única pergunta: O que é a beleza? No século XX, ele se destacou sozinho como um alto pico, incomparável a ninguém mais. Sua dedicação à questão da beleza fora total. Ele escreveu sobre ela, falou sobre ela, ensinou sobre ela, sonhou com ela; toda a sua vida foi construída em torno da pergunta: O que é a beleza?

Eu percorri seus escritos, e em cada passo senti que aquele homem devia ter sido cego – apenas uma pessoa cega pode perguntar o que é a beleza. E por quase um século ninguém levantou a questão se Croce era ou não cego. Eu digo que ele era definitivamente cego. Podia ter olhos, assim como você os tem, mas não tinha percepção, não tinha sensibilidade. Ele permanecia fazendo a pergunta sobre a beleza. E continuou inquirindo a respeito – e toda a existência é repleta de beleza.

Até a menor folha de grama é bela. Tudo à sua volta são flores e estrelas, pássaros e árvores, rios e montanhas, e belos seres humanos.

Por que um homem com a inteligência de Croce não conseguia ver uma coisa simples – que a beleza tem que ser sentida, não pensada? Você tem que vê-la, experienciá-la. Você é capaz de criá-la. Mas isso, ela é tão misteriosa, que está além das explicações. Não se pode confiná-la a uma definição. Mas o esforço de toda a vida de Croce mostra apenas uma coisa: o pobre homem jamais experienciou sequer um único momento de beleza; do contrário, todo o seu questionamento teria mudado. Ele deveria ter dedicado sua vida a criar beleza, a experienciar a beleza, a se regozijar com as estrelas, com a lua, com as flores e com os pássaros. Mas desperdiçou toda a sua vida.

E, no fim, a que conclusão ele chegou? – que a beleza é indefinível. Desde o início qualquer pessoa poderia lhe ter dito isso. Não havia necessidade de desperdiçar uma bela vida, um dom precioso da existência. E não se pode ter certeza se isso lhe será dado novamente; não se pode sequer ter certeza de por que lhe foi dado nesta vida. Você o merece? Você o ganhou? A existência deve isso a você? Parece ser um dom puro, um dom de uma existência abundante, não importando se a pessoa o merece ou não. Não perguntando por suas qualificações, não inquirindo sobre o seu caráter, a sua moralidade... não lhe fazendo exigências, apenas o concedendo à pessoa, sem quaisquer condições em troca. Dando a você não como um negócio, mas sem nenhuma expectativa de retribuição; dando e permitindo à pessoa total liberdade para fazer o que quiser com isso.

Tudo deve acontecer de uma maneira bela, facilmente, com um bem-estar; ser natural. Se algo não está indo bem, isso significa que algo está desfavorável, algo está doente.

Mas todos os grandes moralistas do mundo, todos os teólogos, todos os profetas e mensageiros de Deus realmente têm lhes feito mal. Têm-lhes feito exigências. Têm-lhes levado toda a sua liberdade. Têm-lhes pedido para fazer coisas impossíveis, e naturalmente você fracassou em fazê-las. Isso deixou feridas em você – feridas de fracasso, inferioridade, feridas de desmerecimento – e você está vivendo com todas essas feridas. Naturalmente, tudo anda errado.

Não é a natureza, são seus grandes benfeitores – as pessoas que lhe prometeram; "Somos os salvadores". Na verdade, elas são as pessoas que criaram uma humanidade doente, uma mente humana enferma, uma psicologia que não é saudável.

Exigir qualquer coisa antinatural certamente irá gerar culpa. Se você não a fizer, irá se sentir culpado de não ser realmente um ser humano, de estar se comportando como seres subumanos, como animais; de ser um pecador, de estar fazendo coisas contra os profetas e os mensageiros que representam Deus.

E se tentar segui-los cairá em uma armadilha. Se os seguir terá que ir contra a natureza, e a natureza é tudo o que você é. Você não pode ir contra si mesmo, e por isso a cada passo ocorre um fracasso. A cada passo você se torna cada vez mais esquizofrênico: uma pequena parte torna-se o sacerdote, condenando toda a sua natureza. Qualquer coisa que você faça está errada. A vida torna-se um pesadelo.

E é assim que o homem tem vivido há milhares de anos; uma vida que poderia ter sido uma bela experiência transformou-se em uma tortura insuportável, um pesadelo. Mesmo que você queira acordar, não consegue. O pesadelo é pesado e longo – não é apenas seu, vem de seus antepassados; geração após geração eles o cultivaram. Ele tem raízes tão antigas quanto o homem; você não consegue combatê-lo. Você não pode lutar contra a sua natureza, não consegue lutar contra a sua herança doente.

E eu digo que em toda a Terra todo homem está vivendo oprimido por uma herança doente. Não importa se ele é cristão, hindu ou muçulmano – esses são nomes diferentes para a mesma doença. Se seguir sua natureza, você mesmo vai se condenar. Toda a sociedade o condena. O mundo todo fica contra você, e você também fica contra si mesmo.

Mas você tem que viver a sua natureza.

Amargo no início, doce no fim

Friedrich Nietzsche tem um belo *insight* sobre isto. Ele diz que todas as religiões do mundo têm sido contra o sexo, mas não foram bem-sucedidas na destruição do sexo; do contrário, como estas pessoas continuariam nascendo? Toda esta explosão populacional... se seus sacerdotes tivessem sido bem sucedidos, as igrejas estariam vazias. Mas há setecentos milhões de católicos – certamente os padres católicos falharam totalmente!

Nietzsche está certo. As religiões não foram bem-sucedidas na destruição do sexo. Mas foram bem-sucedidas em uma coisa: elas tornaram o sexo venenoso. Ele não é mais uma alegria, não é mais uma coisa bela, não é mais algo sagrado. Elas conseguiram criar uma grande culpa em função dele. E o que é certo sobre o sexo é certo com relação a todos os seus instintos naturais, mas tudo foi envenenado. Então, quando as coisas não estão dando certo, você fica perfeitamente à vontade. Mas quando as coisas estão dando certo, começa a se sentir inquieto: "O que está acontecendo?".

Se há guerras, está perfeitamente certo. Se há conflitos entre hindus e muçulmanos, se os muçulmanos e os judeus estão se matando, está perfeitamente certo. Mas, se de repente os judeus e os muçulmanos começarem a dançar, cantar e a se rejubilar juntos, o mundo todo ficará chocado: "O que está acontecendo? Estas pessoas enlouqueceram?".

Estamos padecendo de uma herança errada e, a menos que nos libertemos do passado, não poderemos viver pacificamente.

As pessoas que estão reunidas aqui comigo e as pessoas mundo afora que estão comigo deixaram de lado o passado. Elas não são mais hindus, cristãos, budistas; são simplesmente seres humanos. E eles estão tentando viver sua natureza plenamente, autenticamente, sem nenhuma culpa e sem nenhum sentimento de pecado. As coisas vão indo admiravelmente bem. Elas estão vivendo em liberdade.

O passado é a nossa escravidão, e se o passado é demais, então ele vai criar o nosso futuro. Ficamos esmagados entre o passado e o futuro. E o futuro nada mais é que uma reprodução do passado. E um pequeno momento do presente é quase impotente contra duas eternidades pressionando-o de ambos os lados.

Uma vez que você se liberte do passado, uma enorme realização acontece: você fica livre também do futuro. E o fato de ficar livre do futuro significa que agora você está livre para criar o seu futuro; ele não será criado pelo passado. Será criado por sua natureza, por sua inteligência, por sua meditação, por seu silêncio, por seu amor.

Em torno dos meus *sannyasins* as coisas tendem a transcorrer com facilidade, porque não há pecado, não há culpa, não há moralidade imposta. Eu corrompo tanto as pessoas, que elas se tornam inocentes. Elas estão vivendo inocentemente. Elas não têm nenhum código moral, não têm dez mandamentos, nenhuma bíblia sagrada. Têm apenas seu próprio *insight* e uma liberdade para criar o seu futuro, para viver de acordo com sua natureza, sem nenhum medo. Porque não há inferno e não há Deus para decidir se alguém está certo ou errado.

Se você está certo, sua vida será uma vida de alegrias; se está errado, sua vida será uma vida de infelicidade.

Não há necessidade de nenhum Deus. Cada ato é decisivo, intrinsecamente.

Assim, você pode sentir o seu caminho: se está se movendo acertadamente, sua vida seguirá germinando cada vez mais flores, criará asas cada vez maiores. Sua jornada até as estrelas se tornará mais fácil. E, se estiver fazendo algo errado, sua própria natureza dirá que está errado, porque você estará sofrendo as consequências de seus atos errados aqui e agora. Não terá que esperar pelo dia do julgamento final.

Que tipo estúpido de hipótese, "o dia do julgamento final" – um dia em que todos serão despertados de suas tumbas. Imagine o que vai acontecer: todos esqueletos, e haverá uma multidão deles. No lugar onde você está sentado haverá pelo menos dez esqueletos embaixo de você. Quando todos os esqueletos se levantarem não haverá espaço disponível, e haverá muitos berros, gritos e gemidos. Até mesmo para o pobre Deus será difícil reconhecer quem é quem – porque só haverá esqueletos. Então, para julgar quem vai para o céu e quem vai para o inferno... e você acha que isso será feito em apenas um dia...? Cada pessoa tem milhões de atos, bons e ruins, que têm que ser pesados, e há apenas um Deus – e nem muito inteligente.

George Bernard Shaw costumava dizer: "Justamente a própria multidão me faz sentir que será difícil fazer julgamentos. Além disso, metade da multidão será composta de mulheres... que tornarão isso quase impossível!" Talvez seja por isso que o dia do juízo final não aconteceu e nem vai acontecer. Porque Jesus costumava dizer aos seus discípulos: "Brevemente, em sua vida, vocês verão acontecer o dia do juízo final" – nas vidas de seus discípulos. Isso significa, no máximo, setenta anos. Dois mil anos se passaram e, com o passar dos dias, os esqueletos continuam aumentando.

Acho que Deus mudou de ideia.

O julgamento não é mais possível.

Em minha opinião, cada ato traz seu próprio julgamento, e isso é mais científico. Por que continuar reunindo atos para um determinado dia e então decidir? E por que decidir externamente quando há uma possibilidade de decidir internamente? Cada ato tem sua consequência intrínseca.

Você pode descobrir: se sua vida é infeliz é porque você está fazendo algo errado; e se sua vida é um mar de rosas é porque você está fazendo perfeitamente tudo o que deve ser feito. Então, cabe a você tornar sua vida um mar de rosas ou uma sucessão de acontecimentos depressivos; ninguém pode decidir isso. Você é o ato e você é o juiz. E isto parece ser mais científico, mais simples.

Se tudo está indo bem, fique feliz. E lembre-se de por que as coisas vão bem, para que elas continuem indo cada vez melhor, porque o bem-estar também tem profundidade. Descubra o que está tornando sua vida abençoada, tranquila, calma, feliz – simples aritmética – e sua vida pode se tornar uma vida sagrada.

Para mim, se você está vivendo com alegria, você é um homem sagrado.

Você só tem que fazer uma coisa: morrer para o passado, para poder renascer em um presente novo e em um futuro livre.

Há um outro caminho, sem morte e insegurança?

Em primeiro lugar, não existe morte. A morte é uma ilusão.
É sempre outra pessoa que morre; você nunca morre. Isso significa que a morte tem que ser vista sempre de fora, ela é a visão de quem está de fora.
Aqueles que viram seu mundo interior são unânimes em dizer que a morte não existe. Porque você não sabe o que constitui sua consciência; ela não é constituída de respiração, não é constituída de batimentos cardíacos, não é constituída de circulação sanguínea. Então, quando o médico diz que um homem está morto, esta é a conclusão de alguém de fora; tudo o que ele está dizendo é: "Este homem não está mais respirando, seu pulso parou de pulsar, seu coração não está mais batendo". Essas três coisas são equivalentes à morte? Não são.
A consciência não é seu corpo, nem sua mente, nem seu coração.
Então, quando alguém morre, morre para você, não para ele. Para ele há simplesmente uma mudança de casa, talvez uma mudança para um apartamento melhor. Mas como o velho apartamento é deixado, e você o está procurando no velho apartamento e não o encontra lá, você acha que o pobre sujeito está morto. Tudo o que deve dizer é: "O pobre sujeito escapou. Mas para onde ele foi nós não sabemos".
Na verdade, a ciência médica está indo além dos seus limites quando diz que uma pessoa está morta. A ciência médica ainda não tem o direito de dizê-lo, porque ainda não

tem a definição do que constitui a morte. Ela pode simplesmente dizer que "este homem não está mais respirando. Seu coração parou de bater. Sua pulsação não está mais funcionando". Concluir que ele está morto vai além do que você está vendo. Mas como a ciência não tem nenhuma ideia da consciência, a morte do corpo torna-se a morte do ser.

Aqueles que conheceram o ser... e para isso não é necessário que você deva morrer para conhecer; só é necessário penetrar em seu interior. É isso que eu chamo de meditação – penetrar no seu interior e descobrir qual é o seu centro, e no seu centro não há respiração, não há batimentos cardíacos, não há pensamento, não há mente, não há coração, não há corpo, e ainda assim você está lá.

Quando uma pessoa experienciou a si mesma – que ela não é o corpo, não é a mente, não é o coração, mas pura consciência –, sabe que não há morte para ela, porque ela não depende do corpo.

A consciência não depende da circulação sanguínea. Não depende de o coração estar ou não batendo, não depende de a mente estar ou não funcionando. É um mundo totalmente diferente; não é constituída de nenhuma coisa material, ela é imaterial.

Então, a primeira coisa a fazer é entender que a morte não existe – ela nunca foi encontrada.

E se não há morte, que insegurança pode haver?

Para uma vida imortal não pode haver insegurança. Sua imortalidade não depende do seu saldo bancário; o mendigo é tão imortal quanto o imperador.

No que se refere às consciências das pessoas, esse é o único mundo onde existe o verdadeiro comunismo: todos têm qualidades iguais, e eles não têm nada que possa ser perdido ou levado embora. Não têm nada que possa ser destruído, queimado.

Não existe insegurança.

Toda insegurança é uma sombra da morte.

Se você olhar profundamente, verá que toda sensação de insegurança está enraizada no medo da morte. Mas estou lhe dizendo que a morte não existe; por isso não pode haver nenhuma insegurança. Vocês são seres imortais, *amritasya putrah.*

Foi isso que os visionários do Oriente antigo disseram: "Vocês são os filhos da imortalidade".

E eles não eram avarentos como Jesus Cristo, que disse: "Eu sou o único filho unigênito de Deus". Esta é uma ideia estranha... só por dizê-la a pessoa deve se sentir envergonhada. "Sou o único filho unigênito de Deus"... e quanto aos outros? São todos bastardos? Jesus está condenando o mundo todo! Ele é o filho de Deus, mas e todas as outras pessoas são filhos e filhas de quem? E isso é estranho – por que Deus deveria parar depois de gerar apenas um filho? Ele só conseguiu ter um filho? Ou acreditava em controle de natalidade?

Tenho perguntado ao papa e à Madre Teresa: "Seu Deus deve acreditar em controle de natalidade, deve estar usando coisas que vocês estão proibindo às pessoas – preservativos e tudo o mais; do contrário, como isto é possível? Uma vez que ele gerou um filho, por que não pelo menos uma filha – essa é uma tendência natural".

E em toda a eternidade... sem nenhuma diversão.

Os psicólogos dizem que as pessoas pobres criam mais filhos pela simples razão de que não têm nenhuma diversão. Para ir ao cinema você precisa ter dinheiro, para ir ao circo você tem de ter dinheiro, para ir à praia você precisa ter dinheiro. Para ir a qualquer lugar onde haja diversão, é preciso ter dinheiro. Então, ir para a cama – essa é a única diversão que se pode ter sem dinheiro.

O que Deus está fazendo? – ele não pode ir à praia nem ao circo nem ao cinema. Fica sentado eternamente, entediado... E gerou apenas um filho? Isso tem muitas implicações: talvez ele tenha ficado tão frustrado com este único filho que se tornou celibatário – "Não vou gerar mais nenhum tolo".

Jesus esteve ensinando na Terra por apenas três anos. Ele tinha apenas trinta e três anos e foi crucificado – um grande salvador que não conseguiu se salvar. Deus deve ter se sentindo terrivelmente desapontado: "Está acabado! Não mais filhos nem filhas".

Mas a realidade é que há certo elemento de egoísmo em ser o único, sem competidores. Krishna pode ser a encarnação de Deus, mas não é o filho – é apenas uma fotocópia. Maomé pode ser um mensageiro – apenas um carteiro. Mas Jesus é especial, ele é o único filho gerado por Deus. Há certo egoísmo nisso.

Os antigos videntes não eram tão egoístas. Eles chamavam toda a humanidade – passada, presente, futura – de *amritasya putrah*: vocês todos são filhos da imortalidade. Eles não estão se colocando acima de você, não estão pretendendo ser mais sagrados que você. Estão tornando todos os seres humanos, no que se refere à consciência, absolutamente iguais, eternos.

Não há nenhuma insegurança. Não há necessidade de nenhum outro caminho – e, de todo modo, não há outro caminho. A vida é o caminho que passa através do ilusório portão da morte.

Você pode transpor o portão conscientemente. Se for uma pessoa bastante meditativa, poderá chegar à morte sabendo perfeitamente que vai mudar de casa; pode entrar em outro útero sabendo perfeitamente que está entrando no novo apartamento – e este é sempre melhor, porque a vida está sempre evoluindo. E se puder morrer conscientemente, então com certeza sua nova vida será, desde o início, em um nível muito elevado. E não vejo nenhuma insegurança. Você chega ao mundo sem nada; então, só uma coisa é certa: nada lhe pertence.

Você chega absolutamente nu, mas com ilusões. Por isso toda criança nasce com as mãos fechadas, punhos cerrados, acreditando estar trazendo tesouros – e esses punhos estão vazios. E todos morrem com as mãos abertas. Tente morrer com os punhos cerrados – ninguém conseguiu isso até agora. Ou tente nascer com as mãos abertas – também ninguém conseguiu isso.

A criança nasce com os punhos cerrados, com ilusões de que está trazendo tesouros para o mundo, mas não há nada em seus punhos. Nada pertence a você – por que a insegurança? Nada pode ser roubado, nada pode ser tirado de você. Tudo o que está usando pertence ao mundo. E um dia terá que deixar tudo aqui. Não poderá levar nada com você.

Eu soube de um homem rico que morava em uma aldeia e era tão avarento que jamais deu nada a nenhum mendigo. Toda a comunidade de mendigos sabia disso e, portanto, nunca viram nenhum mendigo diante de sua casa –

"Este homem parece ser novo aqui, vindo de outra aldeia. Diga-lhe: 'Você não vai conseguir nada aqui'".

A esposa do homem estava morrendo, mas ele não podia chamar o médico. Ele só tinha um amigo, porque ter muitos amigos significava uma insegurança desnecessária, e esse homem era tão avarento quanto ele; assim, não havia problema entre eles. Ambos entendiam a psicologia um do outro – não havia conflito, não havia perguntas, nenhuma questão que criasse qualquer constrangimento.

O amigo disse: "Mas este é o momento em que o médico deve ser chamado – sua esposa está morrendo".

O homem retrucou: "Está tudo nas mãos de Deus. O que um médico pode fazer? Se for para ela morrer, ela irá morrer. Você vai desnecessariamente me criar um problema... pagar ao médico pela medicação, isto e aquilo. Sou um homem religioso, e se não for para ela morrer, vai se recuperar sem nenhum médico. O verdadeiro médico é Deus, ninguém mais. E acredito em Deus, porque ele nunca pede uma remuneração ou qualquer outra coisa".

A esposa morreu.

Seu amigo falou: "Puxa, apenas por um pouco de dinheiro você não chamou um médico".

Ele disse: "Um pouco de dinheiro? Dinheiro é dinheiro; nunca é uma questão de pouco. E a morte chega para todos".

O amigo ficou um pouco zangado. Ele disse: "Isto é demais. Também sou avarento, mas se minha esposa estiver morrendo eu chamarei pelo menos um farmacêutico – mas chamarei alguém. Mas você é realmente difícil. O que vai fazer com todo este dinheiro?".

Ele disse: "Vou levá-lo comigo".

O amigo disse: "Ninguém jamais ouviu falar disso".
Ele disse: "Mas ninguém jamais tentou isso".
Isso também era verdade. Ele disse: "Veja. Eu tenho meu próprio plano – vou levar tudo comigo".
O amigo disse: "Conte-me seu segredo, porque algum dia também terei que morrer e você é um grande amigo".
Ele disse: "A amizade é uma coisa importante, mas este segredo eu não posso contar. E o segredo é tão incrível, que você não pode usá-lo quando estiver morrendo – tem que ser usado antes, porque você tem que levar todo o seu dinheiro e todo o seu ouro e diamantes e tudo o mais para o rio".
Ele disse: "Como assim?".
Ele disse: "Da seguinte maneira. Você vai em um pequeno bote até o meio do rio e pula dentro dele com todo o seu dinheiro e afunda – assim você pode levá-lo. Experimente! Ninguém jamais tentou. Se não conseguir, não há problema, porque todo mundo parte sem ele. Se tiver sucesso, será o pioneiro, o primeiro a alcançar o paraíso com todo o seu saco de dinheiro. E todos aqueles santos vão ficar de olhos arregalados – 'Este homem fez algo diferente!'".
Mas o amigo disse: "Mas isso significa que você tem que morrer".
Ele disse: "Naturalmente, e tem que estar com boa saúde. Quando estiver morrendo, será muito difícil carregar aquela carga pesada. Vou fazer isso logo, porque minha esposa já se foi e agora não tenho mais ninguém aqui".
Mas mesmo que você pule no oceano com todo o seu dinheiro, o dinheiro vai permanecer no oceano, seu corpo vai permanecer no oceano.
Você terá que ir só, só com sua consciência.

Nada lhe pertence, porque você não trouxe nada para cá e não pode levar nada daqui.

A vida é o único caminho.

A morte é a única ilusão a ser entendida.

Se você conseguir viver integralmente, totalmente, entendendo a morte como uma ilusão – não porque estou dizendo isso, mas por sua própria experiência na meditação profunda – então viva a vida com totalidade, da maneira mais plena possível, sem nenhum medo. A insegurança não existe, porque até a morte é ilusória.

Só o ser vivo em você é real. Limpe-o, aprimore-o, torne-o inteiramente consciente para que nem mesmo uma pequena parte dele se afunde na escuridão, para que você fique totalmente luminoso, para que se torne brilhante. Esta é a única maneira; não há outra alternativa. E não há necessidade dela.

Ser aberto e ser testemunha são duas coisas diferentes. É isso mesmo, ou esta é uma dualidade criada por minha mente?

A mente sempre cria dualidade; do contrário, ser aberto ou estar testemunhando não são duas coisas.

Se você for aberto, estará testemunhando.

Sem ser uma testemunha você não pode ser aberto; ou se for uma testemunha, será aberto – porque ser uma testemunha e permanecer fechado é impossível. Então essas serão apenas duas palavras.

Você pode começar testemunhando – e então a abertura virá por sua própria conta; ou pode começar abrindo seu coração, todas as janelas, todas as portas – e então o testemunhar será encontrado, chegando por sua própria conta. Mas se estiver simplesmente pensando, sem fazer nada, eles parecerão separados.

A mente não pode pensar sem dualidade. Dualidade é a maneira de pensar.

No silêncio, todas as dualidades desaparecem.

A unicidade é a experiência do silêncio.

Por exemplo, o dia e a noite são dualidades muito claras, mas eles não são dois. Há animais que enxergam à noite. Seus olhos são mais sensíveis, capazes de enxergar no escuro. Para eles, não há escuridão. Esses animais não conseguem abrir seus olhos durante o dia porque seus olhos são tão delicados, que o sol os fere. Então, enquanto é dia para você, para esses animais é noite; seus olhos ficam fechados, tudo é escuridão. Quando é noite para você, é dia para eles. O dia todo eles dormem, a noite toda ficam acordados.

E se você perguntar a um cientista e a um lógico, verá a diferença. Se perguntar a um lógico "o que é o dia", ele lhe dirá: "Aquilo que não é a noite". E o que não é a noite? É um jogo circular. Se você perguntar "o que é noite", o lógico irá dizer: "Aquilo que não é o dia".

Você precisa do dia para definir a noite, precisa da noite para definir o dia. Estranha dualidade, estranha oposição... Se não existe dia, você pode pensar na noite? Se não existe noite, você pode pensar no dia? É impossível.

Pergunte ao cientista, que está mais próximo da realidade do que o lógico. Para o cientista, a escuridão é menos luz, a luz é menos escuridão. É um fenômeno, como um termômetro. Alguém tem uma temperatura de 37,7 °C, está pronto para a mudança. Alguém tem uma temperatura de 36,6 °C, a temperatura normal para os seres humanos; mas se a temperatura de alguém cai abaixo de 35,5 °C, novamente está pronto para uma mudança.

Sua existência não é muito grande, apenas entre 35,5 °C e 37,7 °C. Abaixo disso está a morte, acima está a morte; apenas uma fresta entre as duas, uma pequena janela de vida.

Se pudéssemos ter um termômetro para a luz e a escuridão, a situação seria a mesma, assim como entre o calor e o frio – o mesmo termômetro serviria para ambos. O frio é menos quente e o quente é menos frio, mas é um único fenômeno; não há dualidade.

O mesmo acontece com a escuridão e a luz.

E o mesmo é verdade com relação a todas as oposições que a mente cria. Abertura e testemunhar... se você pensar intelectualmente, parecem muito diferentes. Parecem não estar relacionados; então como podem ser um só? Mas na experiência são um só.

Sou seu discípulo há dois anos e meio, e durante todo este tempo ansiei por estar em sua presença. Agora o encontrei pela primeira vez e tudo mudou. Quero fugir de você. Estou totalmente confuso. Por favor, comente isto.

É quase normal.

Você se apaixona por mim. O simples fato de ouvir minhas palavras atrai seu intelecto, e então surge um desejo de estar comigo pelo menos por algum tempo. E então ocorre um grande choque... porque não sou um homem de palavras. Embora eu tenha falado mais do que qualquer outra pessoa no mundo todo, continuo dizendo que não sou um homem de palavras.

Minhas palavras são apenas como redes lançadas para pegar peixes.

Minha mensagem é silenciosa.

Quando você se aproxima de mim, percebe a questão: que eu não sou uma pessoa razoável, racional, lógica; percebe que veio ao encontro de um místico irracional. Veio com certa convicção racional, e então descobre que a razão tem de ser abandonada. Você tem que dar um salto para o desconhecido, para o qual não posso lhe proporcionar nenhuma lógica, nenhuma evidência... exceto a minha própria presença.

Qualquer um que venha aqui arrebatado por minhas palavras vai sentir vontade de escapar. Porque veio por uma razão diferente, e aqui encontra uma situação totalmente diferente – não apenas diferente, mas diametralmente oposta. Não sou um professor. Não sou um filósofo. Não estou interessado em criar sistemas e hipóteses. Meu interesse está em destruí-lo como você é, para que possa renascer em seu potencial existencial.

Estou aqui para destruir sua personalidade, para dar vida à sua individualidade.

É uma reação natural; acontece com todo mundo. Mas você também não consegue escapar. No máximo, pode ir até a Estação Dardar* e tornar a voltar. Você pode tentar, e

---

* A Estação Dardar é uma das mais movimentadas de Bombaim. (N.T.)

exatamente de Dardar você vai voltar; esse é o raio. Uma vez que é captado por mim, não consegue escapar.

Mas não vou impedi-lo; tentar escapar será útil. Se você tentar escapar terá que voltar; da próxima vez o desejo de escapar surgirá, mas não terá nenhum efeito sobre você. Você simplesmente o ignorará, porque ele não vai funcionar. Agora terá de seguir todo o caminho, o que quer que isso signifique. Pode significar a morte do ego, da personalidade; então você terá que correr o risco.

Se não tivesse vindo até mim teria continuado a desfrutar das minhas palavras, porque para você elas seriam apenas um conhecimento emprestado. E aqui eu quero que você abra mão de todo conhecimento emprestado, incluindo aquele que reuniu de mim.

Quero que você se torne um conhecedor, um vidente.

Certamente, você tem de passar pelo fogo. Mas o fogo só parece fogo visto de longe. Quanto mais se aproxima dele, mais frio vai achá-lo. E no momento em que passar pelo fogo ficará surpreendido ao ver que o fogo também pode ser muito frio, muito refrescante.

Há uma história na vida de Moisés que os judeus não conseguiram explicar em quatro mil anos.

Em Monte Sinai, Moisés se deparou com um estranho fenômeno que pensou ser Deus. Certamente, era muito misterioso: um arbusto estava em chamas, mas não estava queimando; estava tão verde quanto qualquer arbusto. Suas flores estavam tão belas e frescas quanto quaisquer flores e, no entanto, havia fogo no arbusto. Naturalmente atraído e curioso, ele quis olhar de perto o que estava acontecendo. Nunca havia imaginado que pudesse haver fogo ali, que as chamas estivessem se elevando acima do arbusto – e o arbusto estava verde!

Ele se aproximou, e quando já estava chegando bem perto uma voz gritou: "Deixe seus sapatos para trás, Moisés! Você está entrando na terra santa, em um local sagrado." Tremendo, ele deixou seus sapatos. Não conseguia ver ninguém, mas esta era com certeza uma experiência milagrosa. Ele achou que tivesse sido a voz de Deus.

Minha própria explicação da história é que todos que passam por uma transformação chegam ao mesmo arbusto que está em chamas, mas o fogo é frio. Ele está nutrindo o arbusto, não o destruindo. Só parece fogo; são as chamas frias da vida. Para a vida, a palavra de Moisés é 'Deus' – essa é a única diferença. Essa é uma diferença de linguagem, nada de especial.

Você chegou aqui, você viu as chamas. E a primeira ideia será: "Fuja o mais rápido possível; do contrário, será queimado". Não fique preocupado. Se eu não estou queimado, se todas estas pessoas aqui não estão queimadas, você também não ficará queimado. O fogo é frio; ele transforma. Ele tira sua máscara e ajuda-o a descobrir sua face original.

Mas ainda assim, a liberdade lhe está disponível na Estação Dardar.

Escutei você falando sobre um místico do Sri Lanka pedindo a seus seguidores que se levantassem caso quisessem tomar um atalho rumo à iluminação. Quero que saiba que estou esperando pela chance de me levantar assim que ouvir você pedir – sabendo que minhas pernas muito provavelmente estarão tremendo, meu corpo transpirando e meu coração batendo como louco.

Deva Prem, é necessário que eu primeiro repita a história: Um místico está morrendo no Sri Lanka. Ele tem milhares de seguidores; todos se reuniram. Pouco antes de fechar os olhos, ele disse: "Se alguém quiser vir comigo, posso levar comigo – e este é o caminho mais curto. Você não terá que fazer nada. Não tenho muito tempo. Qualquer um que queira trilhar o caminho mais curto... do contrário, levará muitas vidas para atingir a iluminação. Posso levá-lo comigo pela porta traseira. Basta que se levante!".

Fez-se um silêncio absoluto, total. As pessoas olhavam uma para a outra, pensando, "Este homem o tem ouvido há quarenta anos, talvez possa estar pronto". Mas ele estava olhando para outra pessoa, porque ainda tinha muitos problemas para resolver: "O negócio não anda bem". Todos têm problemas: alguém tem uma moça com quem se casar, alguém tem um filho desordeiro; alguém tem um caso no tribunal e este não é um momento propício para atingir a iluminação; primeiro o caso no tribunal tem de ser resolvido, e assim por diante.

Mas um homem levantou a mão. Ele disse: "Não posso me levantar porque ainda não estou pronto, mas não posso resistir à tentação de saber onde está a porta traseira – porque se em algum momento eu estiver pronto, posso seguir o atalho. Neste exato momento não estou pronto – que fique bem claro para o senhor que não vou partir em sua companhia – mas diga-nos onde está a porta traseira".

O ancião disse: "A porta traseira é aquela que você só pode entrar junto com seu mestre, não sozinho. É um portão muito estreito; nele só pode entrar um de cada vez. Se você estiver pronto para se dissolver no ser do mestre, então não há problema – um ou mil, todos entrarão pela porta como um único ser. Sozinho você não conseguirá encontrá-la".

Ora, Deva Prem, você quer que eu o convide para algum dia entrar pela porta traseira. E acha que está pronto e vai se levantar – embora só de pensar no assunto você transpire, suas pernas tremam e seu coração bata mais rápido. Minha impressão, Deva Prem, é que você é o homem que ergueu a mão! E um dia eu perguntarei, e sei que dessa vez você também só erguerá sua mão... ou talvez possa nem mesmo erguer a mão. Porque eu sou um tipo diferente de homem.

Aquele ancião era muito compassivo. Eu teria levado aquele homem – pelo menos ele ergueu sua mão. Isso é suficiente – qual a necessidade de fazê-lo se levantar? Erguer a mão é suficiente. Então, quando eu perguntar, lembre-se: vou lhe pedir simplesmente para erguer a mão. Desta vez esteja alerta, e fique preparado – porque com as pernas trêmulas e transpirando será difícil entrar por aquela porta traseira. Aquela porta traseira necessita de pessoas que possam desaparecer no nada, dançando, cantando, celebrando.

Portanto, aprenda a cantar, aprenda a dançar, aprenda a celebrar.

Algum dia posso lhe convidar.

E eu detesto transpiração. Sou muito alérgico – você terá que parar de transpirar. E, você tremendo, aquele portão não vai permitir sua entrada; imediatamente verá que há duas pessoas. Você tem que estar absolutamente imóvel e uno comigo... sem tremer. Desta vez não vou lhe pedir para se levantar. Da última vez, foi falha minha.

Epílogo

Você nos diz continuamente para "estarmos vigilantes", "sermos uma testemunha", mas uma consciência testemunhante pode realmente cantar, dançar e saborear a vida? Uma testemunha é um mero espectador da vida e jamais um participante?

A mente está fadada a levantar esta questão mais cedo ou mais tarde, porque a mente tem muito medo de que você se torne uma testemunha. E por que a mente tem muito medo de que você se torne uma testemunha? – porque, se você se tornar uma testemunha, isso é a morte da mente.

A mente é um agente, ela quer fazer coisas, e o testemunhar é um estado de nada fazer. A mente teme que "se você se tornar uma testemunha, eu não serei mais necessária". E, de certo modo, a mente está certa...

Quando a testemunha surge em você a mente tem que desaparecer, assim como se você trouxer a luz para seu quarto a escuridão terá que desaparecer – é inevitável. A mente só pode existir se você estiver dormindo, porque a mente é um estado de sonho e os sonhos só podem existir no sono.

Tornando-se uma testemunha você não está mais dormindo, está acordado. Você se torna pura consciência – muito cristalina, muito jovem e viçosa, muito vital e potente. Torna-se uma chama – intensa, ardendo em ambas as extremidades – como se, nesse estado de intensidade, luz, consciência, a mente morresse, cometesse suicídio. Por isso a mente fica temerosa.

E a mente vai lhe criar muitos problemas, vai levantar muitas e muitas questões. Vai fazê-lo hesitar em dar o salto para o desconhecido, vai tentar puxá-lo para trás. Vai tentar convencê-lo de que "comigo você terá segurança, proteção; comigo estará vivendo sob um abrigo, bem guardado. Terei todo o cuidado com você. Comigo você será eficiente, hábil. No momento em que me deixar, você terá que abandonar todo o seu conhecimento e deixar toda segurança e toda proteção. Terá que abrir mão da sua armadura e estará indo na direção do desconhecido. Você irá desnecessariamente assumir um risco sem nenhuma razão". E ela tentará lhe trazer belas racionalizações. Esta é uma das racionalizações que quase sempre acontecem a todo meditador.

Não é você quem está formulando a pergunta; é a mente, sua inimiga, que está fazendo as perguntas através de você. É a mente que está dizendo: "Você continuamente nos diz para 'ficar consciente', 'ser uma testemunha'. Mas será que uma consciência testemunhante pode realmente cantar, dançar e saborear a vida?".

Sim – na verdade apenas uma consciência testemunhante pode realmente cantar, dançar e saborear a vida. Isso parecerá um paradoxo – e é! Mas lembre-se de que tudo aquilo que é verdade é sempre paradoxal. Se a verdade não for paradoxal então não é absolutamente verdade, é outra coisa. O paradoxo é uma qualidade básica e intrínseca da verdade – deixe isso penetrar para sempre em seu coração. A verdade como tal é paradoxal. Embora nem todos os paradoxos sejam verdades, todas as verdades são paradoxos. A verdade tem que ser um paradoxo, porque tem que ser os

Epílogo

dois polos – o negativo e o positivo – e também uma transcendência. Tem que ser vida e morte, e mais ainda. Por "mais ainda" quero dizer a transcendência de ambas – ambas, e ambas não. Esse é o paradoxo fundamental.

Quando você está na mente, como pode cantar? A mente cria infelicidade; da infelicidade não pode surgir uma canção. Quando você está na mente, como pode dançar? Sim, você pode realizar alguns gestos vazios chamados dança, mas não é uma dança real. Somente uma Meera conhece uma dança real, ou um Krishna, ou um Chaitanya. Estas são as pessoas que conhecem a dança real. Os outros só conhecem a técnica da dança, mas não há nada transbordando; suas energias estão estagnadas. As pessoas que estão vivendo na mente estão vivendo no ego, e o ego não consegue dançar. Ele pode realizar uma performance, mas não uma dança.

A dança real só acontece quando você se tornou uma testemunha. Então estará tão feliz, que a própria felicidade começa a transbordar – essa é a dança. A própria felicidade começa a cantar; uma canção surge por si mesma. E só quando você é uma testemunha, consegue saborear a vida.

Posso entender sua pergunta. Está preocupado de que se tornando uma testemunha você se torne meramente um espectador da vida. Não – ser um espectador é uma coisa; ser uma testemunha é uma coisa totalmente diferente, qualitativamente diferente.

Um espectador é indiferente, ele é obtuso, ele está em uma espécie de sono. Não participa da vida. É temeroso, é um covarde. Ele fica à margem da estrada e simplesmente observa os outros viverem. É isso que você vem fazendo durante toda a sua vida: alguém atua em um filme e você o assiste. Você é um espectador! As pessoas ficam grudadas em suas cadeiras durante horas diante de suas TVs – espectadores. Alguém está cantando, você está ouvindo. Alguém está dançando, você é apenas um espectador. Alguém está amando e você está apenas observando. Você não é um participante. Profissionais estão fazendo o que você deveria estar fazendo por sua própria conta.

Uma testemunha não é um espectador. Então, o que é uma testemunha? Uma testemunha é alguém que participa, e ainda assim permanece alerta. Uma testemunha está em um estado de *wu-wei*. Essa é a palavra de Lao Tsé: significa *ação através da inação*. Uma testemunha não é alguém que fugiu da vida. Ele vive na vida, vive muito mais totalmente, muito mais apaixonadamente, mas no fundo ainda permanece um observador; continua se lembrando de que "eu sou uma consciência".

Tente caminhar na estrada: lembre-se de que você é uma consciência. O andar continua – e uma coisa nova é acrescentada, uma nova riqueza é acrescentada, uma nova beleza. Algo interior é adicionado ao ato externo. Você se torna uma chama de consciência, e o caminhar incorpora uma alegria totalmente diferente; você está na terra, mas seus pés ainda não estão tocando a terra.

Foi isso que Buda disse: "Atravesse um rio, mas não deixe a água tocar seus pés".

Esse é o significado do símbolo oriental do lótus. Você deve ter visto estátuas de Buda, fotos dele sentado em um lótus – isso é uma metáfora. O lótus é uma flor que vive na água e no entanto a água não consegue tocá-la. O lótus

Epílogo

não foge para as cavernas dos Himalaias; ele vive na água e permanece longe, bem longe. Está no mercado, mas não permite que o mercado penetre em seu ser, vive no mundo, mas não é do mundo – é isso que significa uma "consciência testemunhante".

É isso o que quero dizer quando lhe digo repetidas vezes: Esteja consciente. Não sou contra a ação, mas sua ação tem que ser iluminada pela consciência. Aqueles que são contra a ação tendem a ser repressivos – e todos os tipos de repressão o tornam patológico, não inteiro, não saudável.

Os monges vivem nos mosteiros, católicos ou hindus; os monges jainistas e budistas, que fugiram da vida, não são verdadeiros *sannyasins*. Eles simplesmente reprimiram seus desejos e se afastaram do mundo, do mundo da ação. Como você pode ser uma testemunha se afastando do mundo da ação? O mundo da ação é a melhor oportunidade de estar consciente. Ele lhe proporciona um desafio, permanece constantemente um desafio.

Ou você pode cair no sono e se tornar um fazedor; e então é um homem mundano, um sonhador, uma vítima de ilusões – ou pode se tornar uma testemunha e ainda assim continuar vivendo no mundo; então sua ação tem uma qualidade diferente. É realmente ação. Aqueles que não são conscientes, suas ações não são ações reais, mas reações; eles apenas reagem. Alguém o insulta e você reage. Insulte o Buda: ele não reage – ele age. A reação depende do outro – ele pressiona um botão e você é apenas uma vítima, um escravo; você funciona como uma máquina.

A pessoa real, que sabe o que é consciência, nunca reage; ela age segundo a sua própria consciência. A ação não vem do ato do outro; ninguém pode pressionar seu botão. Se ele sente espontaneamente que "isto é a coisa certa a fazer", ele a faz; se sente que nada é necessário, permanece quieto. Ele não é repressivo; está sempre aberto, expressivo. Sua expressão é multidimensional. Na canção, na poesia, na dança, no amor, na oração, na compaixão, ele flui.

Apêndice:
cinco técnicas para apoiar o processo de *mindfulness*

1. Mude sua mente

Quando você quer mudar um padrão na mente que se tornou um hábito duradouro, a melhor coisa é começar pela respiração. Todos os hábitos da mente estão associados ao padrão da respiração. Mude o padrão da respiração e a mente muda imediatamente, instantaneamente. Experimente!

Sempre que vir que um julgamento está se aproximando e você está entrando em um velho hábito, imediatamente expire – como se estivesse jogando fora o julgamento junto com a expiração. Exale profundamente, empurrando o estômago para dentro e, enquanto expulsa o ar, sinta ou visualize que o julgamento também está sendo expulso.

Então inspire profundamente o ar fresco, duas ou três vezes.

Apenas observe o que acontece. Você vai sentir um completo frescor; o velho hábito não conseguiu se apossar de você.

Portanto, comece com a expiração, não com a inspiração. Quando você quiser receber algo, comece inspirando; se quiser expulsar algo, comece com uma expiração. Observe como imediatamente a mente é afetada. Imediatamente você verá que a mente se moveu para outro lugar; uma nova brisa chegou. Você saiu da velha rotina e por isso não repetirá o antigo hábito.

Isto é verdadeiro para todos os hábitos. Por exemplo, se você fuma, se surge a ânsia de fumar e você não quer, imediatamente expire profundamente e livre-se da ânsia. Inspire ar fresco e no mesmo momento verá que a ânsia se foi. Este pode se tornar um instrumento muito, muito importante para a mudança interior.

2. Livre-se do lixo

Antes de dormir, comece a fazer um *gibbertish*, a emitir sons inarticulados. Trinta minutos de sons inarticulados bastarão. Isso vai esvaziá-lo muito rapidamente. Do modo comum, isso demora algum tempo: normalmente você vai ruminando os pensamentos e os pensamentos continuam, não param, e isso dura a noite toda. Mas pode ser feito em meia hora!

Sons inarticulados, a glossolalia é a melhor coisa – simplesmente sente-se em sua cama, apague as luzes e comece a falar em uma língua desconhecida. Permita que os sons saiam; permita que saia qualquer coisa. Você não precisa se preocu-

Cinco técnicas para apoiar o processo de *mindfulness*

par com a língua, não precisa se preocupar com a gramática e não precisa se preocupar com o que está dizendo. Não precisa se preocupar com o significado; isso não tem nada a ver com significado. Quanto mais sem sentido for, mais útil será.

Isso simplesmente expulsa o lixo, o ruído da mente. Então qualquer coisa... apenas comece e prossiga, mas seja muito apaixonado nisso, como se estivesse conversando, como se toda a sua vida estivesse em jogo. Você está falando coisas sem sentido e não há ninguém ali exceto você; mas seja apaixonado, permaneça em um diálogo apaixonado. Apenas trinta minutos disso bastarão, e você terá um bom sono durante a noite toda.

A mente acumula ruído, e quando você vai dormir ele continua. Agora se tornou um hábito: simplesmente não se sabe como desligar. O botão de ligar e desligar não está funcionando. Isto ajudará. Simplesmente permitirá a liberação da energia e então, vazio, você vai adormecer.

É isso que acontece nos sonhos e pensamentos durante a noite: a mente está tentando se esvaziar para o dia seguinte; ela tem que estar pronta. Você esqueceu como dar fim a esse processo, e quanto mais tenta, mais fica desperto, e, por isso o sono se torna difícil.

Então, não é uma questão de tentar dormir – não tente nada. Como você pode tentar? Isso acontece. Não é algo que tenha que fazer. Você só pode criar uma situação em que isso possa acontecer facilmente. Apague a luz, tenha uma cama confortável, um bom travesseiro e fique confortavelmente aquecido. Isso é tudo o que pode fazer. Então, durante meia hora, entre em um monólogo realmente apaixonado, um monólogo absurdo.

Os sons virão – profira-os – e um som vai conduzir a outro. Logo você estará falando chinês, italiano, francês e outras línguas que desconhece. É realmente belo! A língua que você conhece nunca pode ajudar o esvaziamento. Porque como conhece a língua, você não permitirá que as coisas tenham sua plena expressão. Você temerá muitas coisas: O que estou dizendo? É certo dizer isso? É moral? Você pode começar a se sentir culpado de estar dizendo essas coisas erradas. Mas quando está falando em sons, não sabe o que está dizendo – mas seus gestos e sua paixão realizarão o trabalho.

3. Esteja presente

À medida que você cresce em consciência, o próprio mundo começa a mudar. Nada precisa ser feito diretamente; todas as mudanças que acontecem ocorrem quase por conta própria. Apenas uma coisa é necessária: um esforço para ser mais consciente.

Comece a se tornar cada vez mais consciente de tudo o que está fazendo. Quando caminhar, ande conscientemente; dedique toda a sua atenção ao caminhar. Há uma grande diferença entre quando você simplesmente caminha sem nenhuma consciência e quando traz a qualidade da consciência ao seu caminhar. A mudança é radical. Ela pode não ser visível de fora, mas internamente, ela está na verdade se movendo para dentro de uma outra dimensão.

Experimente com algum pequeno ato: por exemplo, movendo sua mão. Você pode movê-la de um modo mecânico. Depois a mova com grande consciência, sentindo lentamente o movimento e olhando de dentro para a maneira como a está movendo. Neste pequeno gesto você está no limiar do divino, porque um milagre está acontecendo. Este é um dos maiores mistérios que a ciência ainda não conseguiu decifrar. Você decide que deve mover a mão e a mão segue sua decisão. Isso é um milagre porque é a consciência contatando a matéria... e não só isso, mas a matéria seguindo a consciência. A ponte ainda não foi encontrada. É mágica. É o poder da mente sobre a matéria; mágica é isso. Fazemos isso o dia todo, mas não o fazemos conscientemente; do contrário, neste simples gesto, uma grande meditação vai surgir em você. Esta é a maneira em que o divino move toda a existência.

Então, caminhando, sentando, ouvindo ou falando, permaneça alerta.

4. Comer e beber conscientemente

Comemos de uma maneira muito inconsciente, automática, como robôs. Se o gosto não for vivido e experienciado, você estará simplesmente se empanturrando. Vá devagar e tome consciência do gosto. Não coma simplesmente engolindo os alimentos. Saboreie-os sem pressa e explore seu sabor. Quando você sentir a doçura, torne-se essa doçura. E então ela poderá ser sentida em todo o corpo – não apenas na boca, não apenas na língua; ela poderá ser sentida por todo o corpo se espalhando em ondas.

Qualquer coisa que coma, sinta o sabor e torne-se o sabor. Sem o sabor, seus sentidos ficam amortecidos e vão se tornar cada vez menos sensíveis. E com menos sensibilidade você não conseguirá sentir seu corpo e não será capaz de sentir seus sentimentos. Então só permanecerá centrado na cabeça.

Quando beber água, sinta a frieza. Feche os olhos, beba-a devagar, saboreando-a. Sinta o frescor e sinta que você se tornou esse frescor, porque a frescor está sendo transferido para você pela água; está se tornando uma parte do seu corpo. Sua boca o está tocando, sua língua o está tocando, e o frescor é transferido. Permita que isso aconteça a todo o seu corpo. Permita que suas ondas se espalhem e você sentirá um frescor por todo o seu corpo. Desta maneira sua sensibilidade poderá crescer e você poderá se tornar mais vivo e mais preenchido.

5. Simplesmente escutar

Escutar é uma participação profunda entre o corpo e a alma. E por isso tem sido usado como um dos métodos mais poderosos para a meditação... porque transpõe os dois infinitos: o material e o espiritual.

Quando você está sentado, escute qualquer coisa que esteja acontecendo. Há um mercado e há muito ruído e tráfego;

Cinco técnicas para apoiar o processo de *mindfulness*

você consegue ouvir um trem e um avião. Escute sem pensar na mente que se trata de ruído. Escute como se estivesse escutando música, com simpatia, e de repente verá que a qualidade do ruído mudou. Não mais o distrai, não mais o perturba; ao contrário, torna-se muito relaxante. Se escutado corretamente, até o ruído do mercado torna-se uma melodia.

Então, o que está escutando não é a questão; a questão é que você está escutando, não apenas ouvindo.

Mesmo que esteja escutando algo que nunca imaginou que valesse a pena escutar, escute-o com muita alegria – como se estivesse escutando uma sonata de Beethoven – e, de repente, você verá que transformou sua qualidade. O som se tornou belo.

Conheça os outros títulos da série Questões Essenciais lançados pela Editora Planeta:

**Acreditamos
nos livros**

Este livro foi composto em Apollo para a
Editora Planeta do Brasil em novembro de 2019.